ROBERT SIGEL

Die Lensch - Cunow - Haenisch - Gruppe

Beiträge zu einer historischen Strukturanalyse
Bayerns im Industriezeitalter

herausgegeben von Prof. Dr. Karl Bosl

Institut für Bayerische Geschichte an der Universität München

Band 14

Die Lensch-Cunow-Haenisch-Gruppe

Eine Studie zum rechten Flügel der SPD im Ersten Weltkrieg

Von

Dr. Robert Sigel

DUNCKER & HUMBLOT / BERLIN

CIP-Kurztitelaufnahme der Deutschen Bibliothek

Sigel, Robert
Die Lensch-Cunow-Haenisch-Gruppe: e. Studie zum rechten Flügel d. SPD im Ersten Weltkrieg. — 1. Aufl. — Berlin: Duncker und Humblot, 1976.
 (Beiträge zu einer historischen Strukturanalyse Bayerns im Industriezeitalter; Bd. 14)
 ISBN 3-428-03648-4

Alle Rechte vorbehalten
© 1976 Duncker & Humblot, Berlin 41
Gedruckt 1976 bei Buchdruckerei Bruno Luck, Berlin 65
Printed in Germany
ISBN 3 428 03648 4

Für Edelgard

Vorwort

Mein Dank gilt an dieser Stelle insbesondere meinem verehrten Lehrer, Herrn Professor Dr. Karl Bosl, auf dessen Anregung hin diese Dissertation entstand, und der die Arbeit jederzeit mit seinem Rat unterstützte. Für ihr Interesse und ihre hilfreichen Anmerkungen danke ich ferner Frau Dr. Susanne Miller (Bonn) und Herrn Professor Dr. Albert Schwarz (München), ferner den Mitarbeitern des Internationalen Instituts für Sozialgeschichte in Amsterdam, des Archivs der Sozialen Demokratie in Bonn, der Historischen Kommission Berlin, des Bundesarchivs in Koblenz, des Bayerischen Hauptstaatsarchivs München und allen anderen, die mir bei der Beschaffung des Materials behilflich waren.

München, Januar 1976

Robert Sigel

Inhaltsverzeichnis

Zum Thema	11
Zur Methode	15
Zur Quellenlage	16
Der Kriegsbeginn und die Schwenkung von links nach rechts	21
Paul Lensch	21
Heinrich Cunow	25
Konrad Haenisch	29
Die Formierung zur Gruppe	44
Der Kriegssozialismus	46
Die Erweiterung der politischen Wirksamkeit	56
Die entwickelte Theorie und das Selbstbewußtsein der Gruppe	66
Die Theorie über den Imperialismus	66
Der Weltkrieg — die Weltrevolution	73
Arbeiterschaft, Staat und Gesellschaft — der neue Sozialismus	110
Das Selbstbewußtsein der Gruppe — ihre Einschätzung durch Parteimehrheit und Partei-Linke	119
Selbstbewußtsein und Darstellung der Gruppe	119
Die Auseinandersetzung mit der revolutionären Linken	126
Das Verhältnis der Gruppe zur Parteimehrheit	134
Die Haltung zum Problem der Annexionen und des Kolonialismus	143
Das Selbstbestimmungsrecht	143
Annexionsforderungen	144
Die Stellungnahme zum Kolonialproblem	147
Errichtung einer neuen Internationale oder ein Weiterleben der alten	151
Die Auflösung der Gruppe und das Ende des Weltkrieges	155
Die historische Bedeutung der Lensch-Cunow-Haenisch-Gruppe	162
Schlußüberlegungen zum Forschungsstand	167

Zum Thema

Im Spektrum der Historiographie der Arbeiterbewegung und der historischen Forschung zur Geschichte der deutschen Sozialdemokratie nimmt der Zeitraum des ersten Weltkrieges eine besondere Stellung ein. Das Datum des 4. August 1914, welches zur Bezeichnung für eine bestimmte Politik schlechthin wurde, bezeichnet einen Komplex, der noch stets Gegenstand der Kontroverse in der Geschichtsschreibung ist. Die Frage, wie es zur Zustimmung der sozialdemokratischen Reichstagsfraktion zu den Kriegskrediten kommen konnte, die gegensätzlichen Interpretationen dieser Entscheidung und ihrer Folgen haben ein allgemein anerkanntes Ergebnis noch nicht gezeigt. Die Tatsache allerdings, daß eine solche einhellige Beurteilung fehlt, diese Tatsache ist selbst eine Folge jener Entscheidung. Die Bewilligung der Kriegskredite und damit implicite die Stellung zum imperialistischen Krieg, zu Nation und bürgerlichem Staat markiert die Spaltung der organisierten deutschen Arbeiterbewegung, eine Spaltung, welche andauert und in sämtlichen westeuropäischen Staaten die Bedingungen politischer Entwicklung wesentlich mitbestimmt.

Diese Spaltung also ist auch ein Grund für die unterschiedliche Einschätzung der Politik des 4. August in der Geschichtsschreibung bis zum heutigen Tage. Sie reicht von der Charakterisierung der Bewilligung der Kriegskredite als eines Verrats[1] bis zu folgender im Dienste der Parteiapologetik stehenden Einschätzung:

„Im Zeitalter der Massen konnte sich kein einzelner und keine Organisation, und wäre sie noch so stark gewesen, den dunklen Strömungen entziehen, auf denen das Schicksal der Völker dahintrieb[2]."

---

[1] So in der ‚Chronik der Geschichte der deutschen Arbeiterbewegung', herausgegeben vom Institut für Marxismus-Leninismus beim ZK der SED, Teil 1, Berlin 1965, S. 289:
„Die Bewilligung der Kriegskredite ist direkter Verrat an der Arbeiterklasse und der Nation, am proletarischen Internationalismus und am Sozialismus."

[2] Solch irrationale Geschichtsinterpretation findet sich in der von Erich Ollenhauer eingeleiteten Festschrift zum 100. Bestehen der deutschen Sozialdemokratie bei der Besprechung des 4. August, nachdem wenige Zeilen zuvor folgendes zu lesen war:
„Der Ausbruch des 1. Weltkrieges im August 1914 brachte die lang erwartete und befürchtete, zum Teil fast wie eine Erlösung aus der uner-

Auch in der Beurteilung, inwieweit die Bewilligung und die mit ihr eingeleitete Burgfriedenspolitik zwangsläufige und notwendige Konsequenz der Entwicklung der Partei bis 1914 war oder ob auch eine andere Entscheidung eine der SPD-Vorkriegsgeschichte immanente Logik besessen hätte, besteht keine Einigkeit[3]. Notwendiger als solches Fragen nach einer möglichen anderen Haltung bei der Abstimmung ist es jedoch, die Ursachen zu untersuchen, die zum 4. August mit all seinen Folgen für die deutsche Arbeiterbewegung führten. Georges Haupt weist in seinen Forschungen zur II. Internationale eindringlich auf die Notwendigkeit eines neuen Ansatzes, einer neuen Problemstellung in dieser Frage hin[4].

Der Ausbruch des Ersten Weltkrieges und die für die SPD damit notwendig gewordene Stellungnahme war nur der Katalysator für die Scheidung innerhalb der deutschen Sozialdemokratie mit der Folge der Herausbildung einer reformistischen und einer revolutionären Partei. Der Erforschung dieses Prozesses eignet angesichts der Fortdauer seiner Ergebnisse über die jeglicher wissenschaftlichen Beschäftigung mit der Geschichte zukommenden Relevanz eine darüber hinausgehende Bedeutung.

Der Forschung über die Geschichte der organisierten deutschen Arbeiterbewegung im Ersten Weltkrieg liegt ungeachtet ihrer Provenienz ausgesprochen oder unausgesprochen die Vorstellung zugrunde, daß der Krieg nur die seit Jahren in der SPD herrschende Fraktionierung zum offenen Bruch getrieben habe, eine Vorstellung, die Lenin bereits während des Krieges so formulierte:

---

träglichen Spannung ersehnte entscheidende Krise des Zusammenlebens der Völker Europas und der Welt."
1863 - 1963. Hundert Jahre deutsche Sozialdemokratie. Hrsg. Georg Eckert, Hannover 1963, ohne Seitenzahlen.

[3] Carl E. Schorske: German Social Democracy 1905 - 1917. Harvard 1955, S. 285:
"To one who has followed the evolution of Social Democracy through the prewar decade, the vote for the war credits on 4 August 1914 is but the logical end of a clear line of development."
Im Gegensatz dazu Susanne Miller:
„Die Frage ist nur, ob eine reformistische Politik notwendigerweise zu der Entscheidung vom 3. August führen mußte."
S. 517, in: Zum dritten August 1914, in: Archiv für Sozialgeschichte, IV, Hannover 1964, S. 515 ff.

[4] „Das Fiasko vom August 1914 beherrschte und beherrscht noch immer die Beurteilungen und die Sicht. Man betonte die Bedeutung dieses ‚Kapitalverbrechens', vernachlässigte jedoch die Klärung des Prozesses, der zu ihm führte, und kam so zu der falschen konventionellen Fragestellung: Beruht das auf einer fehlenden theoretischen Reflexion oder auf dem gedankenlosen Wiederholen von Lektionen eines zum Dogma erhobenen und von der Praxis isolierten Marxismus?"
Georges Haupt: Programm und Wirklichkeit. Die internationale Sozialdemokratie vor 1914. Neuwied und Berlin 1970, S. 155.

„Jahrzehntelang war der Gegensatz zwischen den revolutionären Sozialdemokraten und den opportunistischen Elementen innerhalb des europäischen Sozialismus gewachsen. Die Krise ist herangereift. Der Krieg hat das Geschwür aufbrechen lassen[5]."

Nach solcher Theorie sind in der SPD drei Strömungen vorhanden, die später in den drei Parteien SPD, USPD und KPD auch ihren organisatorischen Niederschlag finden. Sie sind weitgehend identisch mit dem bereits vor 1914 vorhandenen rechten, revisionistischen Flügel, dem Parteizentrum und der Parteilinken. So richtig solches Schema ist, so büßt es doch an Erkenntniswert dadurch ein, daß es all jene Gruppen und Personen vernachlässigt, die in eben diese Einteilung nicht hineinpassen. Ein Desiderat der Geschichte der deutschen Sozialdemokratie bleibt so die differenzierte Erforschung der drei großen Strömungen hinsichtlich ihrer Zusammensetzung, ihrer Homogenität, der ideologischen Herkunft ihrer Mitglieder, des Einflusses und der historischen Bedeutung ihrer Gruppen und Fraktionen. Während wir über die Geschichte der sozialdemokratischen Linken, vor allem des Spartakusbundes, durch die Arbeiten in der DDR genauere Kenntnis besitzen, ist insbesondere die MSPD in ihrer Struktur bislang noch kaum Gegenstand genauerer Untersuchung gewesen. Die Notwendigkeit solcher Forschungen ist allerdings in den letzten Jahren zunehmend erkannt worden. So schreibt Gunter Krüschet in der Internationalen Wissenschaftlichen Korrespondenz in einer Besprechung jenes Briefes von Konrad Haenisch an Karl Radek[6]:

„... so bleibt in diesem Zusammenhang bemerkenswert, daß bisher nicht einmal jene übersehbare Gruppe von sozialdemokratischen Intellektuellen das Interesse der Historiker gefunden hat, die bis Kriegsbeginn zum linken Flügel ihrer Partei gehörte, um dann nach Kriegsausbruch in das Lager der Sozialchauvinisten einzuschwenken[7]."

Diese Gruppe soll der Gegenstand der vorliegenden Untersuchung sein, deren Intention es auch ist, in der Erforschung eines solchen Sonderfalles, in der Untersuchung der Motive und Gründe, die zum theoretischen Kurswechsel der drei bedeutendsten Mitglieder dieser Gruppe, Paul Lensch, Heinrich Cunow, Konrad Haenisch, führten, einen Beitrag zu leisten bei der Herausfindung der

---

[5] Lenin: Die Sophismen der Sozialchauvinisten. Werke Bd. 21, S. 177.
[6] Siehe Seite 34.
[7] Gunter Krüschet: Ein Brief Konrad Haenischs an Karl Radek. Zur Politik des 4. August, in: Internationale Wissenschaftliche Korrespondenz zur Erforschung der Geschichte der Arbeiterbewegung. Heft 14, Westberlin 1971, S. 2.

„Erkenntnisse und Erfahrungen — rational verarbeitete und emotional wirkende — (die) den Umschwung in der Meinungs- und Willensbildung herbeigeführt haben"[8],

und damit einen Beitrag zum historischen Verständnis der Entscheidung vom 4. August überhaupt.

---

[8] Susanne Miller, S. 522.

Zur Methode

In seiner ‚Einleitung zur Wissenschaft der Logik' definiert Hegel: „denn die Methode ist das Bewußtsein über die Form der inneren Selbstbewegung ihres Inhalts[9]." Eine Vorbemerkung in dieser Hinsicht ist unerläßlich. Die methodische Grundlage vorliegender Studie soll sein die Theorie der kapitalistischen Produktionsverhältnisse, welche eine Auffassung des historischen Prozesses einschließt, derzufolge die Handlungen der Menschen wesentlich durch die ökonomischen Verhältnisse (Produktionsverhältnisse) bestimmt werden. Da Geschichte kein eigenes für sich seiendes Subjekt ist, sondern von konkreten Menschen unter konkreten Umständen gemacht, wäre es objektivistisch, und historischer Erkenntnis nicht dienlich, subjektive Motive und Dispositionen zu vernachlässigen oder nicht zu achten. Im Falle vorliegender Arbeit heißt das: beim Problem der Entstehung und Wirksamkeit der Lensch-Cunow-Haenisch-Gruppe ist auch die individuelle Geschichte der beteiligten Personen, ihre Herkunft und Veranlagung soweit möglich miteinzubeziehen. Solches Vorgehen widerspricht nicht obiger Erklärung, sondern ist ihr im Gegenteil unabdingbar. Es ist nicht „das *Resultat* das *wirkliche* Ganze, sondern es zusammen mit seinem Werden"[10]; das „Resultat" zu verstehen, erfordert so die Untersuchung des historischen Phänomens und aller Bedingungen seines Werdens.

---

[9] G. W. F. Hegel: Wissenschaft der Logik, Einleitung, Werke 5, Theorie Werkausgabe Frankfurt a. M. 1969, S. 49,
[10] Derselbe: Phänomenologie des Geistes, Vorrede, Werke 3, Theorie Werkausgabe Frankfurt a. M. 1970, S. 13, Hervorhebung im Original.

Zur Quellenlage

Wie es zum Problem des rechten Flügels der MSPD und speziell zur Lensch-Cunow-Haenisch-Gruppe kaum wissenschaftliche Analysen gibt, so ist auch die Quellenlage zum Gegenstand dieser Arbeit denkbar ungünstig.

Was die drei Mitglieder dieser Gruppe anbelangt, so waren Nachlässe von Paul Lensch und Heinrich Cunow nicht zu entdecken. Falls sie als einheitlich gesammelte Nachlässe je bestanden, dürften beide die nationalsozialistische Barbarei und die Wirkungen des Weltkrieges wohl kaum überstanden haben. Der Nachlaß Konrad Haenisch hingegen liegt im Deutschen Zentralarchiv in Potsdam, konnte aber vom Verfasser trotz intensiver Bemühungen nicht eingesehen werden, eine Entscheidung, die bedauerlich ist. Da eine Aufstellung und Auswertung des Nachlasses Haenisch auch aus der DDR nicht vorliegt, muß die Frage nach der Trächtigkeit dieses Nachlasses Spekulation bleiben, doch kann angenommen werden, daß sein Inhalt zwar keine Revision der vorliegenden Studie erbringen würde, die aufgeworfenen Fragen jedoch genauer, die Antworten untermauert und gesichert, weitere Fakten beigebracht hätte. So wäre etwa eine fundierte Würdigung jenes Haenisch-Briefes an Karl Radek[11] möglich, wenn auch das Schreiben Radeks, auf das jene Antwort erfolgte, vorgelegen hätte. Dieser Brief Radeks liegt vermutlich im Haenisch-Nachlaß in Potsdam.

Da die drei Genannten in Berlin lebten, wird der größte Teil ihrer Kommunikation eine mündliche gewesen sein. Wenn hierüber Tagebuch-Notizen gemacht oder später Aufzeichnungen angefertigt wurden, so konnten sie aus den oben angeführten Gründen für die Arbeit nicht verwertet werden.

Auch die Akten der Berliner Polizei, des Kriegspresseamtes und des Oberkommandos in den Marken sind Eigentum der DDR-Archive in Potsdam und Merseburg, und mußten deshalb ebenso unberücksichtigt bleiben wie die dortigen Nachlässe Wolfgang Heines und Hermann Müllers. Eine Einsicht in die der beiden letztgenannten wäre notwendig gewesen, eine Verwertung der Nachlässe führender Sozialdemokraten und Gewerkschafter jener Zeit überhaupt wurde notwendig, um angesichts der schwierigen Quellenlage dort Material zu bestimmten Aspekten des Themas zu finden. Von den Nachlässen im

---

[11] Siehe Anmerkung 6, S. 13.

Internationalen Institut für Sozialgeschichte war von Bedeutung insbesondere der Karl Kautskys mit Zeitungsartikelsammlungen zu Lensch, Cunow und Haenisch und der Korrespondenz Adolf Braun, weiter der Nachlaß Paul Levi im Archiv der Sozialen Demokratie der Friedrich-Ebert-Stiftung mit einer Erklärung von Paul Lensch an den Parteivorstand der SPD sowie ebenfalls einer umfangreichen wertvollen Artikelsammlung, der Nachlaß Alfred Henke, gleichfalls in Bonn, mit einem Schreiben Radeks, in dem er zum Brief Haenischs Stellung nimmt.

Kleinere Hinweise und Einzelheiten fanden sich im Nachlaß Thimme im Bundesarchiv in Koblenz im Zusammenhang mit dem von Friedrich Thimme und Karl Legien gemeinsam herausgegebenen Sammelband ‚Die Arbeiterschaft im neuen Deutschland' in den dortigen Heine-Erinnerungen in den Nachlässen Carl Giebel, Wilhelm Dittmann, Alfred Henke im Archiv der Sozialen Demokratie in Bonn, im Rudolf Wissell-Nachlaß bei der Historischen Kommission in Westberlin sowie im Wilhelm Jansson-Nachlaß im ‚arbetarrörelsens-Arkiv' in Stockholm.

Für die Gründung der Zeitschrift ‚Die Glocke' und die Übernahme der Redaktion durch Konrad Haenisch erbrachte der Helphand-Nachlaß im Geheimen Staatsarchiv in Berlin-Dahlem Aufschlüsse.

Ein herausragender Stellenwert kommt der Korrespondenz Haenischs mit dem Professor für Volkswirtschaft an der Universität Münster, Dr. Johann Plenge zu, der sich im Nachlaß Plenge in der Universitätsbibliothek in Bielefeld befindet. Die Beziehung der beiden begann mit einem Angriff Haenischs gegen Plenge im Rahmen einer Kultusdebatte im Preußischen Abgeordnetenhaus am 1. März, auf die Plenge an Haenisch eine briefliche Richtigstellung sandte. Aus der dieser Kontroverse folgenden Korrespondenz entwickelte sich eine freundschaftliche und enge Beziehung, welche die Kriegszeit überdauerte, während der Amtszeit Haenischs als Kultusminister gewisse nepotistische Züge annahm und bis zum Tode Haenischs bestehen blieb. Besuche Haenischs in Münster, Lebensmittelsendungen Plenges nach Berlin sind Indizien einer Freundschaft und eines Vertrauensverhältnisses, das so intensiv war, daß Konrad Haenisch in seinen Briefen auch parteiinterne Vorgänge Plenge unter dem Siegel der Verschwiegenheit mitteilte. Für den Gegenstand dieser Untersuchung bieten die Briefe Haenischs wertvolle Aufschlüsse über das Selbstverständnis der Gruppe, über interne Auseinandersetzungen, ihre Zusammenarbeit in der Zeitschrift ‚Die Glocke', über das Verhältnis zu deren Herausgeber Parvus-Helphand. Darüber hinaus werden durch diese umfangreiche Korrespondenz auch die Konturen der Person Konrad Haenisch deutlich.

Über eine zeitweise Mitarbeit an der ‚Glocke' kam Plenge auch mit den weiteren Mitgliedern der Gruppe zusammen, woraus Korrespondenzen mit Paul Lensch, Heinrich Cunow und Parvus-Helphand entstanden, die im Fall Lensch vier Briefe Plenges an Lensch und ebensoviele Antworten, zwei Briefe an Parvus und die beiden Antworten, sowie eine kleine Korrespondenz mit Cunow enthalten.

Was die Stellung der Lensch-Cunow-Haenisch-Gruppe innerhalb der SPD bzw. MSPD angeht, ihre Einschätzung durch den Parteivorstand, ihre Wirksamkeit in der Partei, so wären hierfür die Akten des Parteivorstandes von Bedeutung gewesen. Solche Akten sind jedoch nicht aufzufinden gewesen, allgemein wird angenommen, daß sie nicht mehr vorhanden sind. So blieb zum Beispiel die Erklärung des Parteivorstandes, mit der er im September 1916 in eine Auseinandersetzung zwischen ‚Vorwärts' (Stampfer, Bernstein) und ‚Glocke' (Haenisch, Heilmann) eingriff, ebenso unauffindbar wie Protokolle über die Diskussion innerhalb des Parteivorstandes, die zu dieser Entscheidung führte.

Während die Zensurakten des Königlich Bayerischen Kriegsministeriums für die Entwicklung der Zeitschrift ‚Die Glocke', des Hauptorgans der Gruppe einigen Aufschluß geben für den Zeitraum, in dem die ‚Glocke' in München herausgegeben wurde (September 1915 bis Oktober 1916), besitzen die ‚Berichte des Büros für Sozialpolitik betreff: Stimmung innerhalb der sozialdemokratischen Partei' eine zweifache Bedeutung als Quelle: einmal bringen sie recht differenzierte Schilderungen über die Entwicklung innerhalb der Sozialdemokratie, zum anderen geben sie ein Teilbild der Einschätzung dieser Entwicklung bei den staatlichen Instanzen des Reiches und der Einzelstaaten. Diese Berichte wurden verfaßt von Dr. Ludwig Heyde, Mitglied der Gesellschaft für soziale Reform, der später Universitätsprofessor in Hamburg wurde. Die Berichte gingen an das preußische Kriegsministerium sowie eine Anzahl weiterer Behörden im Reich und den einzelnen Bundesstaaten[12]. Relevant für die quellenkritische Bewertung dieser Berichte ist die Antwort des preußischen Kriegsministeriums auf eine Anfrage des bayerischen Kriegsministeriums nach dem Verfasser der Berichte und nach ihrer Zuverlässigkeit:

„Der Verfasser der Berichte über Stimmungen und Vorgänge in der sozialdemokratischen Partei gehört zwar selbst dieser Partei nicht an, ist aber in der Lage, durch enge persönliche Beziehungen besonderen Einblick in die Verhältnisse zu erlangen. Da ihm Urteilsfähigkeit und psychologisch richtiges Empfinden zugetraut wird, so werden

---

[12] Diese Angaben macht Werner Richter auf Grund der Akten im Archiv des Instituts für Marxismus-Leninismus in seinem Buch: Gewerkschaften, Monopolkapital und Staat im ersten Weltkrieg und in der Novemberrevolution. Berlin 1959, S. 43, Anmerkung 25.

seine Berichte hier im allgemeinen als zuverlässig und vertrauenswürdig angesehen[13]."

Angesichts des geschilderten eher desolaten Zustandes kam den gedruckten Quellen eine gesteigerte Bedeutung zu. Das Hauptorgan der Gruppe war die von Parvus-Helphand finanzierte und herausgegebene Zeitschrift ‚Die Glocke'; sie erschien ab September 1915, zunächst als Halbmonatsschrift, von April 1916 an wöchentlich. In ihr sah die Gruppe das Organ, in welchem sie sowohl ihre theoretischen Vorstellungen artikulieren wie auch zu tagespolitischen Ereignissen Stellung nehmen konnte. Aus diesem Grunde war ihre Auswertung von besonderer Wichtigkeit. Neben der ‚Glocke' war es vor allem das ‚Hamburger Echo', in zweiter Linie andere der sozialdemokratischen Mehrheit anhängende Blätter wie der ‚Karlsruher Volksfreund', der ‚Lübecker Volksbote', die „Schwäbische Tagwacht', die Dortmunder ‚Arbeiterzeitung' und andere, welche der Gruppe ihre Spalten öffneten. Für das Verhältnis der Gruppe zu den übrigen Teilen der Sozialdemokratie, und die Einschätzung und Behandlung durch diese war es notwendig, auch die übrige sozialdemokratische Presse heranzuziehen, insbesondere den ‚Vorwärts', die ‚Neue Zeit', die ‚Sozialdemokratische-Partei-Korrespondenz'. In diesem Zusammenhang sei nochmals auf die Artikelsammlungen in den erwähnten Nachlässen hingewiesen.

Von vergleichbarem Quellenwert wie die Zeitschrift ‚Die Glocke' sind die Broschüren, Schriften und Bücher der drei Hauptprotagonisten, in welchen ihre theoretische Einstellung und die Begründung ihres politischen Kurswechsels formuliert werden.

Während die Protokolle der Reichstagsdebatten und der Fraktionssitzungen so gut wie keinerlei Aufschlüsse bieten, und auch die der Parteiausschußsitzungen nur wenig Informationswert für den hier behandelten Gegenstand besitzen, waren die Protokolle der Berliner Reichskonferenz der SPD von 1916 und der Würzburger Parteitag 1917 der MSPD wie auch der Parteitage vor 1914 (Chemnitz 1912, Jena 1911, Essen 1907) von beträchtlichem Wert. Allerdings läßt auch die Schweigsamkeit bestimmter Quellen, richtig interpretiert, ihre Schlüsse zu.

Aus der Zahl der übrigen Quellenpublikationen müssen zwei in diesem Quellenüberblick auf Grund ihrer Bedeutsamkeit eigens erwähnt werden: das ‚Kriegstagebuch des Reichstagsabgeordneten Eduard David 1914-1918', wegen entscheidender Hinweise über Verbreitung und Wirkung der von Paul Lensch entwickelten theoretischen Vorstellungen, sowie das ‚Archiv für Geschichte des Sozialismus und der

---

[13] Bayerisches Hauptstaatsarchiv München, Abt. IV, ehem. Kriegsarchiv MKr. 13874, Blatt Nr. 22520.

Arbeiterbewegung' von Carl Grünberg mit einem Bericht des sozialdemokratischen, im 1. Weltkrieg der USPD nahestehenden Publizisten Rudolf Franz über seine Freundschaft mit Konrad Haenisch und Auszügen aus dessen Briefen an ihn[14].

Obwohl die Memoirenliteratur dieser Zeit — sozialdemokratische und andere — Legion ist, bringt sie doch keine für das Thema relevanten Inhalte. Einmal mehr muß dabei festgestellt werden, daß gerade Erinnerungen und Autobiographien von Politikern der ersten Garnitur eher geringeren Erkenntniswert besitzen.

Der Quellenüberblick macht deutlich, daß in der vorliegenden Untersuchung quellenkritisches Vorgehen nach der Art einer mehrfachen Absicherung durch verschiedene Quellen kaum je möglich ist. Eine besonders vorsichtige Handhabung der vorhandenen Quellen und eine dezidierte Interpretation müssen versuchen, diesen Mangel zu ersetzen.

---

[14] Aus dem Briefwechsel mit Rudolf Franz liegen 190 Originale von Briefen Konrad Haenischs bei der ‚Hoover Institution on War, Revolution and Peace' in Stanford, USA, welche hier nicht herangezogen werden konnten. Allerdings betreffen nur eine geringe Anzahl Briefe davon den hier behandelten Zeitraum.

Der Kriegsbeginn und die Schwenkung von links nach rechts

Paul Lensch

„Auch in der Politik haben wir eine ältere Schule der reinen Diagnose, und ihr Original ist Genosse Lensch. Er fühlt der Weltgeschichte den Puls, untersucht ihren Urin und gibt dann sein Gutachten über sie ab[1]."

Bei allen unterschiedlichen Angaben darüber, wer am 3. August 1914 in der Fraktionssitzung gegen die Kreditbewilligung gestimmt habe, sind sich die vorhandenen Quellen doch darüber einig[2], daß Paul Lensch zu den Gegnern einer Bewilligung gehört habe.

Paul Lensch wurde am 31. 3. 1873 in Potsdam als Sohn einer preußischen Beamtenfamilie, eines Oberregierungsrates, geboren. Schon in seiner Gymnasiastenzeit sollen Hegel und Marx ihm die entscheidenden Eindrücke vermittelt haben. Ein Jahr diente er beim vierten Garde-Regiment zu Fuß.

Er studierte Nationalökonomie, zunächst in Berlin, dann in Straßburg, wo er im Jahre 1900 zum Doktor der Staatswissenschaften promovierte. Noch im selben Jahr ging er als Journalist zur ‚Freien Presse für Elsaß-Lothringen', 1902 zur ‚Leipziger Volkszeitung', wo er unter dem Einfluß von Franz Mehring und Rosa Luxemburg bald zu den Radikalen gehörte, die das Leipziger politische Klima um die ‚Volkszeitung' bestimmten. Scharfsinnig und scharfzüngig wie er war, formulierte er als einer der führenden Linken in der deutschen Sozialdemokratie, zusammen mit Rosa Luxemburg, Parvus-Helphand, Karl Liebknecht und Franz Mehring Theorie und Politik des linken Flügels der Partei. Ab 1908 war er der leitende Redakteur der ‚Leipziger Volkszeitung', eine Stellung, die er bis 1913 innehatte, nachdem er 1912 für den 22. sächsischen Wahlkreis Reichenbach in den Reichstag gewählt wurde.

---

[1] Friedrich Stampfer ‚Selbstbesinnung der Internationale', in: Vorwärts, Nr. 6, 33. Jg., 7. Januar 1917.

[2] Ein detaillierter Quellenüberblick findet sich im entsprechenden Kapitel von: Die Reichstagsfraktion der deutschen Sozialdemokratie 1898 bis 1918, bearbeitet von Erich Matthias und Eberhard Pikart, Düsseldorf 1966, S. 3. Erste Reihe, Bd. 3, 2 der: Quellen zur Geschichte des Parlamentarismus und der politischen Parteien.

Sein Äußeres wie sein Auftreten waren von einer gewissen Extravaganz und lassen auch auf seine Person schließen. In seiner 1919 erschienenen biographischen Skizze schreibt Erich Dombrowski:

„Den Schlapphut, den Panama, keck auf die Seite gedrückt, den flotten Schnurrbart hochgewirbelt, meist im grauen Habit, (...) war er gewissermaßen der Kavalier der Partei, und da er gewöhnlich auch mit einem Hunde an der Leine spazieren ging und in Wort und Schrift gern zitierte, so mochte er manchem gar als der umgekehrte Bülow erscheinen. Den Revisionisten, den Frank, Landsberg, Bernstein, war dieser Radikal-Bülow selbstverständlich ein Greuel und sie mieden, ostentativ, seinen Verkehr[3]."

Paul Lensch liebte die politische Polemik. Aber nicht nur solcher Neigung wegen, sondern weil er tatsächlich revolutionärer Marxist war, gehörte er auf den Parteitagen von Essen (15. - 21. Sept. 1907), Jena (10. - 16. Sept. 1911) und Chemnitz (15. - 21. Sept. 1912) zu den Kämpfern gegen die Partei-Rechte und deren Haltung zu den Fragen des Kolonialismus, Militarismus und Imperialismus.

So war es nicht verwunderlich, Paul Lensch am 3. August auf der Seite der Gegner einer Kriegskreditbewilligung zu finden. Wie die anderen Ablehner auch, wie selbst Karl Liebknecht, stimmte er jedoch tags darauf aus Gründen der Fraktionsdisziplin für die Kredite. Man kann in der Tat davon ausgehen, daß er auch am 4. August noch prinzipieller Gegner einer Zustimmung war. Eine Erklärung Lenschs zur Sitzung des Parteiausschusses vom 30. 6. 1915 gibt über seine Haltung in diesen entscheidenden Tagen genaueren Aufschluß. Sie wurde verfaßt als Verteidigung und Rechtfertigung gegen Vorwürfe von Hugo Haase, Fraktionsvorsitzender und neben Ebert Parteivorsitzender, die dieser auf eben jener Parteiausschußsitzung erhoben hatte[4]. Darin heißt es:

„1. Wenn der Genosse Haase erklärt hat, ich sei nach dem 4. Aug. in meinem Wahlkreise von Ort zu Ort gereist und hätte dort in

---

[3] Johannes Fischart (Pseudonym für: Erich Dombrowski): Das alte und das neue System. Die politischen Köpfe Deutschlands. Berlin 1919, S. 215 bis 216.

[4] Von diesen Vorwürfen Haases ist jedoch im Protokoll der Sitzung nichts zu finden. Lediglich die Erklärung Lenschs findet eine Erwähnung, welche jedoch nicht auf ihren Inhalt eingeht:
„Ebert (Parteivorstand) verliest ein Schreiben des Genossen Dr. Lensch. Es wird beschlossen, dieses für die Mitglieder des Parteiausschusses zu vervielfältigen."
Protokoll der Sitzung des Parteiausschusses vom 30. Juni und 1. Juli 1915 (o. O., o. J.).
Eine Kopie dieses Schreibens von Lensch gelangte in den Besitz von Paul Levi und befindet sich in dessen Nachlaß (siehe Anmerkung 5, S. 23).

Versammlungen die Haltung der Reichstagsfraktion verhöhnt und Genossen zum Standpunkt der Minorität herüberzuziehen gesucht, so ist davon nicht ein einziges Wort wahr. Ich habe weder in meinem Kreise Versammlungen abgehalten, noch die Reichstagsfraktion verhöhnt, noch irgend Jemand im Kreise zur Minorität herüberzuziehen gesucht. Das ist alles glatt erfunden.

2. Wenn der Genosse Haase behauptet, von mir sei am 5. August der Versuch ausgegangen, eine Erklärung gegen die Reichstagsfraktion zu Stande zu bringen, so ist das unwahr. Als ich am 5. Aug. auf Ersuchen der Genossin Luxemburg sie in ihrer Wohnung aufsuchte, fand ich sie zunächst nicht anwesend, wohl aber zu meinem peinlichsten Befremden den Genossen Mehring, sowie einen anderen Genossen. Man legte mir eine fertige Erklärung gegen die Fraktion vor und fragte mich, ob ich sie zu unterschreiben bereit sei. Ich war damit zunächst einverstanden, wenn ich auch gegen ihren Wortlaut Bedenken erhob, und erklärte mich bereit, bei zwei Fraktionskollegen anzufragen, ob sie eine derartige Aktion für richtig hielten. Der eine war nicht zu Hause, der andere lehnte ab, worauf ich ebenfalls am gleichen Tage telephonisch meine Zusage definitiv zurückzog. Ich hatte übrigens sofort, als ich mit der Genossin Luxemburg allein war, ihr erklärt, solange der Genosse Mehring an der Aktion beteiligt sei, würde ich an ihr unter keinen Umständen teilnehmen, er sei mir zu unzuverlässig, worauf Genossin Luxemburg erwiderte: Das ist kein Grund, es handelt sich hier um eine politische Aktion, bei der derartige Bedenken nicht ausschlaggebend sein könnten. Sie lügen alle, der Mehring lügt, der Haase lügt. Wenn man danach gehen wolle, dürfe man mit keinem Menschen verhandeln[5]."

Zu dieser Darstellung über die Ereignisse um den 4. August und der Rolle, die Paul Lensch spielte, seien noch weitere Zeugnisse festgehalten. Am Abend des 4. August fand in der Wohnung Rosa Luxemburgs ein Treffen von linken Sozialdemokraten statt, welche Rosa Luxemburg eingeladen hatte, um angesichts der Kreditbewilligung durch die Reichstagsfraktion über Maßnahmen gegen diese Politik zu beraten. Die von Lensch erwähnte Erklärung gegen die Fraktion und das Sammeln von Unterschriften wird wohl ein Ergebnis dieser Beratung gewesen sein[6].

---

[5] Paul Levi-Nachlaß, 141, 2 im Archiv der Sozialen Demokratie, Friedrich-Ebert-Stiftung Bonn.
[6] Über den Teilnehmerkreis an diesem Treffen herrscht jedoch in der Geschichtsschreibung der DDR — und damit wohl auch in den Quellen — keine Übereinstimmung: Einhellig werden aufgezählt: Hermann Duncker,

In seiner ‚Geschichte der USPD' von 1921 berichtet Eugen Prager auch über Paul Lenschs Haltung am 3. und 4. August, wobei er mitteilt, daß Lensch bereits am 3. August des Abends mit Rosa Luxemburg zusammengetroffen sei[7].

Die Haltung Lenschs kann demnach folgendermaßen rekonstruiert werden: Kurz vor der entscheidenden Fraktionssitzung am 3. August war es Paul Lensch, der zusammen mit Georg Ledebour und Karl Liebknecht in aller Eile eine Erklärung entwarf, welche der Fraktion vorgelegt werden sollte und die Ablehnung der Kredite enthielt[8]. Ebenfalls in der Fraktionssitzung selbst gehörte er mit Liebknecht und Ledebour sowie Joseph Herzfeld zu den Diskussionsrednern, die für eine Ablehnung eintraten[9]. Auch in der Abstimmung sprach er sich

---

Julian Marchlewski, Franz Mehring, Ernst Meyer, Wilhelm Pieck und Rosa Luxemburg. Während jedoch im Vorwort zur Ausgabe der Spartakusbriefe, sowie im Vorwort des entsprechenden Bandes der Quellensammlung ‚Dokumente Und Materialien Zur Geschichte Der Deutschen Arbeiterbewegung' keine weiteren Teilnehmer angegeben werden, nennt die ‚Chronik der Geschichte der deutschen Arbeiterbewegung' ebenso wie die in fünfzehn Kapiteln erscheinende ‚Geschichte der deutschen Arbeiterbewegung' als siebten Teilnehmer Hugo Eberlein.

Angesichts solch differierender Aussagen, und angesichts der Tatsache, daß die von Lensch erwähnte Besprechung vom 5. August sonst nirgends vorkommt, besteht die Möglichkeit, daß Lensch sich im Datum um einen Tag irrt, und daß beide Treffen in Rosa Luxemburgs Wohnung, das bekannte vom 4. August und das von Lensch beschriebene vom 5. August, identisch sind, und daß vielleicht auch Paul Lensch — zumindest zeitweise — Teilnehmer dieser Besprechung war.

Spartakusbriefe. Hrsg. v. Institut für Marxismus-Leninismus beim ZK der SED. Berlin 1958, S. X.

Dokumente Und Materialien Zur Geschichte Der Deutschen Arbeiterbewegung. Hrsg. vom Institut für Marxismus-Leninismus beim ZK der SED, Berlin 1958, Reihe II, Bd. 1, S. 15.

Geschichte der deutschen Arbeiterbewegung, Chronik, Teil I. Hrsg. vom Institut für Marxismus-Leninismus beim ZK der SED, Berlin 1965, S. 289, 290.

Geschichte der deutschen Arbeiterbewegung in 15 Kapiteln. Kapitel V. Hrsg. vom Institut für Marxismus-Leninismus beim ZK der SED, Berlin 1967, S. 30.

[7] „(...) Paul Lensch, der am 3. August gegen die Kriegskreditbewilligung gestimmt und wehklagend ausgerufen hatte, daß die Fraktion die Eingeweide der Internationale bloßgelegt habe. An dem Busen Rosa Luxemburgs hat er am Abend jenes Tages seinen bitteren Schmerz über die klägliche Haltung der Fraktionsmehrheit ausgeweint."
Eugen Prager: Geschichte der USPD, Berlin 1921, S. 34. Pragers ironischer Ton ist aus der späteren Kenntnis von Lenschs Wandlung her zu verstehen.

[8] Siehe: Karl Liebknecht: Klassenkampf gegen den Krieg, Berlin 1919, S. 14 - 16, zitiert in: Dokumente Und Materialien Zur Geschichte Der Deutschen Arbeiterbewegung, S. 19.

[9] Siehe: Das Kriegstagebuch des Reichstagsabgeordneten Eduard David 1914 - 1918, Erste Reihe, Bd. 4 der ‚Quellen zur Geschichte des Parlamentarismus und der politischen Parteien', bearb. von Susanne Miller in Verbindung mit Erich Matthias, Düsseldorf 1966, S. 8.

gegen die Bewilligung aus[10]. Angesichts dieser Einstellung, die er Rosa Luxemburg am Abend desselben Tages nochmals bestätigte, und die eine Kontinuität seiner bisherigen linken Position bewies, war es selbstverständlich, daß er aufgefordert wurde, jene Erklärung gegen die Fraktion zu unterzeichnen. Erst jetzt werden die Ansätze einer Wandlung sichtbar. Zwar unterschreibt Lensch noch, seine Bedenken richten sich nur gegen den „Wortlaut", doch so sicher gegründet war seine Überzeugung nicht mehr; die Argumente eines Fraktionskollegen — seinen Namen nennt Lensch nicht — den er eigentlich für die Unterschrift gewinnen sollte, bewirken, daß er seine Unterschrift zurückzieht. Die Rücknahme bedeutet den ersten Schritt in die neue Richtung, der Beginn seiner Neuorientierung wird mit dieser Handlung politisch manifest; während Lensch noch am 3. August ein entschiedener Gegner der Kreditbewilligung und damit der Fraktionsmehrheit war, wobei allerdings wohl nicht zutrifft, daß er bereit war, im Falle einer Zustimmung der Fraktion aus dieser auszuscheiden[11], markiert der 5. August den Beginn seiner Wandlung. Es wurde ihm später vorgeworfen, die Kriegserfolge der deutschen Heere hätten ihn zum Opportunisten gemacht, doch die oben beschriebenen Vorgänge, auch sein Wort von den „Eingeweide(n) der Internationale" scheinen eher zu bestätigen, was er selbst zwei Jahre später gelegentlich einer Antwort auf die ‚Vorwärts'-Kritik an seinem Buche ‚Die Sozialdemokratie. Ihr Ende und ihr Glück' dazu bemerkt:

„Die Vorgänge auf den Kriegsschauplätzen haben keinen Einfluß auf meine politische Neuorientierung gehabt und konnten sie nicht haben, wohl aber der Zusammenbruch der Internationale. Sie wurde für mich die schlechthin entscheidende Tatsache (...,)[12]."

Heinrich Cunow

„Zu den gefährlichsten Irrlehrern aus der Schule des Sozialimperialismus gehört Heinrich Cunow, der ehemalige Marxist, der jetzt mit großem Eifer bemüht ist, die ehernen Tafeln des wissenschaftlichen Sozialismus mit dem Alphabet der revisionistischen Taktik zu überkritzeln[1]."

---

[10] Siehe Anmerkung 2, S. 21.
[11] Dies wird behauptet in einem ‚Paul Lensch als Reiniger der Partei' überschriebenen Artikel im: Mitteilungs-Blatt des Verbandes der sozialdemokratischen Wahlvereine Berlins und Umgegend. Nr. 18, 11. Jg. 14. 1. 1917 (Paul Levi-Nachlaß 81).
[12] ‚Vorwärts' vom 14. 6. 1916, Nr. 191.
[1] Aus: ‚Selbstausschaltung', ein Script ohne Nennung des Autors. Nachlaß Alfred Henke, Kassette 1, Tr. 8, 3, Nr. 142.

Am 11. 4. 1862 kam Heinrich Cunow als das älteste von acht Kindern eines Bünenarbeiters in Schwerin zur Welt. Ein Onkel, der als gräflicher Kammerdiener etwas Geld gespart hatte, ermöglichte es, den Jungen von der Armenschule auf die höhere Bürgerschule wechseln zu lassen. In Hannover begann er eine kaufmännische Lehre, anschließend arbeitete er als Buchhalter in einer Tapetenfabrik in Hamburg. Gegen Ende des Sozialistengesetzes engagierte sich Cunow dort in der Sozialdemokratie. In mühevoller Arbeit erwarb er sich als Autodidakt ein umfassendes Wissen des Marxismus, Kenntnis der philosophischen und ökonomischen Schriften von Marx wie auch der Kantschen und Hegelschen Philosophie. Diese Schulung ließ ihn zu einem geachteten Theoretiker der sozialdemokratischen Linken werden, wobei er jedoch nicht zu einem ihrer Wortführer wurde. Seine journalistischen Fähigkeiten, vor allem als Verfasser wirtschaftspolitischer Artikel, verhalfen ihm 1898 zu einem Redakteursposten bei der ‚Neuen Zeit', dem von Karl Kautsky geleiteten wissenschaftlichen Organ der deutschen Sozialdemokratie. Seit 1902 war er auch Mitglied der ‚Vorwärts' Redaktion[2], in der er neben Heinrich Ströbel als Linker den Kampf führte gegen die Revisionisten in der Redaktion um Kurt Eisner, die 1905 dann den ‚Vorwärts' verlassen mußten.

Seit 1907 war Cunow als Lehrer an der sozialdemokratischen Parteischule in Berlin tätig, wo neben ihm auch Franz Mehring, Rosa Luxemburg, Rudolf Hilferding und Heinrich Schulz wirkten.

Seine wissenschaftliche Neigung galt der Völkerkunde, ein Gebiet, in dem er sich gleichfalls autodidaktisch zu einem auch im Bürgertum angesehenen Fachmann heranbildete. Seine Werke, in denen er völkerkundliche Probleme mit marxistischer Methode anging, belegten seine Qualifikation.

Seine Mitgliedschaft in der ‚Vorwärts'-Redaktion ermöglicht es, über seine Haltung zum 3. und 4. August Auskunft zu geben, ohne jedoch dabei völlige Klarheit zu erlangen. Im April 1916, als Cunow längst seine Position auf dem rechten Flügel der Partei eingenommen hatte, entspann sich im ‚Vorwärts' eine Kontroverse, innerhalb welcher die Redaktion wie auch Cunow ihre Standpunkte im nachhinein darlegten; daraus folgende Teile:

die Redaktion:

---

[2] Nicht erst seit 1905 gehörte Cunow zur Vorwärtsredaktion, wie dies Franz Osterroth: Biographisches Lexikon des Sozialismus, Bd. 1, Hannover 1960, S. 57, behauptet, sondern er war in diesem Jahr bereits an der Auseinandersetzung in der Redaktion beteiligt. Siehe dazu: Paul Meyer: Vom Vereinsorgan zur modernen Zeitung, in: Jubiläumsausgabe zum 80jährigen Bestehen des ‚Vorwärts', 10. 10. 1956.

„Zu Beginn des Krieges stand Genosse *Cunow* vollständig auf dem Boden der Anschauungen der Gesamtredaktion, er war es sogar, der am 4. VIII. 1914 eine dementsprechende Erklärung der Redaktion zu der Abstimmung der Reichstagsfraktion formulierte. Bis Mitte Oktober 1914 hat dann Gen. *Cunow* auf unserer Seite gestanden[3]."

Heinrich Cunow darauf:

„Nachdem die Redaktion am Abend des 3. VIII. 1914 erfahren hatte, in der Fraktionssitzung sei die Zustimmung zu den geforderten Krediten bewilligt worden, habe ich freilich auf Ersuchen der Redaktion am Vm. des 4. VIII. eine Erklärung der Redaktion zur Kreditabstimmung im Reichstage niedergeschrieben und des Nm. mit in die Redaktion gebracht; aber damals handelte es sich noch lediglich um einen Krieg Deutschlands und Österreich-Ungarns gegen Rußland, Frankreich und Serbien. Die Beteiligung Englands am Kriege, die englische Aufstachelung Japans, das Intriguenspiel Englands mit Belgien waren noch nicht bekannt. Der Krieg erschien noch als ein bloßer Rivalitätskampf zwischen Österreich-Ungarn und Rußland und ihre Machtstellung auf dem Balkan. ... Sobald England den Krieg erklärt hatte, erhielt jedoch die Kriegslage ein ganz anderes Ansehen. ... Es ist denn auch völlig unrichtig, wenn die ‚Vorwärts'-Redaktion behauptet, ich hätte bis Mitte Oktober 1914 auf dem Boden der Anschauungen der Gesamtredaktion gestanden. Das ist schon deshalb ausgeschlossen, *weil zunächst gar keine einheitliche Meinung in der Redaktion bestand, wie denn auch zwei oder drei Redakteure sich gar nicht der Erklärung in allen Teilen angeschlossen, sondern bestimmte Einwendungen gemacht haben*[4]."

Diese Erwiderung veranlaßte die Redaktion zu folgender Erklärung:

„Die Redaktionserklärung zur Kreditabstimmung ist zwar bereits am 4. VIII. vom Kollegen *Cunow* verfaßt worden. Sie wurde aber erst mehrere Tage später endgültig formuliert und von sämtlichen Kollegen einzeln unterzeichnet, d. h. zu einer Zeit, als die Kriegserklärung Englands bereits vorlag. Wenn also nach *Cunows* Auffassung die ganze Kriegslage durch die Beteiligung Englands ein ganz anderes Aussehen erfuhr, dann hätte Gen. *Cunow* ja auch schon damals seine Unterschrift verweigern können oder müssen. ...

---

[3] Vorwärts vom 9. 4. 1916 und vom 11. 4. 1916, zitiert in: Archiv für die Geschichte des Sozialismus und der Arbeiterbewegung, Hrsg. Carl Grünberg, 7. Jg., Leipzig 1916, S. 233 - 234, Neudruck: Graz 1965.
Zur Erklärung der ‚Vorwärts'-Redaktion siehe hierzu auch: Kurt Koszyk: Zwischen Kaiserreich und Diktatur. Die sozialdemokratische Presse von 1914 bis 1933, Heidelberg 1958.
[4] Siehe Anmerkung 3.

Die erwähnte Erklärung geht ja auch von einer *allgemeinen Auffassung* über den Charakter des Krieges aus, der durch das Eingreifen Englands nur noch *deutlicher* geworden, aber keineswegs geändert worden ist. Die Übereinstimmung *Cunows* mit der Redaktion bezog sich also nicht allein auf die Kreditfrage, sondern auf die gesamte Auffassung über den Charakter des Krieges und über die Aufgaben der Arbeiterklasse im Kriege. — Wenn Gen. *Cunow* weiter behauptet, daß in der Redaktion selbst keine einheitliche Meinung bestand, so hat er darin recht und unrecht. *Alle* Kollegen waren im August 1914 mit der Fraktionshaltung *nicht* einverstanden, wobei zwei oder drei Kollegen in ihrer *Begründung* dieser Kritik von den übrigen Redaktionskollegen etwas abwichen[5]."

Deutlich wird aus dieser Auseinandersetzung zunächst, daß Heinrich Cunow am 3. und 4. August, bei der Abstimmung innerhalb der Fraktion und im Reichstag noch stets auf dem linken Flügel der Partei stand, die Zustimmung zu den Kriegskrediten verurteilte und den Krieg als eine zu bekämpfende Folge des Imperialismus einschätzte. Cunows Argumentation, der Kriegseintritt Englands habe seine eigene Stellungnahme verändert, muß wohl als eine im nachhinein abgegebene Interpretation angesehen werden. Bemerkenswert ist in diesem Zusammenhang, daß auch Paul Lensch in der bereits angeführten Antwort auf eine ‚Vorwärts'-Kritik im Juni 1916 eine ähnliche ex post Begründung für seinen Sinneswandel nennt, auch bei ihm ist die Rolle Englands entscheidend:

„Ich forsche nach dem Grunde des Zusammenbruchs der Internationalen. Weit entfernt, ihn in der persönlichen Mangelhaftigkeit der an der Spitze der sozialistischen Parteien stehenden Führer zu erblicken, glaubte ich, ihn in den wirtschaftlichen und gesellschaftlichen Verhältnissen der einzelnen Länder suchen zu müssen und fand ihn schließlich in der geschichtlichen Ausnahmestellung Englands[6]."

Die entwickelte Theorie der Lensch-Cunow-Haenisch-Gruppe, in der, wie noch aufgezeigt werden wird, England ein bedeutsamer Stellenwert zukommt, wird im Jahre 1916, fast zwei Jahre später auch dazu verwendet, den Wechsel des politischen Standorts nach dem 4. August 1914 zu erklären. Wenn zwar hier nicht explizit aufgezeigt werden kann, wann und weshalb dieser Wechsel stattfand, so ist zumindest doch sicher und wird noch nachgewiesen werden, daß die Einschätzung Englands, so wie sie in den beiden Erklärungen Verwendung findet,

---

[5] Siehe Anmerkung 3, S. 27.
[6] Siehe Anmerkung 12, S. 25.

erst das Ergebnis einer Theoriebildung war, die in der Folge des politischen Sinneswandels stattfand.

Was Heinrich Cunow anbelangt, so ist der Zeitpunkt seines Überganges von links nach rechts nur recht grob anzugeben. Indizien wie bei Paul Lensch sind nicht vorhanden, von seiner durch die ‚Vorwärts'-Redaktion bestrittenen Angabe abgesehen. Spätestens aber Mitte Oktober 1914, das geht aus der oben geschilderten Kontroverse hervor, gehörte auch er zu den Befürwortern der Politik des 4. August, hatte auch er sein Damaskus hinter sich.

Konrad Haenisch

„O Haenisch, o Haenisch, was hast du bloß gedenkt, daß du dich an den Kaiser und an Bethmann hast gehängt[1]."

Wie Paul Lensch, so stammt auch Konrad Haenisch aus einer angesehenen großbürgerlichen Familie, doch sein Bruch mit der eigenen Herkunft und Familie war von einer seltenen Radikalität.

Konrad Haenisch wurde am 14. 3. 1876 in Greifswald geboren. Sein Vater war Arzt und Privatdozent, Sohn eines Geheimen Regierungsrates und Kurators der Universität Jena. Seine Mutter war eine Tochter des preußischen Oberstleutnants Alexander Freiherr von Forstner und der Gräfin Wilhelmine von Schwerin. Von den zahlreichen Ämtern und Würden seiner Familie ist vor allem das des Festungsauditeurs in Kolberg während der Belagerung von 1807 hervorzuheben, das einer seiner Vorfahren innehatte. Nur bei Kenntnis dieses Hintergrundes ist der oben erwähnte Bruch und der schwierige Weg Haenischs zur Sozialdemokratie zu verstehen.

Wegen sozialistischer Gesinnung und Umgangs mit Sozialdemokraten wurden 1893 über zwei Primaner des Gymnasiums Greifswald von den Schulbehörden schärfste Repressalien verhängt[2]. Der eine der beiden beging daraufhin Selbstmord, der andere war Konrad Haenisch, den

---

[1] W. Eildermann: Jugend im ersten Weltkrieg. Tagebücher, Briefe, Erinnerungen, Berlin 1972, S. 207.
[2] Die Darstellung der folgenden Geschehnisse stützt sich auf einen Artikel des sozialistischen Journalisten und Schriftstellers Rudolf Franz (1882 - 1956) im Archiv für die Geschichte des Sozialismus und der Arbeiterbewegung, mit welchem Franz die Veröffentlichung einer Auswahl aus seiner Korrespondenz mit Haenisch einleitet. Rudolf Franz stützt sich bei dem Bericht über Konrad Haenischs Jugend vor allem auf einen Artikel im ‚Sozialistischen Akademiker' (Heft 1, Januar 1895, 1. Jg., S. 23 f.), dem Vorläufer der ‚Sozialistischen Monatshefte', dessen Wahrheit ihm Haenisch selbst bestätigt hatte.
Archiv für die Geschichte des Sozialismus und der Arbeiterbewegung, Hrsg. Carl Grünberg, 14. Jg., Leipzig 1929, S. 444 ff., Neudruck: Graz 1966, siehe auch: Gunter Krüschet: Ein Brief Konrad Haenischs an Karl Radek.

das Verbot jeder politischen Lektüre, das Verbot jeden politischen Gesprächs mit seinen Mitschülern sowie der von seinen Mitschülern über ihn verhängte ‚nationale Boykott' dazu brachten, freiwillig vom Gymnasium zu scheiden. Von den Verwandten bedrängt, willigte seine Mutter — der Vater war bereits 1884 verstorben — darin ein, die Vormundschaft abzugeben, die einem Landpastor übertragen wurde. Einige Wochen später wurde Konrad Haenisch von einem in Begleitung von vier Polizisten erschienenen Amtsarzt auf seinen Geisteszustand untersucht. Das Ergebnis dieser Untersuchung war, daß nun jede Nacht ein Polizist an seinem Bett wachte, der den politisch Mißliebigen angeblich auf abnorme Verhaltensweisen hin beobachten sollte.

Am 28. Dezember desselben Jahres 1893 wurde er dann unter Zwangsanwendung von seinem Vormund in eine Nervenkuranstalt nach Pankow eingewiesen. Von März bis Oktober 1894 arbeitete Haenisch als Laufbursche in einer Leipziger Buchhandlung, wurde darauf von seinem Vormund erneut nach Berlin befohlen und von dort in die Anstalt Bethel bei Bielefeld transportiert. Einer weiteren Unterdrückung seiner sozialistischen Überzeugung entzog er sich durch die Flucht.

Die Veröffentlichung dieser Leidensgeschichte in der sozialdemokratischen ‚Leipziger Volkszeitung' — so nimmt Rudolf Franz an — war der Grund dafür, daß die Verwandtschaft den noch Minderjährigen nicht weiter behelligte.

Haenisch blieb nun die nächsten vier Jahre in Leipzig, arbeitete bei der ‚Leipziger Volkszeitung', war freier Mitarbeiter verschiedener Partei- und Gewerkschaftszeitungen und hörte an der Universität Vorlesungen unter anderem in Geschichte und Nationalökonomie. Der politische Umgang mit Franz Mehring, Rosa Luxemburg und Parvus-Helphand machte ihn zu einem Mitglied der marxistischen Linken in der SPD[3]. Seine weitere Entwicklung als Journalist war ihm Gelegenheit, diesen seinen Standort fast täglich zu beweisen. 1898 trat er in die Redaktion der ‚Pfälzischen Post' ein, dem Ludwigshafener sozialdemokratischen Blatt, ein Jahr später wechselte er zur ‚Sächsischen Arbeiterzeitung' nach Dresden, am 6. Oktober 1900 übernahm er die Redaktion der Dortmunder ‚Arbeiterzeitung'. In dieser Funktion machte er die ‚Arbeiterzeitung' zu einem führenden Organe des linken Flügels, und bei allen Auseinandersetzungen in der SPD nahm er in der Folgezeit für den radikalen Standpunkt Stellung, so bei der Massenstreik-

---

[3] In diesem Zusammenhang allerdings irrt wohl Gunter Krüschet, S. 3, wenn er auch Paul Lensch zu den Linken zählt, die Haenisch in dieser Leipziger Zeit beeinflußten. Paul Lensch kam erst 1902 zur ‚Leipziger Volkszeitung" (siehe S. 21); darin einig sind sich sowohl Osterroth, S. 188 wie Dombrowski, S. 214.

Debatte nach der russischen Revolution von 1905, in der Auseinandersetzung mit der Bergarbeitergewerkschaft anläßlich der großen Bergarbeiterstreiks an der Ruhr, so auch zum Essener Parteitag, als er in einem Artikel die Formulierung gebrauchte: „Lieber zehn Herves als ein Vollmar⁴!" In der Auseinandersetzung um den Massenstreik im konkreten Falle des erwähnten Bergarbeiterstreiks erhielt Haenisch von der Dortmunder Parteispitze keine Unterstützung (wohl aus Rücksicht auf das Partei-Gewerkschaft-Verhältnis), und dies mag ein Grund dafür gewesen sein, daß er 1905, am Ende des Jahres, zur ‚Leipziger Volkszeitung' wechselte, wo er allerdings nur ein Jahr verblieb, um auf Wunsch der Dortmunder Parteimitglieder am 1. 11. 1906 aufs Neue in die Redaktionsleitung der dortigen ‚Arbeiterzeitung' einzuziehen. Aus diesem einen Leipziger Jahr rührte seine erste engere Beziehung zu Paul Lensch, eine Beziehung, die nicht problemlos war, denn, wie aus einem Brief an Rudolf Franz hervorgeht⁵, war er wegen persönlicher Differenzen mit Lensch froh, wieder nach Dortmund zurück zu können.

1908 mußte sich Haenisch, der wegen seiner rastlosen Tätigkeit ernste gesundheitliche Schäden erlitten hatte, einer mehrmonatigen Kur unterziehen, wobei unterdessen die ‚Arbeiterzeitung' einen weniger radikalen Kurs einschlug. Dieser Positionswechsel der Zeitung während seiner Abwesenheit war nur Indiz für die zunehmende Isolierung Haenischs und das Schwinden seines Einflusses in der Redaktion und bei den Funktionären der Parteiorganisation, während sein Anhang unter den Mitgliedern durchaus beträchtlich war⁶. Zu neuen Auseinandersetzungen kam es 1910 im Verlaufe der Aktionen der SPD gegen das preußische Dreiklassenwahlrecht. Während Haenisch die Position der Linken in der Partei vertrat, wonach das gleiche Wahlrecht nur auf außerparlamentarischem Wege erkämpft werden könne, und er dabei wiederum das Mittel des Massenstreiks proklamierte, beharrte der reformistische Flügel der Partei auf einem bloß parlamentarischen Kampf.

Die Wahl zum Leiter eines ‚Sozialdemokratischen Büros für Rheinland und Westfalen' im Oktober 1910 wurde vom Parteivorstand nach einem heftigen Protest des Bergarbeiterverbandes nicht angenommen⁷, doch wurde ihm im Januar 1911 der Aufbau und die Leitung einer Parteiflugblattzentrale angeboten.

---

⁴ Rudolf Franz, S. 447. Herve war bis zum Kriegsausbruch 1914 radikaler Antimilitarist.
⁵ Rudolf Franz, S. 448.
⁶ Siehe: Gunter Krüschet, S. 4.
⁷ Siehe: Rudolf Franz, S. 460.

Er siedelte nach Berlin über, wo er ab September auch als Lehrer an der Arbeiterbildungsschule tätig wurde. 1913 wurde er für den Wahlkreis Ober- und Niederbarnim in das preußische Abgeordnetenhaust gewählt.

Zur Entscheidung vom 3. bzw. 4. August hatte Konrad Haenisch nicht, wie etwa Paul Lensch in seiner Eigenschaft als Reichstagsabgeordneter oder wie Heinrich Cunow innerhalb der ‚Vorwärts'-Redaktion, unmittelbare Stellung zu beziehen. Es ist deshalb schwer möglich, die Haltung Haenischs zur Kriegskreditbewilligung zu eruieren. Das erste Zeugnis, das über seine Stellung Auskunft gibt, ist ein Tagebucheintrag des Reichstagsabgeordneten Eduard David vom 28. September 1914:

„Von verschiedenen Seiten wird berichtet, daß Haenisch zu unseren Anschauungen übergegangen sei. Das wäre ein sehr wertvoller Zuwachs[8]."

Am 4. August gehörte Konrad Haenisch noch zu den Linken, die eine Bewilligung der Kredite ablehnten. Dies geht zumindest aus einem Brief Karl Radeks an Alfred Henke hervor, welchem er schreibt, daß Haenisch zunächst ein entschiedener Gegner der Fraktionspolitik war, nach sechs Wochen aber in seiner Einstellung zu schwanken begann. Am 28. September dann, zum Zeitpunkt der Davidschen Notiz, hatte er sich wohl entschieden[9].

Kennzeichnend für die Wochen und Monate, die dem 4. August folgen, ist innerhalb der deutschen Sozialdemokratie die Diffusität der einzelnen Personen und Gruppen. Keiner wußte genau, wo der andere stand, bei vielen vollzog sich ein Prozeß des Umdenkens, auf dem Boden der neuen Tatsachen begannen die Parteiflügel sich erst wieder zu sammeln und zu reorganisieren; das galt für die Linke ebenso wie für die Rechte. Was den rechten Flügel anbelangt, so läßt sich dieser Prozeß in Eduard Davids Kriegstagebuch recht deutlich verfolgen. Die oben zitierte Eintragung Davids ebenso wie eine andere vom 5. November 1914, in der in ganz ähnlicher Formulierung davon die Rede ist, daß Paul Lensch vom linken Flügel „abgefallen sein soll"[10], zeigt, wie wenig klar selbst einem so gut informierten Mann wie David noch Anfang November der Verlauf der Fronten innerhalb der SPD war.

---

[8] Das Kriegstagebuch des Reichstagsabgeordneten Eduard David 1914 bis 1918. Bearb. von Susanne Miller in Verbindung mit Erich Matthias, Erste Reihe, Bd. 4 der ‚Quellen zur Geschichte des Parlamentarismus und der politischen Parteien', Düsseldorf 1966, S. 45.

[9] Alfred Henke war Redakteur der ‚Bremer Bürgerzeitung' und vertrat die Politik der USPD. Der Brief Radeks datiert vom 12.12.1915. Nachlaß Henke, Tr. 8,3, Kassette I, Nr. 108, Archiv der Sozialen Demokratie der FES.

[10] Eduard David, S. 62.

Für diejenigen, welchen der Kriegsausbruch zum Anlaß und Grund eines Wechsels ihrer politischen Position wurde, war das knappe halbe Jahr bis zum Januar 1915 der Zeitraum, in dem sie ihre Entscheidung reflektierten, formulierten und sich dann mit ihrer theoretischen Begründung der oftmals verblüfften Parteiöffentlichkeit stellten. Während Paul Lensch und Heinrich Cunow aber mit literarischen Produkten sich präsentierten, die bereits Ergebnis dieses Umdenkens waren, existiert von Konrad Haenisch ein Zeugnis, in welchem auch die emotionalen Motive sichtbar werden, die solcher Entscheidung zu Grunde liegen. Es ist dies sein Brief an Karl Radek vom 4. Oktober 1914. Haenisch kannte Radek seit 1911 und schätzte ihn als Marxist und schlagfertigen Journalisten, und bewies seine Wertschätzung durch seine Parteinahme für ihn in der sogenannten Radekaffäre[11].

Im September 1914 nun hatte Radek mitbekommen, daß Haenisch an der politischen Richtigkeit seines Standpunktes zu zweifeln begann und da er — Radek — zu wissen glaubte, daß Haenischs Art zu handeln zu gefühlsmäßig sei, hielt er es — wie er Henke mitteilte — für nötig, in einem Brief an Haenisch die offizielle Politik der Partei nochmals kritisch zu untersuchen und darzustellen. Konrad Haenisch antwortete nun mit jenem ausführlichen, mehrseitigen Brief, den er auch Parteifreunden zeigte[12] und später sogar verschickte, ein Verhalten, das Radek als „Eifer des Proselyten"[13] abqualifizierte. Wiewohl dieser Brief die spezifisch-persönlichen Gefühle, Ängste und Gedanken Konrad Haenischs mitteilt, und wiewohl ihn in der Tat eine besondere ‚Gefühligkeit' auszeichnet, die schon Radek fürchtete und von der Konrad Haenisch selbst wußte[14], so darf doch angenommen werden, daß seine Inhalte über das Individuelle hinaus typisch sind für den Prozeß des

---

[11] Siehe hierzu: Gunter Krüschet, a.a.O., S. 6.
[12] So schreibt Eduard David in seinem Tagebuch am 9. Oktober 1914, also bereits 5 Tage nach Abfassung des Briefes:
„Gespräch mit Konrad Haenisch, der mir seinen Brief an Radek zu lesen gab. (Schöpflin besitzt Abschrift.) Ich skizzierte mir den Inhalt."
S. 48.
[13] Radek, a.a.O.:
„Er antwortete mir mit dem bekannten Briefe, den er anfangs ein paar naechsten Freunden gezeigt. Ich schrieb Ihnen nichts davon, weil es doch *eine rein private Korrespondenz war*. Jetzt erfahre ich von mehreren Seiten, daß er sein ‚Expose' versendet."
(Hervorhebung im Original.)
[14] So Haenisch in einem Brief an Parvus-Helphand vom 19. September 1915:
„Daß ich gewisse Gefühlsmomente stärker betone als Sie, besonders auch mein *deutsches* Fühlen, werden Sie verstehen!" (Hervorhebung im Original).
Rep. 92, Nr. 7, Blatt 64 Nachlaß Alexander Helphand im Geheimen Staatsarchiv Berlin-Dahlem.

3 Sigel

Umdenkens auch bei Paul Lensch, auch bei Heinrich Cunow, ja, daß sie vielleicht sogar ein Stück Gefühlswelt der deutschen Sozialdemokratie überhaupt widerspiegeln und damit zur Erklärung des 4. August beitragen. Die in diesem Zusammenhang wesentlichen Passagen sollen im folgenden wiedergegeben werden[15]:

„Lieber Freund Radek!

Haben Sie vielen, vielen Dank für Ihren langen Brief und für alle Ihre freundliche Sorge um die Kämpfe, die ich jetzt mit mir selbst ausfechte. Ich habe Ihren Brief dreimal sehr gründlich durchgelesen, habe ihn immer von Neuem durchdacht, aber überzeugt haben Sie mich nicht. Ihr Brief ist ein Musterbeispiel dafür, wie eine Beweisführung in sich durchaus logisch und zwingend und trotz alledem falsch sein kann. Ich will mich in meiner Antwort bemühen, in ein paar ganz flüchtigen Auseinandersetzungen, ganz unsystematisch, ganz so wie die Gedanken gerade kommen, und ohne jeden Anspruch darauf; die Sache von allen Seiten zu beleuchten, Ihnen zu sagen, was ich in diesen Tagen denke und fühle. Sie wissen, wie schmerzlich es mir diesmal ist[a)] so gegen manchen alten radikalen Freund in Opposition zu stehen, keineswegs gegen alle! Doch was hilfts? Lieb sind mir die Freunde, lieber ist mir Klarheit und Wahrheit. Lassen Sie uns in aller Ruhe doch zunächst einmal *die Tatsachen* feststellen: Die Arbeiter aller Länder hoffen und bekunden das lebhafteste Interesse an der Erhaltung des Friedens. Sie kämpften bis zum letzten Moment entschlossen gegen den Ausbruch des Krieges. In dem Augenblick aber, in dem der Krieg *da war,* stellten sich die Arbeiter in allen Ländern mit nicht geringer Entschlossenheit *auf die Seite ihres jeweiligen Vaterlandes.* In Frankreich und Belgien werden von den sozialistischen Parteien die Kriegskredite ebenso einhellig bewilligt wie in Deutschland und selbst die russischen Genossen wagen trotz ihrer Todfeindschaft gegen den Zarismus nicht die Ablehnung der Kredite, sondern ziehen sich auf Stimmenthaltung zurück. (Von den Serben werde ich gleich noch sprechen.) Und diese Haltung der Fraktionen ist nichts anderes als ein getreuer Ausdruck der Stimmung der Massen (...)

---

[15] Der Brief ist ediert von Gunter Krüschet, a.a.O., S. 9 ff.; ob und wo das Original überliefert ist, ist unbekannt, die Edition in der IWK folgt dem von Konrad Haenisch signierten Druck der Sammlung Stein, zum Vergleich herangezogen wurden die Abschriften im Besitz der Historischen Kommission (zitiert W), die auch dem Verfasser vorlag, und des Archivs der Sozialen Demokratie in Bonn (zitiert A).
a) In W und A fehlt „ist".
c) Nach „fertig geworden" steht in W und A ein Fragezeichen.
d) Vor „Notwendigkeit" steht in W „historische".

Und nun sagen Sie, *kann eine so überall gleichmäßig und überall elementar* zu Tage tretende Erscheinung damit abgetan werden, daß man sie als Ausfluß der Dummheit, des Verrats oder der Karakterschwäche einzelner Führer karakterisiert? Muß man nicht vielmehr als historisch denkender Mensch nach überall wirksamen *Ursachen* dieses Vorganges suchen, anstatt sich über ihn moralisch zu entrüsten? Ich gebe hier kein Urteil ab, sondern stelle nur eine Tatsache fest wenn ich sage: ,*Diese überall wirksame Ursache besteht in nichts anderem als in dem heutigen Wesen der Arbeiterbewegung selbst*.'
Die falsche Voraussetzung von der Sie ausgehen, lieber Radek, und die Sie natürlich bei aller strengen Logik Ihrer Beweisführung auch zu völlig falschen Schlüssen führen muß, ist Ihre Anschauung über die Arbeiterbewegung *von heute*, nicht nur über die deutsche Arbeiterbewegung, sondern über die Arbeiterbewegung fast aller kapitalistischen Staaten. Es hilft nun einmal nichts: wir müssen den Dingen entschlossen in's Auge sehen und wenn's uns auch noch so schwer fällt, rückhaltlos das aussprechen, was ist. Und die Wahrheit ist die: mit ihrem ungeheuren Wachstum ist die Arbeiterbewegung auch in ihrem Wesen verändert worden: die Quantität ist so umgeschlagen in die Qualität. Dieser Umschlag ist nicht etwa erst am 4. August erfolgt, der vierte August und alles was sich ihm anschloß, hat diesen längst vollzogenen Umschlag vielmehr nur offenbar gemacht. Mir selbst (ich brauche im Allgemeinen nicht gern so große Worte, aber hier drücken alltägliche Worte nicht das aus, was ich sagen will) bedeutete die Reaktion, die der Krieg im internationalen Sozialismus auslöste, geradezu so etwas wie einen *Weltuntergang*. Alles schien mir zusammenzustürzen und zu versinken. Aber schließlich drang ich dazu durch, in dem was sich da vor unseren Augen abgespielt hat und noch immer sich abspielt, eine innere Notwendigkeit zu erkennen. (...)
Es ist einfach ein Unding, daß eine Partei die, wie die Deutsche Sozialdemokratie mehr als den dritten Teil des deutschen Volkes umfaßt, mit verschränkten Armen zusehen sollte, wenn sich so ungeheure Dinge abrollen. Ich bin heute zu der felsenfesten Ueberzeugung gekommen: hätte die Sozialdemokratie in der großen Schicksalsstunde dieses Krieges anders gehandelt als sie gehandelt hat, hätte sie sich nicht entschlossen auf die Seite ihres Volkes gestellt, so wäre sie *erledigt* gewesen. — Erledigt nicht durch die Vergeltungsmaßregeln der Regierung (mit denen wäre man schließlich fertig geworden)c) sondern erledigt durch den Sturm der Massen selbst.
Wir wären wieder das geworden, was wir vor Jahrzehnten waren, eine einflußlose, ohnmächtige Sekte. Unsere ganze Entwicklung hätte

von vorn beginnen müssen. Es hilft nichts, lieber Radek, den Kopf in den Sand zu stecken und die Dinge nicht sehen zu wollen.

Gewiß wäre es uns allen lieber gewesen, die Sozialdemokratie aller Länder hätte, wenn sie den Kriegsausbruch schon nicht verhindern konnte, ihn mit einer *revolutionären Aktion zum Sturze der bestehenden Staatsordnung* beantwortet. Daß sie dazu nirgends auch nur den leisesten Versuch gemacht hat, zeigt eben, daß alle unsere Hoffnungen in dieser Richtung nichts anderes waren, als *eine große Illusion*. Vor zerstörten Illusionen aber flennt man nicht, man muß vielmehr versuchen, die neue Situation als eine Notwendigkeit[d)] zu erkennen und sich mit ihr abfinden. Die nationalen Interessen des Proletariats haben sich eben, allen unseren Erwartungen zum Trotz, als unendlich viel stärker erwiesen, als sein internationaler Zusammenhalt. So schwer es gerade mir wird, das auszusprechen, dem von jeher die Internationale keine Feiertagsdekoration, sondern heiligste Herzenssache gewesen ist; — es muß als Ergebnis der Geschichte dieser letzten Zeit doch rund heraus gesagt werden: In dem Augenblick, in dem die Internationalen[16] Interessen des Proletariats und seine Gefühle[e)] der internationalen Zusammengehörigkeit in Widerspruch zueinander gerieten, siegten auf der ganzen Linie, bei allen Völkern die *nationalen* proletarischen Interessen. Und ich glaube heute auch zu wissen, warum sie siegen mußten!

Erstens weil eine demokratische Entwicklung nur möglich ist, auf dem Boden eines nach aussen unabhängigen nationalen Staates. Lesen Sie Lassalles Broschüre über 1859! Und die internationale Unabhängigkeit[f)] mußten die Massen in Deutschland auf's Aeusserste gefährdet glauben, bei dem plötzlichen Angriff von 3 Fronten.

Zweitens ist auch eine moderne *kapitalistische* Entwicklung und damit eine Entwicklung zum *Sozialismus* nur möglich, auf dem Boden eines unabhängigen nationalen Staates, deshalb ja auch gerade das

---

[16] Entgegen Krüschet, der in seiner Edition des Briefes a.a.O. hier nichts anmerkt, meine ich doch, daß aus dem Zusammenhang dieses Satzes heraus geschlossen werden kann, daß es statt „die internationalen Interessen des Proletariats": „die nationalen Interessen des Proletariats" lauten muß; anders entbehrte der Satz jeden Sinnes.

e) Statt „seine Gefühle" in W „sein Gefühl".

f) In W heißt es statt „internationale Unabhängigkeit": „nationale Unabhängigkeit".

g) Statt „auf demokratisch-revolutionärem" in W und A: „auf demokratischem revolutionärem".

k) In W und A statt „oben": „eben".

l) Statt „unwiderstehlich" in W und A: „unwiderstehliches".

m) In W und A Singular.

n) In W statt „Briefes": „Riesenbriefes".

o) In W Singular.

durchaus berechtigte Bestreben der Balkanvölker nach nationalen Staaten, das den unmittelbaren Anlaß zu diesem Kriege gab. In Deutschland setzte die großkapitalistische Entwicklung besonders machtvoll erst ein, als ihre Vorbedingung, der nationale Einheitsstaat geschaffen war.

In Frankreich dagegen *stockt* seit der Niederlage 1870 die kapitalistische Entwicklung durchaus. Und nun stellen Sie sich vor, was erst eine Niederlage Deutschlands in diesem Kriege für seine kapitalistische Entwicklung und damit für seine Entwicklung zum Sozialismus bedeuten würde. Eine Niederlage Deutschlands, die ihm einige seiner industriellen Bezirke entrisse, die seinen Ausfuhrhandel um Jahrzehnte zurückwürfe, die dem kapitalistischen Blutkreislauf viele Dutzende von Milliarden entzöge, eine solche Niederlage würde Deutschlands kapitalistische Entwicklung und dann wie gesagt auch die Entwicklung seiner Arbeiterbewegung und seinen Aufstieg zum Sozialismus auf's Furchtbarste hemmen. *Eine Niederlage Deutschlands wäre deshalb für die deutschen Arbeiter unendlich viel verhängnisvoller als für die preußischen Junker.* Darum ist es auch so gänzlich verkehrt zu sagen wie Manche (nicht Sie!) es tun: den deutschen Machthabern wäre für alle ihre Sünden (keiner kennt diese Sünden besser wie ich!) eine gehörige Tracht Prügel von ganzem Herzen zu gönnen. Auch Gott! Nicht die Machthaber, sondern *wir selbst* würden diese Prügel kriegen. Nicht im Interesse unserer Machthaber wünsche ich von ganzer Seele einen möglichst entscheidenden Sieg Deutschlands, *sondern gerade im Interesse des deutschen Proletariats!*

Und wie die sozialistischen Zukunftsinteressen des Proletariats auf Gedeih und Verderb mit der Existenz des nationalen Staates verbunden sind, so auch seine Gegenwartsinteressen. Gerade ich habe in der immer festeren Verankerung proletarischer Einrichtungen im Gegenwartsstaate stets eine sehr große Gefahr gesehen und diese Verankerung bekämpft, wo und wie ich nur konnte. So habe ich z. B. in den 90ziger Jahren aufs Heftigste gegen die ersten Tarifgemeinschaften gewütet, habe den Gründungen eigener Druckereien und Gewerkschaftshäuser, habe auch der Gründung konsumgenossenschaftlicher Fabriken und der Etablierung der Volksfürsorge *sehr* kritisch gegenüber gestanden. Aber ebensowenig wie irgend ein anderer habe ich diese ganze Entwicklung aufhalten können. Und wieder sage ich: Wir müssen die Dinge nehmen wie sie sind, nicht wie es nach unserem Wunsche sein sollte. (...)

Ich sage es mit größtem Schmerz, weil es Vielem, was ich sonst gedacht und gefühlt habe, widerspricht, aber ich muß es sagen, weil es die *Wahrheit* ist. ‚Wir können den Gegenwartsstaat heute nicht mehr einfach ‚prinzipiell negieren' und ihn mit verschränkten Armen ‚seinem Schicksal überlassen'. Selbstverständlich bleiben wir nach wie vor grundsätzlich die Todfeinde des Klassenstaates, aber die *Methode* unseres Kampfes gegen ihn ist allmählich eine andere geworden. Es bleibt uns nichts anderes übrig, als den Weg, den Klassenstaat, von dem wir selbst ein Stück und zwar ein sehr großes Stück geworden sind, von innen heraus umzugestalten. Daß dieser Weg stets ein friedlicher Weg der Reformen sein wird, glaube ich heute selbstverständlich genau so wenig, wie ich es jemals früher geglaubt habe! ganz im Gegenteil: je mächtiger sich im Staatskörper selbst das sozialistische *Neue* gestalten will, desto heftiger werden auch die Reaktionen der kapitalistischen Mächte dagegen werden. Und dann kommt es unweigerlich zu revolutionären Fieberkrisen. Das zu übersehen, war und ist der Grundfehler unserer Revisionisten, zu denen ich mich heute natürlich ebensowenig rechne wie früher. Genau wie früher, bin ich auch heute von der zunehmenden Verschärfung der Klassengegensätze und von der Unausbleiblichkeit revolutionärer Erschütterungen überzeugt. Aber der *Boden*, auf dem alle diese Klassenkämpfe sich abspielen müssen, ist nun einmal *der unabhängige nationale Staat* und wird *diese Grundlage angegriffen*, dann treten zeitweilig wenigstens im Bewußtsein auch der Massen alle inneren Klassengegensätze zurück. (...)

Und noch eins: Unterläge Deutschland in diesem Kriege, so würde auf Jahre, vielleicht auf Jahrzehnte hinaus, eine wilde chauvinistische Revancheflut *alles*, schlechtweg *alles* überschwemmen! Die Zeit von 1807 bis 1813 in Preußen, die Zeit von 1870 - 1890 in Frankreich (in der unter der chauvinistischen Hochflut der Sozialismus zu einem kümmerlichen Sektendasein verdammt war), die Situation endlich unter den polnischen Arbeitern, an die der Sozialismus schlechterdings nicht herankommt, weil sie ganz und gar in dem Gedanken an ihre nationale Wiedergeburt leben und weben (ich kenne das vom Ruhrgebiet her) das alles wäre nur ein Kiederspiel zu dem, was dann in Deutschland kommen müßte.

Und dann wäre dieser schauerliche Krieg nichts anderes gewesen, als die Vorbereitung zu einem noch viel grausigeren Völkermorde! (...)

Zusammenfassend und ergänzend möchte ich sagen: Wie nach Schweitzers Worten im Jahre 1870 die ‚Deutschen Proletarierfäuste' leider zu schwach waren, die Neugestaltung der *deutschen Dinge* auf demokratisch-revolutionärem[g]) Wege herbeizuführen und diese Aufgabe daher (zehnfach leider) den ‚preußischen Bajonetten' vorbehalten bleiben musste, so haben sich auch im Jahre 1914 — leider, leider — die Proletarierfäuste als zu schwach erwiesen, die Neuordnung der *europäischen* Verhältnisse auf dem demokratisch-revolutionären Wege durchzusetzen.

Und abermals mussten deshalb — wieder sage ich: zehnfach leider — die deutschen Bajonette herbei, um als Revolutionäre wider Willen diese große historische Aufgabe zu lösen! Die erste, die bessere der möglichen Lösungen, der europäischen Frage ist uns zu unserem grössten Leidwesen heute verrammelt — dürfen wir uns deshalb nun in den Schmollwinkel stellen, wo uns doch einfach gar nichts anderes übrig bleibt, als die zweite Lösung zu akzeptieren? Schalten wir uns jetzt freiwillig aus, so vergeben wir uns selbst jeden Einflusses auf die späteren Neugestaltungen der deutschen nicht nur, sondern auch der europäischen Dinge! Das wäre der verhängnisvollste Fehler, den die Sozialdemokratie begehen könnte. *Alles* müssen wir daran setzen, daß — nachdem wir das entsetzliche Blutvergießen selbst nicht haben verhindern können — aus dem Blutmeer nun wenigstens eine Politik herauswächst, die den Interessen der Arbeiterklasse, den Interessen der Demokratie und des Sozialismusses dient. Selbstmord wäre es, die Neugestaltung der Verhältnisse den herrschenden Klassen zu überlassen. (...)

Noch Eines lieber Freund! Sie sprechen etwas geringschätzig davon, daß ich mich oft mehr vom Gefühl, als von systematischem Denken leiten laß. Zugegeben! Und neidlos habe ich Ihre Ueberlegenheit mir gegenüber an logischer Systematik anerkannt. Stets habe ich Ihr kristallklares und messerscharfes Denken sowie Ihr reiches, Ihnen stets gegenwärtiges Wissen bewundert. Aber gerade Sie werden doch nicht bestreiten wollen, daß auch das *Gefühl* ein ungeheuer wichtiger Faktor ist und daß wir starke und elementare Gefühle bei unseren Entscheidungen nun und nimmermehr gewaltsam unterdrücken dürfen. Auf unseren Fall angewendet; Ich leugne keinen Moment, daß mich in diesen Wochen neben allen den oben[k)] angedeuteten verstandgemäßen Erwägungen auch ein überaus starkes und unwiderstehlich[l)] starkes *Gefühl* auf die deutsche Seite treibt! Und ich schäme mich dieses Gefühls *garnicht!*

Sie wissen, daß ich gegen Rosa und auch gegen Sie selbst auf Parteitagen und in der Presse mehrfach für das unbedingte Recht der *Polen* auf ihre nationale Selbständigkeit eingetreten bin. Sie wissen auch, daß ich den *Franzosen* unter allen Umständen ihre nationale Unabhängigkeit gewahrt wissen möchte. Aber, zum Donnerwetter, was Polen und Franzosen recht ist, muß uns Deutschen billig sein!

Mein sehr tiefer Internationalismus hat niemals verhindert, daß ich mich auch — und mit Stolz und Freude — als Deutscher gefühlt habe. Gerade weil ich glühend mein Vaterland, seine Sagen[m)] und seine Geschichte, seine Kultur und seine Literatur, die Schönheiten der Landschaft und die Innigkeit seiner Seele liebe — verzeihen Sie bitte diesen ganz und gar unmarxistischen Ausdruck — gerade deshalb bin ich Sozialdemokrat geworden. Dem ganzen deutschen Volke, dem ausgebeuteten Proletariat zumal, wollte und will ich sein Vaterland erobern helfen und weil ich erkannt habe, daß das nur möglich ist im Sozialismus, nur möglich ist durch das Zusammenwirken der Arbeiter *aller* Länder nach dem gleichen großen Ziele hin, deshalb wurde ich Sozialist, *internationaler* Sozialist! Starkes Nationalgefühl und überzeugter Internationalismus sind für mich niemals Gegensätze gewesen, eines hat in den zweiundzwanzig Jahren, die ich der Partei nun angehöre, stets das andere ergänzt und bedingt. (Ich könnte Ihnen aus alten Broschüren, Artikeln und Flugblättern von mir Dutzende von Belegen dafür bringen.) Beides erst ergab mir in seinem Zusammentönen den vollen harmonischen Gleichklang meines Sozialismus. Ich empfinde in diesen Dingen ganz so wie etwa Pernerstorffer! Genau so wenig wie ihn hat auch mich mein bewußtes und tief empfundenes Deutschtum je daran gehindert, ein guter Internationaler zu sein; je hinderte mich mein Internationalismus, ein guter Deutscher zu sein. Und hat nicht auch der Marxistische Sozialismus Mehring's (der, wie Sie wissen, die Dinge dieser Tage nicht ganz so beurteilt wie ich) von jeher eine starke *nationale* Note gehabt? Mein Internationalismus ist niemals ein verschwommener und verwaschener Kosmopolitismus gewesen, sondern ist wie gesagt aus einem starken Nationalgefühl geradezu hervorgewachsen. Ich habe es mit dem Wort, daß wir Sozialdemokraten die besten Patrioten seien, von jeher verteufelt ernst genommen, das Wort ist mir niemals nur eine billige Agitationsfloskel gewesen. Rein persönlich: Tolstoi, (Dostojewski)! und Gorki habe ich stets scheu verehrt, Zola, Maupassant und Flaubert habe ich bewundert — ein Teil *meiner selbst* sind immer nur Lessing und Goethe, Schiller und Freiliggrath gewesen. Freiliggrath, dem wir nicht nur die ‚Revolution' verdanken und den ehernen Mahnruf der Toten an die Lebenden, sondern der zugleich auch sein Vaterland aus tiefstem Herzensgrunde liebte und in jubelnder Vorahnung kommender besserer Zeiten begeistert jauchzte:

> O Gott im Himmel, welche Wunderblume wird einst vor Allen dieses Deutschland sein!

Wundervoll vereinigt sich in Freilinggrath der gute Deutsche (nicht der ekelhafte Maulpatriot) mit dem guten Revolutionär.

Auch für alle diesen deutschen Dichter und Denker, dafür, daß sie einst Gemeingut des ganzen deutschen Volkes werden, kämpfen

unsere Proletarier heute draußen gegen den Zarismus und gegen die
— jammerwerter Weise — mit ihm verbundenen Heere der Westmächte! Und wenn Sie es gleich mir unseren französischen Brüdern
keinen Augenblick zum moralischen Verbrechen anrechnen, daß sie
entschlossen die aus von mir unendlich wertgeschätzte Kultur ihres
Landes gegen die vermeintliche Bedrohung durch die ‚deutschen
Barbaren' verteidigen, dann dürfen Sie auch mich nicht einen schlechten Sozialisten schelten, weil ich gegen die in *Wahrheit* barbarischen
Horden des *Zarismus* unsere *deutsche* Kultur bis zum Aeussersten
verteidigt wissen will. (...)

Ich schliesse! Beim Durchlesen dieses Briefes[n)] merke ich, daß es ihm
einigermaßen an Dispositionen[o)] fehlt und daß ich Vieles nicht einmal erwähnte, was ich eigentlich noch auf dem Herzen hatte. Doch
ich mag nun nichts mehr ändern und mag auch nichts mehr hinzufügen. So wie so ist fast der ganze Sonntag mit diesem Briefe darauf
gegangen. Nur zwei Sätze noch: Sie schreiben am Ende Ihres Briefes,
es würde Ihnen bitter leid tun, mich einst ‚auf der anderen Seite
der Barrikade' zu sehen. Keine Sorge lieber Freund! Ich werde stets
auf der Seite der Barrikade zu finden sein, auf der auch Sie stehen,
auf der Seite der Arbeiter! Und ich glaube niemals der Sache der
Arbeiter, niemals der Sache des Sozialismus besser gedient zu haben,
als in diesem Augenblick.

Mit Gruß und Handschlag in alter Treue Ihr

Konrad *Haenisch*."

Der Radikalität des Bruches mit seiner bürgerlichen Herkunft entsprach bei Haenisch die überaus starke Emotionalität, mit welcher er
sich nach einigen Wochen des Zögerns der Politik des 4. August in die
Arme warf. Diese Politik implizierte für die SPD die Versöhnung mit
dem monarchischen Staat, eine Versöhnung, welche scheinbar das Ende
der Ächtung bedeutete, die im Sozialistengesetz ihren Höhepunkt erreicht hatte, die aber auch nach dessen Aufhebung noch andauerte. Das
Wort von den ‚vaterlandslosen Gesellen' war offiziell zurückgenommen
worden, der ‚Vorwärts' durfte nun wie andere Zeitungen auch an
Bahnhöfen und im Heer verkauft und bezogen werden, der ‚Reichsverband gegen die Sozialdemokratie' hatte seine Polemik eingestellt,
der Burgfrieden brachte die nationale Einmütigkeit aller Parteien, diese
Versöhnung war für Konrad Haenisch persönlich eine Heilung des
Bruches seiner Jugend und so stark der innere Kampf war, so rückhaltlos war auch sein Eintreten für den nunmehr gewonnenen politischen Standort. Nicht in diesem Briefe, sondern in seiner Schrift ‚Die
deutsche Sozialdemokratie in und nach dem Weltkriege' hat Haenisch

in einem äußerst emotional gefärbten Passus jene Stimmung dargestellt, die Stimmung des heimgekehrten Sohnes:

„Dieses drängendheiße Sehnen, sich hineinzustürzen in den gewaltigen Strom der allgemeinen nationalen Hochflut und von der anderen Seite her die furchtbare seelische Angst, diesem Sehnen rückhaltlos zu folgen, der Stimmung ganz sich hinzugeben, die rings um einen herumbrauste und brandete, und die, sah man sich ganz tief ins Herz hinein, auch vom eigenen Innern ja längst schon Besitz ergriffen hatte! Diese Angst: wirst du auch nicht zum Halunken an dir und deiner Sache — *darfst* du auch so fühlen wie es dir ums Herz ist? Bis dann — ich vergesse den Tag und die Stunde nicht — plötzlich die furchtbare Spannung sich löste, bis man es wagte, das zu sein, was man doch war, bis man — allen erstarrten Prinzipien und hölzernen Theorien zum Trotz — zum ersten Male (zum erstenmale seit fast einem Vierteljahrhundert wieder!) aus vollem Herzen, mit guten Gewissen und ohne jede Angst, dadurch zum Verräter zu werden, einstimmen durfte in den brausenden Sturmgesang: *Deutschland, Deutschland über alles*[17] ..."

Wenn man einmal von dem beinahe exzessiven Rechtfertigungsbedürfnis absieht, das in Haenischs Brief laut wird — die oben dargelegte Geschichte dieses Briefes läßt vermuten, daß er von vornherein als öffentliche Rechtfertigung konzipiert war — und das in der Tat für Renegaten wie Haenisch, Lensch, Cunow typisch ist, so findet sich zunächst nichts, was inhaltlich von der Argumentation der Parteimehrheit abwiche; folgende Argumente werden aufgeführt:

1. da der Krieg trotz allen Widerstandes der organisierten Arbeiterschaft ausgebrochen sei, dürfe man jetzt nicht nach dem Urheber fragen, sondern müsse bei der Verteidigung des Landes mithelfen.

2. bedroht werde Deutschland und die deutsche Kultur durch den „zaristischen Räuberstaat", durch die „barbarischen Horden des Zarismus". Gerade mit der Berufung auf den Zarismus steht Haenisch fest in der sozialdemokratischen Tradition. Seit Karl Marx und Friedrich Engels galt das Zarentum als ein Haupthindernis allen demokratischen Fortschritts in Europa, und die Einschätzung Rußlands als Bollwerk der Reaktion war in der Sozialdemokratie erhalten geblieben trotz der russischen Revolution von 1905 und trotz des Kampfes der Linken seit 1905 gegen die Charakterisierung Rußlands als Europas Gendarm. Die herrschenden Kreise des deutschen Kaiserreichs hatten zu Recht auf diese Tradition spekuliert und den Krieg vor allem als einen

---

[17] Konrad Haenisch: Die deutsche Sozialdemokratie in und nach dem Weltkriege, 4. Auflage, Berlin 1919, S. 110 f. (Hervorhebung im Original).

gegen Rußland geführten propagiert; wie Haenischs Brief und nicht nur dieser[18] bewies, hatte die SPD solche Argumentation übernommen, wobei der weitere Kriegsverlauf und dessen Diskussion jedoch zeigte, daß der Antizarismus lediglich die mehr oder weniger bewußt gebrauchte Phrase für die Vaterlandsverteidigung überhaupt war.

3. dies wird deutlich bei Haenischs Gegenüberstellung von Internationalismus der Arbeiterbewegung und nationalem Zugehörigkeitsgefühl dieser; daß die Internationale zerbrochen sei, das beweise eben die Stärke des Nationalbewußtseins der Arbeiter, und dieses Gefühl beruhe auf einer realen Notwendigkeit des starken nationalen Staates für einen Aufbau des Sozialismus.

4. angesichts der bedrohten Situation Deutschlands — hier schließt sich der Kreis — sei es nur selbstverständlich, daß die Klassengegensätze gegenüber den Gegensätzen der kriegführenden Nationen zurückträten, kurz: daß es während des Krieges keinen Klassenkampf, sondern nur den gemeinsamen Kampf gegen die Feinde Deutschlands gebe.

Wie ersichtlich, unterscheidet sich die Beweisführung in dem an Radek adressierten Brief nicht von der der übrigen Befürworter der Politik des 4. August, eine kritische Würdigung kann deshalb unterbleiben. Zweimal allerdings wird jedoch in Ansätzen deutlich, daß Haenisch Wochen vorher noch ein Vertreter des radikalen linken Flügels war, wird der Versuch einer eigenständigen theoretischen Position deutlich. Wenn er schreibt, daß „die deutschen Bajonette herbei (mußten), um als Revolutionäre wider Willen diese große historische Aufgabe zu lösen" — gemeint ist die zuvor erwähnte Neuordnung der europäischen Verhältnisse — dann klingt hier bereits jene Deutung des Weltkrieges als der eigentlichen Revolution an, die späterhin zu einem wesentlichen Moment der Theorie der Lensch, Cunow und Haenisch wurde. Das Selbstverständnis, auch weiterhin Marxist zu sein, das sich in solcher Deutung äußert, wird kurz vorher von Haenisch auch bewußt artikuliert, wenn er die fehlerhafte Einschätzung des Klassenkampfes durch die Revisionisten kritisiert, um dann zu betonen, daß er „natürlich" auch heute noch kein solcher sei.

---

[18] Beispielhaft für solche Einstellung ist folgendes Zitat aus der ‚Münchner Post' vom 1. August 1914:
„In der Pflicht der Landesverteidigung gegen das Blutzarentum lassen wir uns nicht zu Bürgern zweiter Klasse machen."

Die Formierung zur Gruppe

Das Dilemma der Lensch, Cunow und Haenisch war das Dilemma aller Proselyten: die eine Seite, den linken Flügel, hatten sie selbst verlassen, hatten sich ausgeschlossen, ihrer neuen Heimat aber, der Parteirechten, waren sie als ehemalige Radikale nach wie vor verdächtig. Wie scharf die Verachtung von links gegen die ehemaligen Mitgenossen war und wieweit sie selbst bis ins Persönliche hineinreichte, zeigt eine Stelle aus einem Brief Haenischs an Karl Kautsky vom 13. 11. 1915, in dem er um die Übersendung einiger Schriften bittet; abschließend heißt es dort:

„Ich darf wohl annehmen, daß (im Gegensatz zu Mehring, der mich seit einem Jahr nicht mehr grüßt) *Sie* Persönliches und Sachliches zu scheiden wissen (...)[1]."

Wenn sich auch das Mißtrauen der Rechten nicht in solchen Formen äußerte wie die Abneigung Mehrings — der als ehemaliger Lehrmeister Lenschs wie Haenischs natürlich in besonderem Maße enttäuscht war — so war es doch eine Mauer, die vorhanden war und die, wollte man sich nicht zum Schattendasein einer bedeutungslosen Clique verurteilen, überwunden werden mußte[2]. Bei der gemeinsamen Herkunft von links, bei der gleichen Reaktion auf den Kriegsausbruch und der für alle drei daraus rekrutierenden gleichen Situation kann angenommen werden, daß sie sich des Gemeinsamen ihrer Lage recht bald bewußt wurden. Schon gleich zu Anfang seines Briefes an Radek hatte Haenisch erwähnt, daß er durchaus wisse, daß er nicht der einzige Radikale sei, der seine bisherige Position verlassen habe. Der Zusammenschluß zu einer Gruppe darf also wohl nicht verstanden werden als bewußter Akt einer Gründung, sondern als Ergebnis einer Anzahl identischer Dispositionen und Interessen.

Einmal zu nennen ist hier das Bedürfnis nach einer Definition ihrer neuen Position im Spektrum der verschiedenen Richtungen der Sozialdemokratie. Die Befürwortung der Politik des 4. August sollte nach

---

[1] Brief Konrad Haenischs an Karl Kautsky vom 13. 11. 1915 Kautsky-Nachlaß im IISG-Amsterdam (Hervorhebung im Original).

[2] Der schon genannte (siehe S. 18) Verfasser der ‚Berichte des Büros für Sozialpolitik' erwähnt dieses Mißtrauen, die Skepsis von rechts, der sich die ehemals Linken anfangs ausgesetzt sahen, mehrmals: Bericht vom 30. Mai 1917, S. 1 und S. 8 der Abschrift.

eigenem Selbstverständnis nicht ein Übereinstimmen mit der theoretischen Haltung der Revisionisten bedeuten, die schon vor dem Kriege auf dem rechten Flügel gestanden hatten; die Distanzierung von diesen in Haenischs Brief ist schon hervorgehoben worden. Diese Distanzierung und das Pochen auf einen eigenen Standpunkt nehmen im Verlaufe der theoretischen Bewußtwerdung der Gruppe an Intensität nur zu, und in einer Kontroverse mit Friedrich Stampfer ausgetragen über mehrere Nummern des ‚Vorwärts' hinweg, auf die im Rahmen dieser Arbeit noch zurückzukommen ist, stellte Paul Lensch apodiktisch fest: „*Der Unterschied, der uns trennt, ist der Unterschied zwischen Revisionismus und Marxismus (...)*[3]."

Zu der Definition ihrer Stellung gehört das Problem, ihre jetzige Politik als die konsequente Fortführung ihrer bisherigen radikalen Einstellung darzustellen[4], aufzuzeigen, daß diese Politik in Wahrheit den revolutionären Kurs bedeute, im Gegensatz sowohl zur alten sozialdemokratischen Rechten wie auch zu den Linken um Liebknecht, Luxemburg und Mehring. Ein solches Unterfangen war für Lensch, Cunow und Haenisch schon notwendig, um nicht eingestehen zu müssen, daß ihre ganze radikale Vergangenheit ein Irrtum war.

Ein entscheidender Stellenwert kam in einer solchen theoretischen Begründung der Interpretation des Krieges und seiner Wirkungen zu; während bei der Parteimehrheit das Schlagwort von der Vaterlandsverteidigung jede Besinnung auf die Kriegsursachen im besten Falle als unzeitig, häufiger jedoch als Vaterlandsverrat diffamierte, war der Krieg für die Linken das Ergebnis imperialistischen Machtstrebens der kapitalistischen Staaten, weshalb der Krieg und die kriegführenden Klassen zu bekämpfen seien. Den Lensch, Cunow, Haenisch wurde es nun zur Aufgabe, hier eine eigene Theorie zu erstellen. Der Prozeß der Theoriebildung der Lensch-Cunow-Haenisch-Gruppe ging jedoch selbstverständlich nicht in einer gradlinigen, konsequenten Entwicklung vonstatten, sondern es gab Ansätze, Zurücknahmen und neue Versuche,

---

[3] ‚Vorwärts' vom 21. Januar 1917, Nr. 20, 34. Jg., 1. Beilage (Hervorhebung im Original).

[4] In einem zweiteiligen Artikel ‚Zur Klärung unserer Parteidebatten' im ‚Hamburger Echo' schon im Februar 1915 insistiert Haenisch darauf, daß man auch als Radikaler für den Krieg sein könne, ohne seine revolutionäre Vergangenheit zu verleugnen; als weitere Beispiele dafür nennt er unter anderem Parvus-Helphand, Paul Lensch und Karl Kautsky. (‚Hamburger Echo' vom 5. 2. 1915, Nr. 30 und 6. 2. 1915, Nr. 31.)

Als Kautsky sich gegen solche Einreihung wehrte (‚Vorwärts', 1. Beilage, 19. 2. 1915, Nr. 50) antwortete Haenisch darauf:

„Das ‚Verbrechen', das ich und so mancher andere Genosse vom linken Flügel der Partei begangen haben, besteht nur darin, daß wir, wenn vielleicht auch erst nach anfänglichem Zögern, *konsequent den Weg zu Ende gegangen sind*, den Genosse Kautsky uns gewiesen hat." ‚Vorwärts', 2. Beilage, 21. 2. 1915, Nr. 52 (Hervorhebung im Original).

wobei diese teilweise direkt von politischen und ökonomischen Veränderungen während des Kriegsverlaufs beeinflußt waren.

Der Kriegssozialismus

Einer dieser erwähnten Ansätze war die Theorie vom Kriegssozialismus. Bereits kurz nach Kriegsbeginn tauchten in Gewerkschaftsblättern Artikel auf, in welchen der Krieg als Vater und Gestalter eines neuen Prinzips entdeckt wurde, in welchen man seine sozialen und gesellschaftsfördernden Wirkungen pries. Eine der ersten dieser Stimmen äußerte sich im ‚Correspondenzblatt' der Generalkommission der Gewerkschaften selbst, in einer am 5. September 1914 beginnenden Artikelserie ‚Der Krieg und die sozialen Pflichten'. Es ist dies der Versuch einer Begründung, welche die Stillhalte- und Burgfriedenspolitik speziell in der gewerkschaftlichen Tätigkeit legitimieren und den Verzicht auf eine entschiedene Vertretung der Arbeiterinteressen rechtfertigen soll. Kennzeichnend für die theoretische Ebene solcher Apologetik sind folgende Sätze aus einem Artikel im Organ des Metallarbeiterverbandes vom 7. November 1915:

„Eine neue Zeit ist angebrochen, andere Menschen hat der Krieg in kurzer Zeit aus uns allen gemacht. Das gilt unterschiedslos für hoch und niedrig, für arm und reich, für Privatpersonen und Staatsdiener. *Solidarität* und *Hilfeleistung* aus unverschuldeter bitterer Not, die wir den Arbeitern als unvergängliche Richtschnur des Handelns eingeimpft und von den Reichen so oft vergeblich gefordert haben, ist über Nacht Gemeingut eines großen und leistungsfähigen Volkes geworden. *Sozialismus, wohin wir blicken*[5]."

Die Zitierung dieser Proklamation soll hier nicht dazu dienen, gewerkschaftliche Vorstellung von Sozialismus zu analysieren und an Hand dieser den ideologischen Hintergrund gewerkschaftlicher Politik vor und während des Krieges aufzuhellen — aufzeigen soll sie lediglich, von welch gewichtiger Bedeutung angesichts solcher Phraseologie die wissenschaftliche Begründung der These des Kriegssozialismus durch Paul Lensch war; die oben angedeutete Legitimationsfunktion nämlich konnten Redensarten wie die der Metallarbeiterzeitung nicht leisten. Das ihnen zugrundeliegende Harmoniegefühl, die Vorstellung von der Zusammengehörigkeit aller auf Grund einer für alle gleichen Lage und von daher einer Identität der Interessen, mußte sich bald als

---

[5] Zitiert in: ‚Pforzheimer Freie Presse', Nr. 293, 16. 12. 1914 (Hervorhebung im Original).
Der Artikel in der Metallarbeiterzeitung wird auch zitiert von Johannes Kämpfer (Pseudonym für Julian Marchlewski): Kriegssozialismus in Theorie und Praxis, Bern 1915, S. 7.

Trug erweisen, die Tugenden der „Solidarität" und „Hilfeleistung" als bloße Forderungen an die Arbeiterschaft. An diesem Punkt nun treffen das Bedürfnis der Gewerkschaftsführung und die Interessen der Lensch, Cunow, Haenisch zusammen.

Im Januar 1915 veröffentlicht die Frankfurter ‚Volksstimme' einen Aufsatz, der auch von anderen sozialdemokratischen Blättern übernommen wurde, in dem Paul Lensch zum erstenmal den Begriff ‚Kriegssozialismus' als Ergebnis einer wissenschaftlichen Analyse der ökonomischen Entwicklung im Deutschen Reich prägt. Während die Mehrheit der sozialdemokratischen Befürworter der Politik des 4. August in ihrer Argumentation stets betonte, daß der Krieg gezeigt habe, wie stabil der Kapitalismus noch sei, und als wie irrig sich die Vorstellungen vom großen Kladderadatsch erwiesen hätten, behauptet Lensch durchaus, daß der Krieg die Überlebtheit und Unfähigkeit des Kapitalismus erwiesen habe: eben das System der freien Konkurrenz, der wirtschaftsregulierenden Funktion des Marktes habe sich den Anforderungen des Krieges nicht gewachsen gezeigt, und der Staat habe in sozialistischen Maßnahmen Rettung suchen müssen. Die Unfähigkeit der kapitalistischen Wirtschaft, unter den Bedingungen des Krieges die Versorgung der Bürger mit Nahrung zu sichern, erzwang die Einführung des Getreidemonopols. Dieses Getreidemonopol, so Lensch, bedeute den Sieg des Prinzips ‚Sozialismus', bedeute das offizielle Eingeständnis:

„*Die kapitalistische Produktionsweise*, oder genauer gesagt, die Methode der kapitalistischen Aneignung *ist zusammengebrochen.*"

Die Bundesratsverordnung vom 25. Januar, auf welche sich Lensch[6] bezieht, beinhaltet nach einer Beschlagnahme aller Getreide- und Mehlvorräte durch die Regierung und die Übernahme dieser Vorräte durch Gemeinden und Kriegsgetreidegesellschaft, die Einführung der Brotkarte. Eine Verstaatlichung des Getreidehandels fand nur in einem bestimmten Sektor statt, in sofern als zu festgesetzten Höchstpreisen das Brotgetreide gekauft und dieses von den Gemeinden und der Kriegsgetreidegesellschaft an die Bäcker dann weiter verkauft wurde. Diese Verordnung also gerät für Lensch zum Indiz einer prinzipiellen Wandlung der ökonomischen Verhältnisse, zur Ablösung des Kapitalismus durch den „demokratischen Kriegssozialismus"[7]. Zwar betont Lensch, daß dies „noch nicht" Sozialismus sei, doch sei es der Sieg des Prinzips und damit der bisher größte praktische Triumph des Sozialismus. Dies zu erkennen sei deshalb von eminenter Bedeutung, da es

---

[6] ‚Vorwärts', Nr. 36, 5. 2. 1915, Beilage des ‚Vorwärts, Berliner Volksblatt'. Die Überschrift des Artikels lautet: ‚Kriegssozialismus', nachgedruckt wird darin Lenschs Artikel aus der ‚Volksstimme' (Hervorhebung im Original).

[7] ‚Vorwärts', Nr. 36, 5. 2. 1915.

beitrage, den revolutionären Charakter des Krieges zu erkennen — auf diesen revolutionären Charakter wird noch einzugehen sein — zum anderen aber ermögliche jene Erkenntnis, die Agitation für den Sozialismus nunmehr mittels praktischer Beispiele entschiedener voranzutreiben.

Ehe nun dieser ‚Kriegssozialismus' und seine Funktion für die Lensch-Cunow-Haenisch-Gruppe und die MSPD einer kritischen Beurteilung unterzogen werden soll, ist es sinnvoll, einige Momente der auf diesen programmatischen Artikel in der ‚Volksstimme' einsetzenden Diskussion darzustellen, da in dieser sowohl die zunächst noch etwas dürftige These Lenschs präzisiert wird, andererseits wesentliche Gegenargumente in ihr sichtbar werden.

Anschließend an den in seiner Ausgabe vom 5. Februar nachgedruckten Artikel (siehe [6]) versuchte sich der ‚Vorwärts' in einer ersten Wertung. Folgende Punkte wurden Lensch entgegengehalten:

Die Getreidemonopolverordnung bedeute keineswegs — wie Lensch behauptet hatte — eine Verstaatlichung der Bodenprodukte, ja nicht einmal die Verstaatlichung des Getreidehandels.

Sie bedeute lediglich eine Beschlagnahme zu Preisen, welche weder eine Kürzung der Bodenrente noch des Handelsprofits noch des Kapitalprofits der Mühlenbesitzer bzw. Bäcker mit sich brächte.

Was aus dem Getreidemonopol folge, sei dagegen eine Beschränkung des individuellen Konsums.

Allein, daß hiermit erwiesen würde, daß die staatliche Regelung wirtschaftlicher Abläufe möglich sei, dieser Beweis könne agitatorisch genutzt werden.

Mit einem Verweis auf die Definition von Sozialismus im Erfurter Programm der SPD schließt der ‚Vorwärts' seine Kritik.

Unter der Überschrift ‚Die Angst vor sozialistischen Erfolgen'[8] repliziert Paul Lensch, daß nicht entscheidend sei, die Höhe des zugewiesenen Brotbetrages, sondern die Tatsache, daß jedem der gleiche Betrag zustünde, daß nicht einer mehr und ein anderer weniger erhalte. Die Organisation des Wirtschaftslebens sei nicht mehr orientiert am Profitinteresse weniger, sondern am Interesse der Gesamtheit. Diese planmäßige Organisierung der Wirtschaft sei notwendig für ein erfolgreiches Bestehen des Krieges, ein solches aber liege im Interesse des Sozialismus; auch aus dieser Sicht sei die Einführung des Getreidemonopols eine sozialistische Maßnahme. Mit der hier anklingenden Argumentation, daß ein deutscher Kriegserfolg dem Sozialismus zum Nutzen gereiche, setzte Lensch die ersten Zeichen einer Interpretation

---

[8] ‚Volksstimme' Frankfurt, Nr. 42, 19. 2. 1915.

des Weltkrieges, die im weiteren von ihm vor allem, aber auch durch Haenisch und Cunow zu einer umfassenden theoretischen Deutung ausgearbeitet wurde.

Unterdessen war im partei-eigenen ‚Vorwärts'-Verlag ein Buch Lenschs erschienen, das ein erstes Ergebnis der Reflexion seines Wechsels nach rechts, eine Begründung seiner Entscheidung für die Politik des 4. August enthielt[9]. Im letzten Kapitel dieser Schrift faßte er seine These erneut prononciert zusammen, statt ‚Kriegssozialismus' verwendete er nun sogar den Begriff ‚Sozialismus':

„Die Festsetzung von Höchstpreisen, das Verlangen nach Regelung von Produktion und Konsum durch die Staatsverwaltung, nach den statistischen Aufnahmen der Warenbestände und dem Verkaufszwang — was ist das alles anderes als das Eingeständnis, daß der Kapitalismus gerade dann sich als unvereinbar mit dem Wohle der Gesamtheit herausstellt, wenn es gilt, das gesamte Wohl gegen eine Welt von Feinden zu sichern? Und diese Organisation des Wirtschaftslebens, die man jetzt plötzlich an die Stelle der kapitalistischen Anarchie setzen will, und zwar Organisation zugunsten der Gesamtheit — was heißt sie aber im Prinzip anderes als Sozialismus[10]?"

In der Folge wurde die Kriegssozialismusdebatte weiter forciert, ein Beleg ebenso für die Virulenz der These Lenschs wie dafür, daß sie in der theorielosen Mehrheit der Partei auf durchaus empfänglichen Boden fiel. Am 26. Februar widmete erneut das Zentralorgan der Partei, der ‚Vorwärts', dessen Redaktion die Position der Parteiminderheit vertrat, seine Titelseite der Auseinandersetzung[11]. Eduard Bernstein, der Begründer des Revisionismus, der aus Pazifismus sowie einer Zuneigung für England, die er sich aus seiner Emigrationszeit bewahrt hatte, bald nach Kriegsbeginn sich von der Politik des 4. August distanziert hatte, setzte sich hier mit Lensch auseinander: Die als kriegssozialistische bezeichneten Maßnahmen seien kriegsbedingt und hätten gerade die Sicherung des Kapitalismus zum Ziel. Wie in Deutschland würden sie früher oder später auch in anderen kriegführenden Ländern eingeführt werden. Prinzipiell, so Bernstein, seien sozialpolitische Maßnahmen definiert durch die Art ihrer organischen Beziehung zur gesamten ökonomischen Entwicklung, und von dieser her müßten sie auch beurteilt werden. Deshalb sei es ebenso falsch, in den gegenwärtigen Eingriffen in die Wirtschaft den Sieg des sozialistischen Prinzips zu sehen wie etwa in der Wirtschaftsstruktur von Klöstern.

---

[9] Paul Lensch: Die deutsche Sozialdemokratie und der Weltkrieg, Berlin 1915.
[10] Paul Lensch, S. 63.
[11] ‚Vorwärts', Nr. 57, 26. 2. 1915.

4 Sigel

Lenschs Antwort fünf Tage später in der gleichen Zeitung[12] bedeutete ein momentanes Zurückweichen insofern, als er nicht inhaltlich auf Bernstein reagierte, sondern es lediglich ablehnte, für die Theorie und den Begriff des Kriegssozialismus als Urheber verantwortlich zu sein; bereits am 9. Dezember 1914 sei im ‚Mitteilungsblatt der sozialdemokratischen Wahlvereine Berlins und Umgebung' von einem Militärsozialismus die Rede gewesen. Die von Lensch hieraus zitierten Passagen[12] lassen jedoch erkennen, daß der Terminus dort keineswegs analytisch begründet und ökonomisch entwickelt worden war. Eine erneute Erwiderung Bernsteins[13] brachte keine weiteren Argumente, obgleich sie noch ausführlicher war als die erste. Bernstein kritisierte nochmals, daß all diese ökonomischen Eingriffe ja nur für einen Ausnahmezustand, nur für die Kriegszeit getroffen seien. Eben daran allerdings hatte Lensch selbst nicht gezweifelt und deswegen starke Arbeiterorganisationen gefordert, um durchsetzen zu können, daß nach dem Kriege diese kriegssozialistischen Maßnahmen erhalten blieben.

Soweit die Kritik aus den Reihen der späteren Sozialdemokratischen Arbeitsgemeinschaft bzw. USPD. Eine Auseinandersetzung mit Lensch fand jedoch auch in der äußersten Linken statt; in ausgiebiger Gründlichkeit geschah dies in der Broschüre Johannes Kämpfers ‚Kriegssozialismus in Theorie und Praxis'[14], erschienen im Mai 1915. Autor der unter einem Pseudonym herausgegebenen Schrift war Julian Marchlewski, einer der Mitbegründer der ‚Gruppe Internationale', des späteren Spartakusbundes. Kämpfer, der gleichfalls Lensch als den Schöpfer der Theorie vom Kriegssozialismus bezeichnet, ging zunächst von den Grundsätzen aus, welche die SPD vor allem im Erfurter Programm niedergelegt hatte, um von daher Lensch und die weiteren Anhänger der Theorie vorweg mit dem Satz zu widerlegen, daß der Sozialismus nur das Werk der Arbeiterklasse sein könne; per definitionem sei es daher falsch, Staatseingriffe als sozialistische Maßnahmen zu bezeichnen. Kämpfer zeigte im weiteren auf, wie weit die Front der Kriegssozialisten bereits reiche, um dann in einer detaillierten Untersuchung auf das Verhältnis von Krieg und den einzelnen Faktoren der Wirtschaft einzugehen.

Ebenso entschieden wie Kämpfer lehnte auch Julian Borchardt es ab, die ökonomischen Eingriffe des Staates als eine Form des Sozialismus zu bezeichnen. Borchardt, Herausgeber der ‚Lichtstrahlen', einer Zeitschrift, um die sich die Gruppe der ‚Internationalen Sozialisten Deutschlands' bildete, schrieb Ende Juni 1917 in der linksradikalen Bremer

---

[12] Die zitierte Nummer des ‚Mitteilungsblattes' konnte von mir nicht aufgefunden werden.
[13] ‚Vorwärts', 1. Beilage, Nr. 66, 7. März 1915.
[14] Siehe Anmerkung 5, S. 46.

‚Arbeiterpolitik' eine Studie zur Frage des Kriegssozialismus[15], da, wie er meint, eine Erörterung darüber nach wie vor von Nöten sei. Die Tatsache, daß bislang nur der Konsum staatlich geregelt werde, Sozialismus aber vor allem eine Regelung der Produktion erfordere, sei von geringerer Bedeutung, da Eingriffe in den Konsum, wenn sie von Dauer sein sollten, über kurz oder lang auch eine staatliche Regelung der Produktion zwangsläufig nach sich zögen. Damit erklärte Borchardt die Kritik des ‚Vorwärts' an Lensch als unzureichend. Entscheidend sei vielmehr, daß sozialistische Maßnahmen Ausgang und Basis für eine höhere Gesellschaftsform sein müßten, dies aber treffe bei den staatlichen Eingriffen in keiner Weise zu. Die Übereinstimmung der äußeren Formen der Zuteilung damit, wie mancher sich irrtümlich den Sozialismus vorstelle, sei Täuschung.

Die hier ausgebreitete Diskussion für und wider den Begriff ‚Kriegssozialismus' beansprucht nicht, eine vollständige Wiedergabe dieser zu sein, entscheidend für die Auswahl war es, die relevanten Momente der Debatte aufzuzeigen[16].

Konrad Haenisch hatte in einer Artikelserie im ‚Hamburger Echo' im Dezember sich zum erstenmal der gesamten Parteiöffentlichkeit als Befürworter der Politik des 4. August vorgestellt. Unter dem Titel ‚Krieg und Sozialdemokratie' waren diese drei Aufsätze im Frühjahr 1915 auch als Broschüre erschienen. Der Begriff des ‚Kriegssozialismus' tauchte dort nur am Rande auf, wenn Haenisch die Burgfriedenspolitik damit verteidigt, daß sie keineswegs ein Ende des Kampfes für den Sozialismus bedeute, sondern im Gegenteil, daß unter ihr der Sozialismus sogar Fortschritte mache.

In der dann um Lenschs Artikel in der ‚Volksstimme' entbrannten Diskussion bezieht Haenisch massiv für Lensch und dessen Theorie Stellung: In einer Besprechung des kurz zuvor erschienenen Buches von Paul Lensch[17] am 20. Februar 1915[18] stellte er sich rückhaltlos hinter den von Lensch entwickelten Begriff und nannte Lenschs Buch die theoretische Begründung der sozialdemokratischen Politik seit dem 4. August. Daß diese Übereinstimmung nicht nur eine momentane

---

[15] ‚Arbeiterpolitik', Nr. 26, 30. Juni 1917.
[16] Weitere Beiträge unter zahlreichen: Gustav Eckstein: Der Krieg und der Sozialismus, in:
‚Die Neue Zeit': Nr. 8, 19. 11. 1915
Nr. 10, 3. 12. 1915
Nr. 11, 10. 12. 1915.
Johann Plenge: Krieg und Volkswirtschaft, Münster 1915; Robert Liefmann: Bringt uns der Krieg dem Sozialismus näher?, Stuttgart—Berlin 1915 in der Reihe: Der deutsche Krieg. Politische Flugschriften, Heft 56.
[17] Siehe Anmerkung 9, S. 49.
[18] ‚Hamburger Echo', Nr. 43, 20. 2. 1915.

Geste war, sondern dauerhaftes Miteinandergehen ausdrückte, bewies Haenischs Schrift ‚Zur Lage der Partei' aus dem Jahre 1916, in der er nochmals sich auf die Seite von Paul Lensch stellte — „der ‚Vorwärts' und die ‚Neue Zeit' mögen noch so viel wohlfeilen Spott über das ausgießen, was zuerst Genosse Paul Lensch als Kriegssozialismus bezeichnet hat"[19] — und dann erklärte, daß trotz all der Gegenargumente, nach denen die Eingriffe des Staates nur im Interesse einer erfolgreichen Kriegsführung erfolgt seien, Maßnahmen wie die Einführung von Brot-, Milch- und Fettkarten, Höchstpreisen, Einrichtungen wie die zentrale Rohstoffabteilung beim Kriegsministerium „Meilensteine auf dem Wege zum Sozialismus"[20] seien. Sozialistische Gesellschaftsprinzipien, so Haenisch, hätten in das Wirtschaftssystem Einlaß gefunden.

Bevor die Haltung Heinrich Cunows zu diesem ganzen Komplex darzustellen ist, scheint es nötig, die Theorie des Kriegssozialismus einer Würdigung aus der Sicht des Marxismus zu unterziehen, aus marxistischer Sicht deshalb, weil diese die Grundlage ist, von der Lensch und Haenisch auszugehen beanspruchen. Eine solche Wertung nur vermag auch die Haltung Cunows zu erklären.

Spätestens seit der Marneschlacht Anfang September mußte die deutsche Heeres- und Reichsführung die Vorstellung eines Blitzkrieges aufgeben; eine Konsequenz der Umstellung auf einen Krieg von längerer Dauer aber war die Umstellung der Wirtschaft auf die Erfordernisse der Kriegsführung, vor allem in den Bereichen der Kriegsfinanzierung, der Rohstofforganisation, der Lebensmittelversorgung sowie in der Organisation der Arbeit selbst. Eine ganze Anzahl von Mechanismen der marktwirtschaftlichen Ordnung standen einer solchen intensiven Ausrichtung der Wirtschaft im Wege, so die der Konkurrenz, der Preisgestaltung, des freien Handels, der Freizügigkeit der Arbeitskräfte. Die knappen wirtschaftlichen Ressourcen, die dem Deutschen Reich zur Verfügung standen, erforderten eine rationelle Verwertung, so daß die Verfügung über sie nicht mehr dem kapitalistischen Markt überlassen werden konnte. Ebenso mußte es im Interesse der Staatsführung liegen, zumindest eine das Notwendigste garantierende Versorgung der arbeitenden Bevölkerung zu erreichen.

Die Eingriffe des Staates betrafen demnach insbesondere die Rohstoffbewirtschaftung, die planmäßige Steuerung der unmittelbar kriegswichtigen Produktion, Höchstpreisgesetzgebung, Lebensmittelerfassung und -rationierung, im weiteren Verlauf des Krieges dann auch die Verpflichtung der Arbeitskräfte. Grundlage der Eingriffe war ein am 4. August 1914 beschlossenes Gesetz über die Ermächtigung des Bundes-

---

[19] Konrad Haenisch: Zur Lage der Partei, Hamburg 1916, S. 13.
[20] Konrad Haenisch, S. 14.

rates zu wirtschaftlichen Maßnahmen[21]. Die Notwendigkeit einer durch den Staat beeinflußten Ausrichtung der Wirtschaft auf die Anforderungen des Krieges galt generell für alle kriegführenden Länder, jedoch war sie für Deutschland auf Grund seiner mangelhaften Ressourcen, seiner geographischen Lage und der Blockadepolitik der Entente besonders frühzeitig und besonders radikal erforderlich.

Die Gründung einer zentralen Getreideeinkaufsgesellschaft am 7. November 1914, die Rationierung von Mehl und Brot und die Einführung der Brotkarten im Januar 1915 waren der konkrete Anlaß für Lenschs Entwurf eines Kriegssozialismus. Die Einschätzung der staatlichen Verordnungen als sozialistische impliziert eine Vorstellung des Staates als einer Institution über den Klassen, der als von diesen unabhängige seine Entscheidungen trifft nach Maßgabe nicht eines klassenspezifischen, sondern eines objektiven Interesses. Das objektive Interesse im gegebenen Falle sei eine erfolgreiche Kriegsführung, da diese im Interesse des ganzen Volkes liege. Um den Kriegserfolg zu sichern, sei der Staat deshalb bereit, auch sozialistische Prinzipien anzuwenden.

Eine solche Sicht des Staates ist keine marxistische; nach ihr nämlich ist der Staat stets die konkrete Organisation der herrschenden Klassen zu ihrer Machtausübung. Daher sind seine Handlungen immer darauf gerichtet, die Herrschaft der regierenden Klasse zu erhalten, die Interessen dieser leiten ihn, nicht aber die eines angeblichen Volksganzen. Die ökonomischen Eingriffe waren deshalb im Gesamtinteresse des kapitalistischen Systems, auch wenn als Folge solcher Eingriffe die Interessen einzelner Kapitalisten oder ganzer Gruppen geschädigt wurden.

Was den sozialistischen Charakter der Einführung der Rationierung wichtiger Lebensmittel angeht, so gilt dafür wohl, was Julian Borchardt hierzu bemerkte.

Die Rohstoffbewirtschaftung jedoch und die Steuerung der kriegswichtigen Produktion entsprachen durchaus den Interessen der fortgeschrittensten und größten kapitalistischen Unternehmen. Das Eingreifen des Staates bedeutet hier nur eine Beschleunigung des dem Kapitalismus immanenten Prozesses der Konzentration und Monopolisierung. Indem er dies tat — und von daher bezogen die ‚Marxisten' Lensch und Haenisch den Schein von Wahrheit für ihre Theorie — machte er das System in erhöhtem Maße reif für den Sozialismus.

---

[21] Eine umfassende Darstellung der staatlichen Maßnahmen findet sich in den entsprechenden Kapiteln des dreibändigen Werks ‚Deutschland im Ersten Weltkrieg', Autorenkollektiv, Leitung Fritz Klein, Berlin (DDR) 1970, das für diesen Komplex herangezogen wurde.

Heinrich Cunow war ein zu guter Kenner des Marxismus, speziell der marxistischen Ökonomie, als daß er diese Theorie eines Kriegssozialismus mitvertreten hätte. Es ist nicht möglich, zu eruieren, in welchem Maße Lensch und Haenisch selbst an ihre Theorie glaubten, aber auch wenn diese für sie bloße Rechtfertigungsfunktion gehabt haben sollte — selbst als solche war sie für Cunow unannehmbar. So ist denn keine Äußerung von ihm zu finden, in der er sich, wie Haenisch, hinter die Lenschschen Thesen gestellt hätte; hingegen ist eine vorsichtig formulierte, aber nichtsdestoweniger klare Distanzierung ausgesprochen worden, so in einem Artikel unter der Überschrift ‚Zurück zu Marx‘:

„Freilich, direkt zum Sozialismus wird der Krieg (...) keineswegs führen, wohl aber, worauf alle Anzeichen hinweisen, *zu einer neuen imperialistischen Wirtschaftsepoche,* die (...) erst jene sozialen Vorbedingungen für die Durchführung des Sozialismus schaffen wird, (...) indem sie die wichtigsten Produktionszweige immer mehr in die Hände großer Kapitalvereinigungen bringt, die Produktionsleitung von dem Eigentum an Produktionsmitteln trennt, technisch zusammengehörende Betriebe zum Zusammenarbeiten vereinigt und derart den Expropriationsprozeß beschleunigt und konzentriert[22]."

Die Vorgänge, welche Cunow marxistisch richtig als Entwicklungsprozeß des Kapitalismus im Imperialismus definiert, waren für Lensch und Haenisch Belege für den Kriegssozialismus gewesen. In dem angeführten Zitat wird mit dem Begriff des Imperialismus bereits die Rechtfertigungsideologie Cunows deutlich, auf welche in dieser Arbeit noch eingegangen werden wird: eine neue Imperialismustheorie, welcher sich, ungeachtet der damit teilweise in Widerspruch stehenden, weiter benützten Kriegssozialismustheorie, auch Haenisch und Lensch anschließen werden.

Betrachtet man die Kritiker der von Lensch entwickelten Theorie nach ihrem politischen Standort, so wird man feststellen, daß dieser in der späteren USPD bzw. links davon zu finden ist. Dies ist nicht Zufall, denn für die Mehrheit der Partei, die spätere MSPD sowie für die Gewerkschaftsführer kam diese Theorie wie gerufen. Das Bedürfnis nach einer solchen und die Blüten, die dieses Bedürfnis schon hervorgebracht hatte, sind bereits eingangs dieses Kapitels dargestellt worden; die mit marxistischem Vokabular formulierte Theorie Lenschs ebenso wie die ehedem zum linken Parteiflügel gehörende Person ihres Schöpfers boten die Möglichkeit, nicht nur unter Wahrung des marxistischen Anspruchs die Politik des 4. August und des Burgfrie-

---

[22] ‚Volksblatt für Harburg, Wilhelmsburg und Umgegend‘, Nr. 306, 31. 12. 1915 (Hervorhebung im Original).

dens fortzusetzen, sondern selbst eine weitergehende Kooperation mit der kaiserlichen Regierung noch als für den Sozialismus nützlich auszugeben.

Parteioffizielle Billigung fand die Theorie durch den Vorsitzenden Friedrich Ebert persönlich auf der Sitzung des Parteiausschusses vom 7. und 8. April 1915. In seinem ‚Bericht über die gegenwärtige Lage' verurteilte er die linke Kritik an der Politik der Mehrheit und forderte auf, gegen diese die Aufklärung unter den Parteimitgliedern voranzutreiben. Für besonders dazu geeignet hielt er zu diesem Zwecke neben einer Schrift Kautskys: Heinrich Cunows ‚Parteizusammenbruch?', Konrad Haenischs ‚Krieg und Sozialdemokratie' und eben Paul Lenschs ‚Die deutsche Sozialdemokratie und der Weltkrieg'[23]. Auf die Vorwürfe Haases, Lipinskis, Ströbels und Dißmanns, welche sich gegen die Broschüren Cunows und Haenischs, vor allem aber gegen die von Lensch aussprachen, beharrte Ebert nachdrücklich auf seiner Empfehlung und wies Vorwürfe, die Partei würde durch diese Schriften in das opportunistische Fahrwasser gedrängt, mit dem Verweis auf die anerkannte marxistische Grundhaltung der Autoren zurück.

In der Folge wurde die Theorie vom Kriegssozialismus zum häufig und gern benützten Schlagwort der Verteidiger der sozialdemokratischen Mehrheitspolitik, sei es in Zeitungsartikeln, in Reden oder in Broschüren[24]. Wie die Parteiführung diese Theorie konsequent in ihre Durchhaltepolitik einbaute, wird aus einer Tagebuchnotiz über eine Parteiversammlung am 6. November 1915 in Bremen sichtbar:

„Das war schon ein schuftiger Streich der Parteibürokraten, daß sie den Leinert aus Hannover herbeizitierten, der, wie sich herausstellte, uns das Durchhalten predigen sollte. (...) Dann pries er die Regelung des Brotkonsums als eine sozialistische Maßnahme. Er betonte den Fleiß der Sozialdemokratischen Partei, die so viel für die Linderung

---

[23] Wörtlich heißt es bei Ebert: „In unserm Verlag sind in letzter Zeit mehrere geeignete Broschüren erschienen, so ‚Die Internationale und der Krieg' von Lensch (...)", Protokoll der Sitzung des Parteiausschusses vom 7. und 8. April 1915, o. O., o. J., S. 64.
Ebert versprach sich hier, denn ein Buch mit diesem Titel hatte Lensch niemals geschrieben; gemeint kann nur sein ‚Die deutsche Sozialdemokratie und der Weltkrieg', welches sechs Wochen vorher tatsächlich, wie Ebert anmerkt, im ‚Vorwärts'-Verlag erschienen war. Ebert verwechselte Lenschs Schrift wohl mit Karl Kautskys ebenfalls 1915 erschienener Broschüre: ‚Die Internationalität und der Krieg.'
[24] Hugo Heinemann: Die sozialistischen Errungenschaften der Kriegszeit, Chemnitz, o. J.
Leitartikel von E. K. (wohl Erich Kuttner) in der in einer Massenauflage im deutschen Heer verbreiteten ‚Sozialdemokratischen Feldpost', Nr. 20, 1. März 1917, siehe auch den Bericht über eine Parteiveranstaltung in Bremen, in: W. Eildermann: Jugend im ersten Weltkrieg, Berlin (DDR) 1972, S. 278 f.

der Volksnot getan habe. Er stieß jedoch auf eisiges Schweigen, als er mit erhobener Stimme die Durchhaltepolitik proklamierte. Als er vom Kriegssozialismus zu faseln begann, stieß er auf Widerspruch[25]."

Die Erweiterung der politischen Wirksamkeit

Wie die Debatte um den Kriegssozialismus erwies, waren die Blätter der Parteimehrheit in Fällen, in denen es im Interesse der Mehrheit lag, durchaus bereit, ihre Seiten den Lensch, Cunow und Haenisch zur Verfügung zu stellen. Vor allem im ‚Hamburger Echo', aber auch in den sozialdemokratischen Blättern Frankfurts, Karlsruhes, Dortmunds und — nach Vertreibung der linken Westmeyer-Gruppe aus der Redaktion — Stuttgarts, sowie in den Provinzblättern konnten die ehemals Linken meist damit rechnen, ihre Meinungen und Ansichten zu prinzipiellen und tagespolitischen Problemen darlegen zu können. Um aber darüber hinaus die Masse der Parteimitglieder zu agitieren und insbesondere auch in Fällen, in denen ihre Ansichten mit denen der Mehrheit nicht übereinstimmten, die Möglichkeit der Verbreitung zu sichern, reichte dieses Entgegenkommen nicht aus, sondern war es vonnöten, unmittelbaren Einfluß auf die Information der Mitglieder und Anhänger der Partei zu erreichen. Die Zentral-Flugblattstelle, deren Leiter Haenisch war, kam dafür nicht in Betracht, denn seine Tätigkeit dort unterlag der Zensur des Parteivorstandes, die spezielle Meinung der Gruppe konnte in deren Produkten nicht vertreten werden. Dies wird augenscheinlich in folgender Gegenüberstellung: Während Haenisch in seiner Schrift ‚Die deutsche Sozialdemokratie in und nach dem Weltkriege' den 4. August klar als Bruch mit der bisherigen Politik charakterisierte, als den Beginn einer neuen politischen Haltung der SPD, urteilte er in einer Broschüre, die er ein Jahr später für den Parteivorstand schrieb, und die ohne Verfasserangabe erschien[26], so, wie es die Argumentation der Parteimehrheit war, daß nämlich diese Entscheidung die konsequente Weiterführung der Politik der SPD gewesen sei, daß ein anderes Verhalten mit der bisherigen Linie der Partei bedeutet hätte.

---

[25] Wilhelm Eildermann, a.a.O., S. 279; anzumerken ist jedoch, daß die Bremer Parteiorganisation, in der vor dem Kriege Karl Radek und Anton Pannekoek gewirkt hatten, zur Linken gehörte. Robert Leinert war Sekretär der SPD für die Provinz Hannover.

[26] Konrad Haenisch: Die deutsche Sozialdemokratie in und nach dem Weltkriege, Berlin 1916; ders.: Sozialdemokratie und nationale Verteidigung, Berlin 1916.
Die Autorenschaft Haenischs an dieser letzten Broschüre enthüllte Hugo Haase auf der Reichskonferenz der SPD; Protokoll der Reichskonferenz der Sozialdemokratie Deutschlands vom 21., 22. und 23. September 1916, hrsg. vom Vorstand der Sozialdemokratischen Partei Deutschlands, o. O., o. J., S. 66 f.

So blieb der Gruppe keine andere Wahl, als selbst ein Organ zu gründen. Im Frühjahr 1915 wurde mit der Planung einer eigenen Korrespondenz begonnen, und am 1. Juni 1915 erschien die erste Nummer der ‚Sozialdemokratischen Artikelkorrespondenz'[27]. Als Herausgeber zeichneten Heinrich Cunow, Paul Lensch, Heinrich Schulz und August Winnig, die Leitung der Redaktion hatte Paul Lensch übernommen. Die Korrespondenz, die zweimal wöchentlich, Dienstag und Freitag, erscheinen sollte, war nicht darauf ausgelegt, finanzielle Gewinne zu erwirtschaften, sondern versuchte durch möglichst günstige Honorarbedingungen, insbesondere für finanzschwache Parteiblätter einen möglichst großen publizistischen Einfluß zu gewinnen. In einem die erste Nummer einführenden Begleitschreiben „an die Redaktion (!) der Partei und Gewerkschaftsblätter"[28] erklären die Herausgeber, weshalb sie das Erscheinen einer solchen Korrespondenz für notwendig erachten und definieren deren politische Ausrichtung:

„Der Weltkrieg hat nicht nur das wirtschaftliche und politische Leben aus den herkömmlichen Bahnen geschleudert, er zwingt auch in theoretischer und praktischer Beziehung zur Nachprüfung und Selbstbesinnung."

Auf die durch den Krieg neu aufgeworfenen Fragen sowohl der Innen- und Außenpolitik, der Wirtschaft wie der Kultur versprechen die Herausgeber eine Antwort im Sinne des wissenschaftlichen Sozialismus zu geben. Kennzeichnend für die grundsätzliche Richtung dieses wissenschaftlichen Sozialismus — erneut wird mit diesem die Marx/Engelssche Lehre bezeichnenden Begriff die Distanz zu den Revisionisten artikuliert — sollen die Schrift Cunows ‚Partei-Zusammenbruch?'[29]

---

[27] Von der ‚Sozialdemokratischen Artikelkorrespondenz' fand sich lediglich eine einzige, die erste, Nummer im Kautsky-Nachlaß bei der Correspondenz Cunow, D VII, 151 - 214 im IISG in Amsterdam. In seinem Buch ‚Zwischen Kaiserreich und Diktatur. Die sozialdemokratische Presse von 1914 - 1933', Heidelberg 1958, bemerkt Kurt Koszyk in einer Fußnote auf Seite 229:
„Heinrich Schulz und August Winnig wurden im September 1916 zum Militärdienst herangezogen. Cunow gab deshalb die Leitung der Artikelkorrespondenz an die bisherige Geschäftsführerin Luise Kähler ab. Als Mitarbeiter wurden gewonnen Gustav Bauer, Wilhelm Blos, Cunow (!), Franz Diederich, Wilhelm Jansson, Wilhelm Keil, Hermann Lüdemann, Hermann Molkenbuhr und Philipp Scheidemann."
Aus dem Vergleich dieser Fußnote mit dem Exemplar im Kautsky-Nachlaß ergeben sich einige Ungereimtheiten: Während im Exemplar im IISG die Leitung der Geschäftsstelle „W. Kähler" innehat, nennt Koszyk eine Luise Kähler. Richard Berger hingegen in seiner Schrift: Die deutsche Sozialdemokratie im dritten Kriegsjahr, M.-Gladbach 1917 nennt als Leiter gar einen Genossen Kähler (S. 74). Wenn, wie Koszyk schreibt, Cunow im September 1916 die Leitung der Korrespondenz abgibt, so mußte inzwischen ein Wechsel stattgefunden haben, denn im Exemplar im IISG fungiert Paul Lensch als Leiter der Redaktion.
[28] Kautsky-Nachlaß, Correspondenz Heinrich Cunow.

und die bereits angeführte von Paul Lensch ‚Die deutsche Sozialdemokratie und der Weltkrieg' sein.

Mit dieser Korrespondenz, die mindestens bis zum September 1917 erschien[30], hatten sich Lensch und Cunow ein wohl wirksames Instrument für die Verbreitung ihrer Theorien geschaffen, denn gerade die kleineren Parteiblätter mit ihren oft durch den Krieg bedingten, personell schwachen Redaktionen, waren an einer Übernahme von Artikeln meist sehr interessiert. Warum Haenisch nicht zum Herausgeberkreis zählte (vielleicht wegen seiner Tätigkeit für die Flugblattzentrale der Partei), und ob er zu den Mitarbeitern gehörte, die von der Redaktion in Aussicht genommen waren, konnte, da nur eine Nummer erhalten ist, nicht ermittelt werden. Heinrich Schulz, der dritte Herausgeber, war Leiter des Zentral-Bildungsausschusses, hatte vor dem Krieg ebenfalls zur Linken gehört und war einen ähnlichen Weg gegangen wie die drei Protagonisten der Gruppe. Mit August Winnig[31], der als vierter Herausgeber zeichnete, war für die Korrespondenz ein besonderer Erfolg verbunden. Winnig, Vorsitzender der Bauarbeitergesellschaft, stand den Anschauungen der Gruppe sehr nahe und eröffnete in seiner Eigenschaft als Gewerkschaftsführer die Möglichkeit, nun auch gezielt die große Masse der Gewerkschaftsmitglieder und ihrer Funktionäre zu erreichen. Beim großen Einfluß der Gewerkschaftsführung auf die Partei mußte dies für Initiatoren der Artikelkorrespondenz von besonderem Interesse sein. In der Tat gelang es auch, als Mitarbeiter weitere Gewerkschaftsführer zu gewinnen.

Von größerer Bedeutung noch als die ‚Sozialdemokratische Artikelkorrespondenz' war für die Gruppe jedoch die Gründung der Zeitschrift ‚Die Glocke', in der sie ein Organ gewann, welches ihr die Möglichkeit gab, unabhängig vom Wohlwollen der Redakteure, unbehindert durch etwaigen Finanzmangel und in eigener Regie, ihre Theorien zu verbreiten und in den politischen Tageskampf einzusteigen.

---

[29] Heinrich Cunow: Parteizusammenbruch?, Berlin 1915.

[30] Richard Berger erwähnt die Korrespondenz als eine im Jahre 1917 noch existierende.
August Winnig bemerkte in einer Würdigung Paul Lenschs zu dessen Ableben hierzu folgendes:
„Unser Leitartikeldienst, der zuerst gut aufgenommen worden war, stieß in der Parteipresse immer deutlicher auf Ablehnung. Als wir sahen, daß wir nur noch für die Papierkörbe arbeiteten, stellten wir diese Arbeit ein."
August Winnig: Paul Lensch zum Gedächtnis, in: ‚Deutsche Allgemeine Zeitung' Reichsausgabe, Nr. 544/45, 23. 11. 1926.
Aus Winnigs Ausführungen ist zu schließen, daß die Korrespondenz noch im Jahre 1917 eingestellt wurde.

[31] Zu August Winnig siehe die kürzlich erschienene Dissertation: Wilhelm Ribhegge: August Winnig. Bonn—Bad Godesberg 1973.

Der Gründer und Herausgeber der ‚Glocke' war Alexander Helphand, der den Decknamen Parvus trug[32]. Parvus, 1867 geboren, hatte im zaristischen Rußland der Bewegung ‚Narodnaja wolja' angehört, sich aber seit der Übersiedlung nach Zürich unter dem Einfluß Plechanows 1886, der russischen Sozialdemokratie angeschlossen. Anfang der 90er Jahre war er nach Deutschland gekommen und hatte sich der SPD angeschlossen, wo er stets zu deren radikalem Flügel gehörte und neben Rosa Luxemburg einer der entschiedensten Vertreter und Wortführer der Linken in der Massenstreikdebatte war. In der Türkei hatte er sich während der ersten Kriegsjahre ein großes Vermögen erworben, war dann nach Deutschland zurückgekehrt und betrieb von Dänemark aus weitere Kriegsgeschäfte zwischen dem Deutschen Reich und den neutralen skandinavischen Ländern, wodurch er sein Vermögen noch vergrößerte. Mit Lensch, Cunow und Haenisch verband ihn der gleiche Kurswechsel von links nach rechts, ebenfalls veranlaßt durch den Ausbruch des Weltkrieges. Parvus erhoffte sich vom Weltkrieg einen Sieg der deutschen Heere gegen Rußland und damit gegen das zaristische Regime. Eine solche Niederlage, so meinte er, würde den Zarismus beseitigen. Aus dieser theoretischen Einstellung heraus nannte er die deutschen Heere Revolutionäre, die zu unterstützen notwendig sei, da die russischen Sozialisten unfähig wären, den Zarismus zu besiegen, denn:

„sie verstehen es nicht, den Marxismus im Leben anzuwenden, sie haben bloß gelernt, auf sozialdemokratische Art zu schreiben; oder sie haben sich überhaupt nur den Kopf mit marxistischen Zitaten vollgestopft[33]."

Dieser Einstellung wegen wurde Parvus von beiden Gruppen der russischen Sozialdemokratie kritisiert, sowohl von den die Vaterlandsverteidigung propagierenden Menschewiki[34] wie auch von den Bolschewiki, die den imperialistischen Krieg prinzipiell bekämpften[35].

---

[32] Zu Parvus' Biographie wird in der vorliegenden Untersuchung nur so weit als notwendig eingegangen. Zu Parvus sonst: Scharlan / Zeeman: Freibeuter der Revolution, Köln 1964.

[33] Parvus: Meine Stellungnahme zum Kriege, in: ‚Die Glocke', Heft 3, 1. Oktober 1915, S. 151.

[34] Le Cas Parvus, in: ‚Humanite', 3. Oktober 1915, Nachlaß Eduard Bernstein im IISG Amsterdam, G 387; siehe hierzu auch: ‚Internationale Korrespondenz', Nr. 438, 19. Oktober 1915: Parvus und die russischen Sozialisten.

[35] „Parvus, der sich schon in der russischen Revolution als Abenteurer erwiesen hat, ist jetzt in der von ihm herausgegebenen Zeitschrift ‚Die Glocke' bis an die äußerste Grenze hinabgesunken. Er verteidigt in unglaublich unverschämter und selbstzufriedener Weise die deutschen Opportunisten. Er hat alles verbrannt, was er einst anbetete; (...) Herr Parvus hat die eiserne Stirn, öffentlich zu erklären, seine ‚Mission' bestehe darin, als ideales Bindeglied zu dienen zwischen dem bewaffneten deutschen und dem revolutionären russischen Proletariat.

Da Parvus genügend Geld zur Verfügung hatte, schuf er sich zur Propagierung seiner Ansichten ein eigenes Organ, die ‚Glocke'. Die ersten Planungen für diese Zeitschrift reichten bis in den Mai 1915 zurück; Parvus hatte von der sozialdemokratischen Druckerei der Münchner Post einen Kostenvoranschlag für eine Wochenschrift in einer Auflage bis zu 5000 Exemplaren berechnen lassen. Aus dem Briefwechsel mit Louis Cohn, der Vertrauensperson Parvus' in München, der als Leiter des zu gründenden Verlags ausersehen war, geht hervor, daß die erste Nummer der Zeitschrift bereits am 1. Juli 1915 erscheinen sollte, ein Termin, der jedoch vor allem wegen der häufigen Abwesenheit Parvus' und seiner zahlreichen anderen Geschäfte nicht eingehalten werden konnte. Um die finanzielle Basis für das Erscheinen sicherzustellen, übernahm Parvus für 28 000 Mark Anteile an der Druckerei G. Birk und Co.[36] und stellte zunächst 20 000 Mark für die Kosten der Zeitschrift zur Verfügung[37]. Auch das geplante Erscheinen zum 15. August mußte aus denselben Gründen verschoben werden, am 1. September erschien dann endlich im ‚Verlag für Sozialwissenschaft' die erste Nummer der ‚Glocke', die, auf Empfehlung Cohns, entgegen den ursprünglichen Absichten, nun zweiwöchentlich erschien. Die Erstellung der folgenden Nummern war mit großen Schwierigkeiten verbunden, denn die von Parvus aus Dänemark angekündigten Beiträge trafen, wenn überhaupt, nur mit Verspätung ein[38], und Mitarbeiter waren nur äußerst schwer zu gewinnen[39].

Grund dafür war wohl, wie Adolf Braun in einem Brief an Karl Kautsky feststellte[40], daß die Parteirechte Parvus nicht traute und fürchtete, kompromittiert zu werden. Die Lage war für die Zeitschrift recht desolat[41], und Cohns Furcht, die ‚Glocke' könne so bald wieder „zu Grunde gehen"[42], war keineswegs übertrieben.

Es genügt, diese Phrase eines Narren niedriger zu hängen, damit die russischen Arbeiter ihn auslachen."
So Lenin im Züricher ‚Sozialdemokraten' vom 20. November 1915, zitiert nach ‚Die Aktion', Jg. 7, 8. September 1917, Sp. 492.

[36] Geheimes Staatsarchiv Berlin-Dahlem, Nachlaß Helphand, Rep. 92, Nr. 7, Blatt 19. Zum Erscheinen der ‚Glocke' in München siehe auch: Scharlau / Zeeman, S. 194 ff.

[37] Blatt 16 und Kautsky-Nachlaß, IISG Amsterdam, D VI, 267 - 434, Brief Adolf Brauns an Karl Kautsky vom 11. 9. 1915.

[38] Cohn am 18. 9. 1915 in einem Brief an Parvus: „wenn Sie weiter die Redaktion so fortführen sollten, was ich nicht hoffe, dann würde ‚Die Glocke' durch Ihr Verschulden zu Grunde gehen."
Geheimes Staatsarchiv Berlin-Dahlem, Blatt 63.

[39] Siehe Brief Cohns vom 28. September 1915, Blatt 66.

[40] Kautsky-Nachlaß D VI, 267 - 434, Brief vom 11. 9. 1915, IISG Amsterdam.

[41] Adolf Braun, als Resumée der von ihm genannten Schwierigkeiten: „Ich schätze den Erfolg dieser Zeitschrift politisch wie geschäftlich außerordentlich niedrig ein." Brief vom 11. 9. 1915.

Inzwischen jedoch hatte sich Konrad Haenisch am 11. 9. 1915 mit einem Brief an Parvus gewandt, indem er die alte Freundschaft erneuerte[43], sein Interesse an der ‚Glocke' bekundete und nicht verfehlte, ihre gemeinsame Position zu betonen:

„Mit größtem Interesse las ich Ihren Artikel im ersten Heft der ‚Glocke'. Schon seit Monaten war es mir eine *große* Freude, zu wissen, daß Sie in der Kriegsfrage die Haltung der Partei billigen und Dutzende von Malen habe ich mich in Diskussionen mit Vertretern der Minderheit auf Sie berufen. Nun liefert Ihr Artikel sehr wertvolles neues Material für die Verteidigung unserer Auffassung. Gerade für uns alten Linken ist Ihr Eingreifen überaus wertvoll[44]."

Seiner Unterschrift am Ende des Briefes hatte Haenisch in Klammern ein ‚Parvulus' zugefügt, einen Beinamen, den man ihm wegen seiner engen persönlichen und politischen Freundschaft mit Parvus schon vor dem Kriege gegeben hatte, und mit dessen Nennung er von seiner Seite aus diese Freundschaft, auch politisch, wiederherstellte. Parvus antwortete am 16. September — angesichts der Schwierigkeiten mit der ‚Glocke' wie auch der von Haenisch dargelegten politischen Übereinstimmung nicht verwunderlich — und bot ihm die Redaktion seiner Zeitschrift an[45]. Haenisch akzeptierte, hielt es nun aber, angesichts der sich konkret entwickelnden Zusammenarbeit doch für nötig, Parvus vorsichtig zu erklären, daß er, bei grundsätzlicher politischer Übereinstimmung mit ihm, doch in gewissen Fragen anders argumentiere[46]. Die Redaktion der ‚Glocke' wechselte nun nach Berlin, und Konrad Haenisch übernahm ihre Leitung. Zum festen Mitarbeiter der Zeitschrift machte er noch im selben Monat Paul Lensch, der auch in der ersten von Haenisch verantworteten Ausgabe mit einem Artikel vertreten war[47], an Hand dessen sich recht schnell die von Haenisch angedeuteten Differenzen zu Parvus herauskristallisierten: Für Parvus war in diesem Kriege die Lösung der russischen Verhältnisse das entschei-

---

[42] Brief Cohns vom 18. September 1915, Geheimes Staatsarchiv Berlin-Dahlem, Blatt 63.

[43] Haenisch kannte Parvus seit der Mitte der 90er Jahre; ihre gemeinsame politische Position, ihre journalistische Tätigkeit und auch das persönliche Naturell beider waren die Grundlage für ihre Freundschaft, die bis zu Parvus' Tode dauerte.
Siehe: Konrad Haenisch: Parvus. Ein Blatt der Erinnerung, Berlin 1925.

[44] Geheimes Staatsarchiv Berlin-Dahlem, Blatt 57 (Hervorhebung im Original).

[45] Konrad Haenisch, S. 36 f.

[46] Brief Haenischs vom 19. September 1915, Geheimes Staatsarchiv Berlin-Dahlem, Blatt 64.

[47] Paul Lensch: Im englischen Krähwinkel, in: ‚Die Glocke', Heft 4, 15. Oktober 1915, S. 182 ff.

dende Problem, für Lensch und Haenisch jedoch war England, genauer: die Rolle Englands als Weltmacht die relevante Frage, die der Krieg zu lösen hatte. Diese unterschiedliche Wertung war von Parvus schon nach diesem ersten Artikel Lenschs klargeworden, wenn auch wohl noch nicht in voller Deutlichkeit; an der festen Mitarbeit Lenschs an der ‚Glocke' hatte er nichts auszusetzen[48].

Konrad Haenischs journalistisches Vermögen bewirkte recht schnell eine kontinuierliche Herausgabe der Zeitschrift, er hatte als Redakteur zunächst weitgehend freie Hand, Parvus' Interese an der ‚Glocke' beschränkte sich darauf, sie als Organ zur Veröffentlichung seiner Rußland-Analysen zur Verfügung zu haben. Auch gelang es Haenisch und Lensch recht bald, einen großen Mitarbeiterkreis zu finden, der von den Altrevisionisten Ludwig Quessel und Heinrich Peus bis zu Eduard David, einem der Führer der sozialdemokratischen Mehrheitspolitik während des Krieges reichte. Mit August Winnig, dem Mitarbeiter der Gruppe schon bei der Sozialdemokratischen Artikelkorrespondenz, Wilhelm Jansson, Johann Leimpeters und Hugo Poetzsch konnten auch Gewerkschaftsführer als Autoren gewonnen werden.

Auf Grund der Schwierigkeiten, die sich durch die Trennung von Redaktion (Berlin) und Druck- und Erscheinungsort (München) ergaben, aber auch wegen der zahlreichen Schwierigkeiten mit der Zensur durch das Kriegsministerium in München, das in vielen Fällen härter urteilte als die entsprechende Pressestelle beim Oberkommando in den Marken und selbst die Oberzensurstelle beim Kriegspresseamt in Berlin[49], unternahm Haenisch alle Anstrengungen, auch den Erscheinungsort nach Berlin zu verlegen. Seit April 1916 erschien die ‚Glocke' aus Gründen der Aktualität und der größeren Möglichkeiten, in die politischen Tagesauseinandersetzungen einzugreifen, bereits wöchentlich, vom Oktober des gleichen Jahres an war nun auch der Druck- und Erscheinungsort Berlin. Gleichzeitig war Haenisch einen festen Vertrag

---

[48] Parvus an Haenisch, 19. 10. 1915:
„Ich bin mit Lensch nicht in der schroffen Aburteilung Englands einverstanden, aber er vertritt einen gesunden und starken Gedanken — das genügt mir."
Geheimes Staatsarchiv Berlin-Dahlem, Blatt 79.

[49] Siehe dazu die Zensurakten des Bayerischen Kriegsministeriums, MKr. 13878, MKr. 13882, Bayerisches Hauptstaatsarchiv, Abt. IV, ehem. Kriegsarchiv; ferner den Brief Haenischs an Helphand, ohne Datum, wie aus dem weiteren Zusammenhang hervorgeht wohl vom Dezember 1915:
„Über die Möglichkeiten, die ‚Glockenzensur' überhaupt von München nach Berlin zu verlegen unterhielt ich mich ausführlich mit dem Major Deutelmoser vom Kriegspresseamt. Vorläufig ist da noch nichts zu machen."
Geheimes Staatsarchiv Berlin-Dahlem, Blatt 105 (Hervorhebung im Original), im selben Zusammenhang auch den Brief Haenischs vom 21. 1. 1916, Blatt 119 ff.

als Redakteur eingegangen und hatte seine Tätigkeit als Leiter der Flugschriftenzentrale beendet. Zu Haenisch und Lensch, die bereits fest mit der ‚Glocke‘ und dem ‚Verlag für Sozialwissenschaft‘ verbunden waren, gesellte sich nun auch Heinrich Cunow; im Oktober 1916 wurde er Verlagsredakteur des mit der ‚Glocke‘ verbundenen Broschürenverlages. Er schied aus dem ‚Vorwärts‘ aus und verpflichtete sich, die Beziehungen zur ‚Neuen Zeit‘ zu lösen und für kein Konkurrenzblatt mehr zu schreiben. Mit der Anstellung auch Cunows beim Sozialwissenschaftlichen Verlag Parvus' war die Gruppe nun in der Lage, neben den Möglichkeiten durch ihre Korrespondenz, gezielt und jederzeit sowohl zu konkreten Einzelfragen Stellung zu beziehen als auch größere theoretische Darlegungen zu veröffentlichen. Der Einfluß, den Parvus auf die Redaktion nahm, war zunächst so gering, daß Lensch, Cunow und Haenisch die ‚Glocke‘ ungehindert zum Sprachrohr und Organ ihrer Gruppe machen konnten. Wie sehr sich die ‚Glocke‘ trotz der Mitarbeit zahlreicher Vertreter auch des Zentrums der MSPD um Partei- und Fraktionsvorstand zu einem Organ der Gruppe entwickelte, zeigt eine Analyse in den ‚Berichten betreff: Stimmung innerhalb der sozialdemokratischen Partei‘, verfaßt vom Büro für Sozialpolitik vom 1. September 1917, in der es heißt, daß sich innerhalb des rechten Flügels der Partei zwei Richtungen entwickelt hätten, „die man nach ihren führenden Zeitschriften etwa die der ‚Sozialistischen Monatshefte‘ und die der ‚Glocke‘ nennen könnte"[50]. Weiter meint die Analyse, daß sich um die ‚Sozialistischen Monatshefte‘ vor allem der Kreis der alten Revisionisten sammle, um die ‚Glocke‘ dagegen „eine Gruppe sehr radikal gewesener Publizisten, die im Kriege zu einer anderen Politik eingeschwenkt sind"[50]. Die Gewerkschafter Winnig, Poetzsch und Jansson, so der Bericht, schrieben in beiden Zeitschriften, während die Führer der Generalkommission die ‚Sozialistischen Monatshefte‘ bevorzugten. Der Verfasser dieser Darstellung zeichnete damit ein deutliches Bild der ‚Glocke‘, ihres politischen Standortes und ihrer Mitarbeiter. Die Stellung des Parteivorstandes zur Zeitschrift und damit zu der sie tragenden Gruppe war sehr differenziert: Insofern die Zeitschrift ein Gegenorgan zur ‚Neuen Zeit‘ und die Gruppe ein ‚marxistisches‘ Gegengewicht zu den Vertretern der USPD war, protegierte und benützte man sie, nicht zuletzt, um angesichts dieser radikalen rechten Gruppe die eigene rechte Position zu einer Position der Mitte erklären zu können; wo die Ansichten der Zeitschrift jedoch so extrem waren, daß bei einer Identifizierung mit diesen die Gefahr bestand, große Teile der Anhängerschaft zu verlieren, distanzierte

---

[50] Abschrift des Bayerischen Kriegsministeriums vom Bericht des Büros für Sozialpolitik vom 1. September 1917. Bayerisches Hauptstaatsarchiv, MA 95736, Nr. 155805. A.

der Parteivorstand sich davon. In der innerparteilichen Auseinandersetzung, im Kampf der Parteiführung um Ebert und Scheidemann kam also der Gruppe um Lensch, Cunow und Haenisch und ihrem Wirken in der Öffentlichkeit unabhängig von ihren subjektiven Intentionen eine bedeutsame Rolle zu. Für beide Verhaltensweisen des Parteivorstandes gegenüber der ‚Glocke' gibt es Beispiele.

Nach der schon erwähnten Empfehlung von Lenschs Schrift ‚Die deutsche Sozialdemokratie und der Weltkrieg' durch Friedrich Ebert in der Parteiausschußsitzung vom 7. und 8. April 1915, war es nur konsequent, daß dieses Werk neben einer Broschüre von Wilhelm Kolb und einer von Eduard David zusammen mit der ersten Nummer der ‚Glocke' vom Parteivorstand an sämtliche Parteifunktionäre kostenlos abgegeben wurde[51]. Und wenn das ‚Mitteilungs-Blatt' der Berliner Sozialdemokratie in einem Artikel über ‚sozialdemokratische Kronzeugen für Annexionismus in der SPD' von der „vom Parteivorstand protegierten und gegen die ‚Neue Zeit' ausgespielten ‚Glocke'"[52] sprach, so traf es damit eben die eine, häufigere Seite des Verhältnisses des Parteivorstands gegenüber der ‚Glocke'.

Gerade am Beispiel der Annexionsforderungen, die von Haenisch und den anderen Vertretern der Gruppe proklamiert wurden, wird deutlich, wann der Parteivorstand es für nötig hielt, einmal Stellung gegen die ‚Glocke' zu nehmen:

In der ‚Glocke' vom 12. August 1916 hatte Ernst Heilmann, der im übrigen nicht die Kriegstheorie der Lensch, Cunow, Haenisch vertrat, einen Artikel verfaßt, in dem er sich klar für imperialistische Annexionen aussprach, und jede Haltung, die dies ablehne und nicht zugleich, wie die Spartakusgruppe, die eigene Regierung als Hauptfeind ansehe, als ‚Breimolluskenfroschnatur' abqualifizierte[53]. Der ‚Vorwärts' hatte darüber berichtet und dann von Parteivorstand und Parteiausschuß eine entschiedene Stellungnahme verlangt[54]. Darauf hatte wenige Tage später Konrad Haenisch im ‚Vorwärts' erklärt, daß er als Redakteur der ‚Glocke' den Artikel eben deshalb veröffentlicht habe, weil er es für notwendig erachte für die SPD, in der Frage der Kriegs- und Friedensziele klar Stellung zu beziehen. Haenisch fährt dann fort:

---

[51] Dies erwähnt der Bremer linke Sozialdemokrat Johannes Klima in Zuschriften vom 3. und 12. Januar 1916 an die ‚Bremer Bürgerzeitung', zitiert nach W. Eildermann, S. 30.
[52] ‚Mitteilungs-Blatt des Verbandes der sozialdemokratischen Wahlvereine Berlins und Umgegend', Nr. 26, 11. März 1917, Paul Levi-Nachlaß, 81, Archiv der Sozialen Demokratie Bonn.
[53] Ernst Heilmann: Der Kern des Streites, in: ‚Die Glocke', Heft 20, 12. August 1916, S. 770 ff.
[54] ‚Vorwärts', 27. August 1916, Nr. 235.

„Nun, nach meiner Kenntnis der Dinge hat Heilmann in seinem
‚Glocken'-Artikel die grundlegende Auffassung der Mehrheit *durchaus richtig gekennzeichnet*[55]."

Haenisch entwirft dann ein Bild dieser „Auffassung", welches
Annexion nicht geringer Art im Osten und Westen vorsieht, und
behauptet abschließend nochmals, daß die Friedensziele der SPD sich
mit den Vorstellungen des Reichskanzlers vom 9. Dezember 1915 und
später deckten.

Im Anschluß an Haenischs Erklärung forderte der ‚Vorwärts' erneut
eine Stellungnahme der zuständigen Parteiinstanzen.

Zwei Tage später meldete sich ebenfalls im ‚Vorwärts' Friedrich
Stampfer zu Wort[56] und bestritt — dies der Kern seiner Ausführungen —, daß Haenisch mit seinen Annexionsplänen auf dem Boden der
Parteimehrheit stünde: Haenisch gebe von dem, was die Parteimehrheit
wolle, ein falsches Bild. Die Fortführung der Auseinandersetzung, die
sich noch über Wochen in den Spalten des ‚Vorwärts' hinzog und in
die auch Eduard Bernstein sich einschaltete, wird im Zusammenhang
mit dem Problem der Annexion und dem Verhältnis zur Internationale
von Bedeutung sein, im hier behandelten Zusammenhang ist sie nicht
von weiterem Interesse.

Am Tage nach Stampfers Eingreifen in die Auseinandersetzung
nahm auch das Büro des Parteivorstandes Stellung und distanzierte
sich von den Äußerungen Heilmanns und Haenischs[57] Es ist dieses
Abrücken nicht so zu werten, als ob der Parteivorstand prinzipiell
gegen Annexionen war, entscheidend für seine distanzierende Erklärung
war vielmehr die vom Parteivorstand am 11. August den Parteimitgliedern zur Unterzeichnung vorgelegte Friedenspetition, in welcher
vom Reichskanzler gefordert wurde, die Regierungen der Mittelmächte
sollten bei Ablehnung von Eroberungsabsichten den Feinden ihre
Friedensbereitschaft erklären. Angesichts dieser Friedensinitiative konnte es sich die Parteiführung selbstverständlich nicht leisten, mit dem
von Haenisch aufgestellten Annexionsprogramm identifiziert zu werden.

---

[55] ‚Vorwärts', 5. September 1916, Nr. 244, Beilage.
[56] ‚Vorwärts', 7. September 1916, Nr. 246, Beilage.
[57] Kurt Koszyk, S. 78.

Die entwickelte Theorie und das Selbstbewußtsein der Gruppe

Die Theoriebildung der Lensch, Cunow und Haenisch ging, wie schon erwähnt, nicht in Form einer stringent logischen Beschäftigung mit den Problemen und ihrer Bewältigung vor sich, sondern Aussagen der Gruppe in Artikeln, Aufsätzen und Büchern behandelten stets erneut die Frage nach den Aufgaben der deutschen Sozialdemokratie im Kriege, und in die allseitige Beantwortung dieser Frage von den verschiedenen Gesichtspunkten her gingen denn auch die Thesen und theoretischen Ansätze zu den Problemen ein. Aufgabe der historischen Analyse muß es sein, die Entwicklungsstränge deutlich zu machen und, um den Standpunkt der Gruppe zu konkreten Fragen auf den Begriff zu bringen, dabei bestimmte Komplexe hervorzuheben und von ihren Zusammenhängen zu isolieren. Erst die Einzelbestimmung der Teilmomente ermöglicht die notwendige Schärfe der Untersuchung. Entsprechende Notwendigkeit ist es dann allerdings, das Zusammengehörende aufeinander zu beziehen, um die Teile dann im Ganzen ihren vollen Stellenwert, ihre ganze Wahrheit finden zu lassen.

Die Theorie über den Imperialismus

Im März 1915 erschien Heinrich Cunows Schrift ‚Partei-Zusammenbruch?'. Das dritte Kapitel dieser Schrift war wie folgt überschrieben: ‚Ist der wirtschaftliche Imperialismus eine geschichtlich notwendige Entwicklungsphase?' Die Frage, die Cunow hier stellte, war für ihn eine bloß mehr rhetorische, seine Antwort ging dahin, festzustellen, daß der Imperialismus eine notwendige Epoche sei, eine Stufe des Kapitalismus, welche nicht übersprungen werden könne.

Um dieses Imperialismus-Verständnis recht einschätzen zu können, ist es notwendig, auf den Stand der Imperialismus-Debatte in der deutschen Sozialdemokratie überhaupt einzugehen. Das ‚imperialistisch' als Schlagwort war in der ganzen Partei durchaus gang und gäbe, von rechts wie von links wurde der Krieg als imperialistischer Krieg oder als eine Folge des Imperialismus bezeichnet. Diese allseitige Benützung erwies allerdings auch, wenn nicht das Phrasenhafte des Begriffs, so doch seine unterschiedliche inhaltliche Interpretation. Während sich für die Linke aus dieser Wertung der entscheidende Kampf gegen diesen Krieg ergab, rechtfertigte die sozialdemokratische

Rechte ihre Haltung damit, daß sie erklärte, daß der Krieg von den englischen, französischen, russischen Imperialisten begonnen worden sei, nicht jedoch vom deutschen Imperialismus, denn dieser sei kein kriegerischer, sondern einer der friedlichen Durchdringung.

Diese unterschiedlichen Deutungen waren nicht erst ein Ergebnis des Krieges, sondern wurden bereits sichtbar in der Imperialismus-Debatte auf dem Chemnitzer Parteitag von 1912 bzw. in der vorbereitenden Diskussion zu dieser. Die Haltung der Mehrheit der Partei entsprach der Auffassung Karl Kautskys, die dieser — auf dem Parteitag selbst nicht anwesend — in der Auseinandersetzung mit Paul Lensch, die von April bis September 1912 vor allem im wissenschaftlichen Organ der SPD, der ‚Neuen Zeit' geführt worden war, formuliert hatte[1]. Für Kautsky war der Imperialismus im wesentlichen das Streben nach Expansion, das Streben der entwickelten kapitalistischen Staaten, immer größere Gebiete direkt oder indirekt unter ihre Kontrolle zu bringen. Zu diesem Zwecke fände in all diesen Staaten eine ungeheure Aufrüstung statt, welche ein möglichst schlagkräftiges Heer und eine ebensolche Flotte schaffen solle, mit welchen als Macht- und Drohmittel die Expansion durchgeführt würde. Der Militarismus und Marinismus[2] sei also eine Konsequenz des Imperialismus. Der Kampf der Sozialdemokratie dagegen müsse in der Agitation für eine Abrüstung bestehen, denn: Militarismus, Aufrüstung und Krieg seien nicht zwangsläufige Ergebnisse des Imperialismus, sondern nur Tendenzen, die ihm innewohnten. Vorstellbar und möglich sei auch eine andere Entwicklung des Imperialismus, in der die kapitalistischen Staaten und Konzerne die Welt friedlich untereinander aufteilten und insofern auch Abrüstungsvereinbarungen eingehen könnten. Während also, so Kautsky, das Streben nach Mehrwert eine Bedingung des Kapitalismus sei, welche nur aufgehoben werden könne, wenn der Kapitalismus aufge-

---

[1] Paul Lensch: Die neuen Wehrvorlagen, in: ‚Die Neue Zeit', Nr. 29, 19. April 1912.
Karl Kautsky: Der erste Mai und der Kampf gegen den Militarismus, Nr. 30, 26. April 1912.
Karl Radek: Zu unserem Kampfe gegen den Imperialismus, Teil I, Nr. 32, 10. Mai 1912. Teil II, Nr. 33, 17. Mai 1912.
Paul Lensch: Eine Improvisation, Teil I, Nr. 35, 31. Mai 1912. Teil II und III, Nr. 36, 7. Juni 1912.
Karl Kautsky: Der improvisierte Bruch, Teil I, Nr. 39, 28. Juni 1912. Teil II und III, Nr. 40, 5. Juli 1912.
Georg Ledebour: Eine parlamentarische Improvisation, Nr. 41, 12. Juli 1912.
Gustav Eckstein: Gegenwartsforderungen, Nr. 42, 19. Juli 1912.
Paul Lensch: Miliz und Abrüstung, Nr. 47, 23. August 1912.
Karl Kautsky: Nochmals die Abrüstung, Nr. 49, 6. September 1912.

[2] Daß Kautsky auch den Begriff des ‚Marinismus' gebraucht, zeigt, daß er unter ‚Militarismus' nur die Aufrüstung der Heere versteht, nicht aber ein Prinzip, welches die bestimmte Ausrichtung einer Gesellschaft überhaupt beinhaltet.

hoben würde, so sei der Militarismus mit seinen Folgen keine Bedingung, sondern nur eine Tendenz des Kapitalismus, welche auch innerhalb dieses zu bekämpfen möglich sei. Ein solcher Kampf der Sozialdemokratie habe Erfolgsaussichten gerade deshalb, weil Abrüstung und friedliche Aufteilung der Rohstoffgebiete und Märkte auch im Interesse der Kapitalisten läge oder zumindest eines Teiles von ihnen; die finanziellen Lasten nämlich des Imperialismus könnten nicht mehr nur auf die Arbeiter abgewälzt werden, sondern müßten auch mehr und mehr vom Bürgertum getragen werden; zudem brächte ein Krieg für alle Klassen der Gesellschaft unermeßliches Leid, für die Bourgeoisie aber zusätzlich die Gefahr einer Revolution.

Dies war, knapp formuliert, Kautskys Auffassung vom Wesen des Imperialismus und den Aufgaben, die der SPD in diesem Zusammenhang zukamen. Es war auch die Auffassung der Mehrheit der Partei und in diesem Sinne war auch die Rede von Hugo Haase auf dem Chemnitzer Parteitag, der offizieller Sprecher der Partei zu diesem Thema war.

Nach Hugo Haase hatte sich in Chemnitz Paul Lensch zu Worte gemeldet; als Vertreter einer neuen und prinzipiell anderen Auffassung war ihm eine halbstündige Redezeit zugebilligt worden, in der er seine Meinung und damit übereinstimmend die Max Cohens, Anton Pannekoeks und Karl Radeks entwickelte: Daß es vorübergehende Abrüstungsabkommen zwischen zwei kapitalistischen Staaten geben könne, das, so Lensch, schließe er nicht aus. Für einen Irrtum halte er es jedoch, anzunehmen, es sei innerhalb des Kapitalismus eine internationale Verständigung über eine allgemeine Beschränkung der Rüstungspolitik möglich. Die Tatsache, daß seit Jahren eine forcierte Aufrüstung in allen kapitalistischen Staaten zu verzeichnen sei, dies sei eben kein Zufall, sondern die zwangsläufige Konsequenz des Imperialismus. Ein Unding sei es, an die Bourgeoisie zu appellieren, daß der Militarismus ihr selbst vom Standpunkt ihrer eigenen Interessen von Nachteil sei, und auf diese Weise zu versuchen, dem Imperialismus seine Aggressivität zu nehmen, die doch sein Wesen sei. Gegentendenzen in Richtung eines friedlichen Imperialismus seien nirgends vorhanden — der englische Vorschlag eines Rüstungsabkommens sei lediglich im Interesse der herrschenden Klasse Englands, die damit ihre Vormachtsstellung gegenüber den Konkurrenten aufrechterhalten und befestigen wolle — die einzige Gegentendenz sei der Kampf der Arbeiterschaft für den Sozialismus; das Mittel gegen den Imperialismus sei also nicht ein Streben nach Abrüstungsvereinbarungen, sondern könne nur der Sozialismus selbst sein. Im übrigen schaffe der Militarismus die materiellen Voraussetzungen für die sozialdemokratische Forderung der allgemeinen Volksmiliz, indem er die Heere ständig vergrößere; das krasse Gegenteil aber zur Miliz würde entstehen im Falle einer Abrüstung: ein stehendes Heer in Form einer Prätorianertruppe. Für eine solche Einrichtung zu agitieren, hieße aber, die geschichtliche Entwicklung rückgängig machen zu wollen[3].

Aus der Auffassung Kautskys von den verschiedenen Tendenzen des Imperialismus entstand auf dem rechten Flügel der Sozialdemokratie in logischer Konsequenz die erwähnte Einschätzung vom deutschen Imperialismus, in dem, nicht zuletzt auf Grund des Kampfes der SPD, die friedliche Tendenz obsiegt habe, und vom Imperialismus der Ententestaaten, welcher, auch wegen der Schwäche der dortigen sozialistischen Parteien, von der militaristischen Tendenz geprägt sei, und den Krieg begonnen habe.

Aus dem von Lensch in Chemnitz formulierten Imperialismusverständnis leitete sich die Erklärung des Weltkrieges für die SPD-Linke ab, wonach sich aus der Erkenntnis, daß der Imperialismus, und zwar der aller kriegführenden Staaten, die Ursache des Krieges sei, der Kampf gegen diesen für jede sozialistische Partei in jeweils ihrem Lande ergab.

Eine dritte Variante erhoben Lensch, Cunow und Haenisch und Anhänger der Gruppe, wie August Winnig und Max Cohen zu ihrer Theorie. Am gründlichsten entwickelt wurde sie von Heinrich Cunow in dem schon genannten dritten Kapitel seiner Schrift ‚Partei-Zusammenbruch?'. Die Erkenntnisse von der Entwicklung des Kapitalismus, die Cunow dabei aus marxistischer Sicht darlegt, gehen weit über das hinaus, was etwa ein Karl Kautsky in diesem Zusammenhang formulierte.

„Nicht nur für die marxistische, für jede auf wissenschaftlichem Boden fußende Gesellschaftslehre handelt es sich garnicht um die Frage, was *möglicherweise, vielleicht, unter anderen Umständen* sein könnte, und ob man sich nicht auch die Entwicklung als in anderer Richtung verlaufend zu denken vermag, *sondern einfach um das, was ist*, das heißt, was sich aus den geschichtlich gegebenen Voraussetzungen ergibt und wirklich zur Existenz gelangt, also sich im Entwicklungslauf durchsetzt. Das, was eben in der Entwicklungsfolge Gestalt und Leben gewinnt, *ist historisch notwendig*[4]."

Cunows Argumentation ist hier gegen Marx gewandter Hegel, mit welchem das Bestehende, weil es besteht, als notwendig und vernünftig

---

[3] Protokoll über die Verhandlungen des Parteitages der Sozialdemokratischen Partei Deutschlands, abgehalten in Chemnitz, 15. bis 21. September 1912, Berlin 1912, S. 415 ff.
[4] Heinrich Cunow, S. 16 (Hervorhebung im Original). Siehe auch Heinrich Cunow: Ist die kapitalistische Wirtschaftsentwicklung reif für den Sozialismus?, in: ‚Königsberger Volkszeitung', Nr. 113, 15. Mai 1916.

behauptet wird. Vernünftig deshalb, weil der Imperialismus als dieses Bestehende im Schoß des Kapitalismus die Existenzbedingungen entwickelt, die Elemente der neuen Gesellschaft, welche das Proletariat dann nurmehr freisetzen muß. Als solche Elemente der neuen Gesellschaft, des Sozialismus, analysiert Cunow den Vorgang der Monopolisierung, die Trennung von Eigentum an Kapital und Verfügung darüber, Beschleunigung des Expropriationsprozesses der kleinen und mittleren Unternehmen. All dies aber sei nicht Zufall, sondern „eine in den inneren Lebensbedingungen und in der Kräftekonzentration des erstarkten Finanzkapitalismus wurzelnde Erscheinung"[5]. Als solche unumgängliche Phase des Kapitalismus, die für das Entstehen des Sozialismus notwendig ist, kann man den Imperialismus nicht mehr einfach bekämpfen[6]. Der Schluß, den Cunow aus seiner Untersuchung des Imperialismus nun zog, enthielt in seiner Konsequenz eine grundlegende Umkehrung bisheriger sozialdemokratischer Strategie: Den Imperialismus bekämpfen, ihn verhindern wollen, sei gleiche rückwärtsgewandte Politik, wie die Maschinenstürmerei in der frühkapitalistischen Phase der maschinellen Großproduktion es war, sei bestenfalls sozialistische Utopisterei, keinesfalls aber vereinbar mit dem wissenschaftlichen Marxismus. Das bedeute keineswegs, daß die Arbeiter nun geduldig die Herrschaft des Imperialismus ertragen sollten, ihre Aufgabe sei es vielmehr, die schädlichen Folgen möglichst abzuwehren, Verbesserungen zu erkämpfen und insbesondere die Organisationen der Arbeiter auszubauen und gestärkt „durch die neue Entwicklungsperiode zu bringen"[7].

Für Cunow reduzierte sich so die Aktivität der Sozialdemokratie in dieser neuen Phase weitgehend auf einen bloßen Attentismus, auf ein Abwarten bis an den Tag, an dem der Imperialismus sich überall durchgesetzt habe und dann der Kampf für den Sozialismus beginnen könne.

Mit August Winnig, dem der Gruppe nahestehenden zweiten Vorsitzenden des Bauarbeiterverbandes, fand die neue Haltung zum Imperialismus auch Eingang in die Gewerkschaften. Zwar reduzierte er den Imperialismus wieder auf das Streben nach Einfluß in agrarische Länder, doch formulierte er aus dieser Beschränkung heraus desto konkreter die Frage, wie die Sozialdemokratie sich zu den Problemen der Abrüstung und des Kolonialismus stellen solle, nachdem der

---

[5] Heinrich Cunow, S. 14/15.
[6] Beiläufig greift Cunow auch Kautskys These auf — ohne ihn selbst zu nennen — wonach der Imperialismus auch nicht im Interesse der Mehrheit der Kapitalisten sei, und tut sie mit der Feststellung ab, daß die Abfolge der Wirtschaftsordnungen niemals in der Geschichte nach dem Interesse der Mehrheit der Bevölkerung vonstatten gegangen sei.
[7] Heinrich Cunow, S. 19.

4. August nun gezeigt habe, daß nicht der Sozialismus auf der Tagesordnung stehe, daß der Kapitalismus noch nicht sich überlebt habe, sondern daß der Imperialismus, „die Oberstufe des Kapitalismus"[8], für die Zukunft bestimmend sein werde. Winnig beantwortete seine Frage noch nicht, sondern leitete für die organisierte Arbeiterschaft nur die defensive Aufgabe ab, „die Methoden der imperialistischen Politik zu humanisieren"[8].

Der Anspruch Cunows und Lenschs, ihre Auffassung des Imperialismus sei ein Ergebnis der konsequenten und schöpferischen Anwendung des Marxismus — so beruft sich Lensch ausdrücklich auf seine Rede auf dem Chemnitzer Parteitag — bedeutete einen Angriff gegen die sozialdemokratischen Linken, welche mit der Haltung des Spartakusbundes übereinstimmten. Die politische Herausforderung durch diese Theorie in ihrer agitatorischen Gefährlichkeit war von der Linken rasch erkannt worden; am 21. April, einen Monat nach dem Erscheinen von Cunows Schrift, beschäftigte sich die ‚Berner Tagwacht', in der vor allem Karl Radek zu den politischen Vorgängen in Deutschland Stellung nahm, auf ihrer Titelseite mit dem neuen Imperialismusverständnis und der neuen Situation, die dadurch für die Politik der Linken entstanden war:

„Es bildet sich eine neue Ideologie des *Arbeiterimperialismus*. Es genügt nicht, jetzt den Beweis zu führen, daß der Weltkrieg kein Verteidigungs- und kein Befreiungskrieg ist, daß er ein imperialistischer Krieg ist. Die Linke ist jetzt genötigt, den Massen *das Verhältnis ihrer (der Massen, der Verf.) Interessen zum Imperialismus* aufzudecken. Aus diesen Kämpfen erwächst die Frage von dem *Reifegrad der kapitalistischen Gesellschaft*, (...). Die Angriffe *Cunows*, die Vertuschungsversuche *Kautskys*, die Charlatanerie des neuen Schildknappen der Sozialimperialisten *Lensch*, alles das erfordert klare Antworten[9]."

Der Artikel zeigte klar auf, daß, wenn es nicht gelänge nachzuweisen, daß der Sozialismus eine in der Gegenwart realisierbare Aufgabe sei, daß dann die ganze bisherige politische Arbeit gegen den Krieg ihren Inhalt verlöre.

---

[8] August Winnig: Im Strome der Geschichte, in: ‚Volksstimme' Frankfurt, Nr. 87, 17. April 1915.
Am gleichen Tag, an dem August Winnigs Beitrag in der ‚Volksstimme' erschien, begann auch im ‚Grundstein', dem Organ des von Winnig mitgeführten Bauarbeiterverbandes eine dreiteilige Artikelserie mit dem Titel ‚Der Zusammenbruch der Illusionen', deren zweiter und dritter Teil eine ausführliche und positive Würdigung des Cunowschen Buches war.
‚Der Grundstein', Nr. 16, 17. April 1915,
　　　　　　　　Nr. 17, 24. April 1915,
　　　　　　　　Nr. 18, 1. Mai 1915.
[9] ‚Berner Tagwacht', Nr. 91, 21. April 1915.

Paul Lensch blieb es vorbehalten, aus der neuen Theorie von der Unabwendbarkeit des Imperialismus auch die positiven Aufgaben für die SPD zu folgern, und nicht mehr nur aus ihr die Negation bisher üblicher sozialdemokratischer Strategien zu schließen. Dabei wird erkennbar, daß seine Haltung in der Tat eine gewisse Konsequenz zu der von 1912 aufweist. Wenn er damals die Unsinnigkeit von Abrüstungsforderungen behauptet hatte, so proklamierte er nun geradezu die stetige Militarisierung als dem Interesse des Sozialismus dienend. Wenn er 1912 dargelegt hatte, daß der Imperialismus die materiellen Bedingungen für den Sozialismus schaffe, so zog er nun, im Kriege gleichsam den Schluß, daß man den Imperialismus unterstützen müsse, um den Sozialismus vorzubereiten, überspitzt: daß man den Kapitalismus fördern müsse, um ihn zu überwinden.

Konrad Haenisch, selbst kein solch origineller Denker, schloß sich der von Cunow entwickelten Auffassung vom Imperialismus vollinhaltlich an. In einer Besprechung[10] von Cunows Buch begrüßt er ausdrücklich dieses neue Verständnis, um dann nochmals für Cunow und Lensch und damit auch für sich die Distanz zum Revisionismus zu behaupten:

„Auch Cunows neueste Arbeit ist ganz vom Geiste der marxistischen Methode beherrscht. Sie gleicht darin durchaus der Schrift von Paul Lensch ‚Die deutsche Sozialdemokratie und der Weltkrieg‘, zu der sie eine sehr glückliche und notwendige Ergänzung bildet[10]."

Daß diese Imperialismustheorie für die zur Zusammenarbeit mit Staat und Unternehmern bereite Partei- und Gewerkschaftsführung in ähnlicher Weise nützlich war wie die des Kriegssozialismus, ist evident. Daß sie dennoch nicht gleichermaßen benützt wurde, lag wohl zum einen an ihrer größeren Kompliziertheit, zum anderen aber auch daran, daß sie in ihrer von Lensch proklamierten radikalen Konsequenz politische Standpunkte ermöglichte, die über das vom Parteivorstand Erwünschte beträchtlich hinausgingen.

Die Cunowsche Imperialismustheorie ist ein ausnehmend gutes Beispiel dafür, wie geschickt es die Gruppe verstand, mit einer im Ansatz marxistischen Methode und vor allem mit marxistischer Phraseologie den Nachweis von der Notwendigkeit reformistischer Politik zu führen, und es bedurfte in der Tat gründlicher Kenntnisse des Marxismus, um die Fehler dieser Deduktion zu erkennen und nachzuweisen. Die Verbindung der Theorie mit dem vor dem Kriege von Lensch vertretenen radikalen Standpunkt war durchaus sichtbar: es war die Ablehnung der alten revisionistisch-parlamentarischen Taktiken, welche der theoretischen Position von 1911/12 innegewohnt hatten, und die auch 1915

---

[10] Konrad Haenisch: Partei-Zusammenbruch?, in: Teil I, ‚Arbeiter-Zeitung‘ Dortmund, Nr. 72, 26. 3. 1915. Teil II, Nr. 73, 27. 3. 1915.

noch den Kern marxistischer Wahrheit in den weiterentwickelten und gewandelten Anschauungen darstellten. Die rücksichtslose, von der Anerkennung der bestehenden Tatsachen ausgehende Analyse des Imperialismus als grundlegendem Hindernis für den Sozialismus implizierte nach wie vor eine Ablehnung von Forderungen nach Abrüstungsvereinbarungen, internationalem Schiedswesen und demokratischer Transparenz der Diplomatie als Mittel zur Befriedung des Imperialismus, Mittel, wie sie von den Altrevisionisten in der MSPD bis hinein in die USPD gefordert wurden zur Beseitigung der Kriegsgefahr in der Zukunft. Wirklich dauernder Friede sei nur durch den Sozialismus zu erreichen, und als Lensch 1911 als leitender Redakteur der ‚Leipziger Volkszeitung' gegen einen parlamentarischen Antrag der SPD zugunsten einer internationalen Verständigung und Beschränkung der Rüstung protestiert hatte, hatte er dies auch damit begründet, daß solche letzten Endes erfolglos bleiben müssende Verschleierungs- und Vermittlungstaktiken nur der Stabilisierung des Kapitalismus dienten und den Sieg des Sozialismus hinausschöben. In der 1915 von Cunow, Lensch und Haenisch vertretenen Imperialismustheorie erfuhr dieser Gedanke eine radikale Überspitzung in der Art, daß man nicht nur den Kapitalismus nicht durch falsche Taktiken stützen und damit dessen Ende hinausschieben dürfe, sondern daß man geradezu die Entwicklungsbedingungen und Tendenzen des Kapitalismus, im konkreten Falle den Imperialismus, zu unterstützen habe, da man damit dem Sozialismus nütze und zu dessen baldiger Erreichung beitrage. Wenn auch solcher Haltung eine sehr mechanistische Auffassung von der Abfolge der ökonomischen Epochen zugrundelag, so muß den Lensch, Cunow und Haenisch gerade am Beispiel ihres Imperialismusverständnisses eine schonungslose Analyse sowohl der ökonomischen Entwicklung wie auch der überholten sozialdemokratischen Taktiken attestiert werden, die im Ansatz mit der der radikalen Linken vergleichbar war[11].

Der Weltkrieg — die Weltrevolution

Die entscheidende Frage für alle Gruppen der deutschen Sozialdemokratie war die Stellung zum Weltkriege. In der Beantwortung dieser Grundfrage lag die Basis für die gesamte Politik während des Weltkrieges; die Stellung zum Krieg entschied auch über die Stellung zum Burgfrieden, zur Zusammenarbeit mit der Regierung, zur Haltung gegenüber den feindlichen Staaten, zum Problem der Annexionen, zur

---

[11] Diese Illusionslosigkeit gestand die Linke der Gruppe auch zu; so heißt es in einem Artikel der linksradikalen Bremer ‚Arbeiterpolitik', Nr. 2, 13. Januar 1917:
„Der Sozialimperialist Cunow, der mit scharfen Augen feststellt, was ist, der das, was ist, ohne Illusion zu sehen sucht (hier berührt sich der Linksradikalismus nur mit dem Sozialimperialismus) (...(."

Kriegspolitik überhaupt. Die Einschätzung des Weltkrieges mußte für die SPD bzw. die je verschiedenen Gruppen zur Überpüfung bisheriger sozialdemokratischer Theorie und Praxis überhaupt führen, zu ihrer Bestätigung oder Neubestimmung. Die Einschätzung des Krieges stellte den Punkt dar, an dem sich die Geister schieden. Die durch die Fraktionsdisziplin erzwungene Einheitlichkeit der sozialdemokratischen Abstimmung am 4. August 1914 konnte die tatsächlich vorhandenen Gegensätze nicht lange verbergen. Die Auffassung einer Teilung der ehemals auf ihre Einigkeit so stolzen SPD in drei Hauptgruppen ist zwar nur ein grober Raster, welcher den tatsächlichen Differenzierungen nur unzureichend gerecht wird, seine Gültigkeit besitzt er jedoch insofern, als die drei Richtungen MSPD - USPD - Linksradikale (vor allem die Spartakusgruppe sowie die Bremer und Hamburger linken Internationalisten) auch drei unterschiedliche Einschätzungen des Krieges wiedergeben: für die MSPD war der Krieg der Verteidigungskrieg eines von allen Seiten überfallenen deutschen Volkes — für die USPD ein Angriffskrieg des Deutschen Reiches, oder aber zumindest ein Verteidigungskrieg, der zum Angriffskrieg geworden war — für die Linken ein imperialistischer Krieg, dessen Ursache der Imperialismus aller kriegführenden Staaten war. Anzumerken ist, daß die Grenzen zwischen den Auffassungen insbesondere in der USPD, aber auch auf dem linken Flügel der MSPD um den Reichstagsabgeordneten Hoch/Hanau fließend waren.

Eine von den hier knapp skizzierten Einschätzungen unterschiedliche Bestimmung des Weltkrieges entwickelten die ehemals Radikalen Lensch, Cunow und Haenisch. Der Weltkrieg ist ihnen die Weltrevolution, und zwar nicht irgendeine, sondern die sozialistische Weltrevolution. Diese These war das Produkt von vor allem von Lensch angestellten theoretischen Überlegungen, deren Ergebnis eine Gesamtdeutung des Krieges war, welche zum Kernstück der neuen sozialdemokratischen Ideologie der Gruppe wurde, und in die auch Entwürfe wie die Ansicht vom Kriegssozialismus und die gewandelte Imperialismustheorie miteingingen.

In der Rechtfertigung ihres Positionswechsels von der Ablehnung der Kriegskredite zu deren Befürwortung haben Lensch und Cunow im Jahre 1916 beide die Rolle Englands in diesem Kriege als für ihre Entscheidung ausschlaggebend angeführt[12]. Wenn auch diese Begründung die Ergebnisse des theoretischen Prozesses miteinbezog, der erst eine Folge eben jenes Positionswechsels war, so klingt hier doch ein Moment an, das — zumindest bei Lensch nachweisbar — recht bald einen bedeutenden Stellenwert in der Rechtfertigung der neuen politischen Haltung einnahm.

---

[12] Siehe Anmerkung 12, S. 25 und Anmerkung 3, S. 27.

Das eigentliche Fiasko, das der Kriegsbeginn für die revolutionären Sozialdemokraten brachte, war das Versagen der Internationale. Wenn auch Paul Lensch schon vor dem Kriege durchaus skeptisch eingestellt war gegenüber den Bemühungen der Internationale und der ihr angeschlossenen Parteien, einen Krieg zu verhindern — Lensch hatte zu denen gehört, die für energischere Maßnahmen eingetreten waren als bloße Resolutionen und Antikriegsdemonstrationen — so war doch das Ausbleiben nicht nur jeder internationalen Aktion gegen den begonnenen Krieg, sondern das Einschwenken gar der meisten sozialistischen Parteien der kriegführenden Länder auf die Unterstützung ihrer Regierungen — neben Deutschland auch in Frankreich, England, Belgien und zum Teil in Rußland — für ihn wie für alleLinken ein derart bestürzender Vorgang, daß es ein kritisches Überdenken und In-Frage-Stellen der eigenen jahrzehntelang betriebenen Politik notwendig machte. Die vielbeschworene internationale Solidarität war zerbrochen unter den heftigsten Vorwürfen; die Bruderparteien schoben den jeweils anderen Ländern gegenseitig die Schuld am Kriege zu. Lensch ging nun daran, den Grund für das Versagen der Parteien zu suchen, und suchte ihn, wie er betonte, als Marxist, als der er sich stets noch verstand, nicht im Versagen einzelner Personen, sondern in der Stärke bzw. Schwäche der Parteien, und diese wiederum bemühte er aus den ökonomischen Verhältnissen der jeweiligen Länder zu erklären. Auf dem Parteitag zu Chemnitz 1912 hatte er, wie schon erwähnt, in einer Rede den Standpunkt der radikalen Antiimperialisten vertreten und war dabei auch auf den deutsch-englischen Gegensatz eingegangen; in seinen Ausführungen zitierte er dazu die folgenden Worte aus einem Aufsatz, den Friedrich Engels in der ‚Neuen Zeit' 1885[13] veröffentlicht hatte[14]:

„Solange Englands Industriemonopol dauerte, hat die englische Arbeiterklasse bis zu einem gewissen Grade teil genommen an den Vorteilen dieses Monopols. Diese Vorteile wurden sehr ungleich unter sie verteilt; die privilegierte Minderheit sackte den größten Teil ein, aber selbst die große Masse hatte dann und wann vorübergehend ihr Teil. Und das ist der Grund, weshalb seit dem Aussterben des Owenismus es in England keinen Sozialismus gegeben hat. Mit dem Zusammenbruch des Monopols wird die englische Arbeiterklasse diese bevorrechtete Stellung verlieren. Sie wird sich allgemein — die bevorrechtete und leitende Minderheit nicht ausgeschlossen — auf das gleiche Niveau gebracht sehen, wie die Arbeiter des Auslandes."

---

[13] Siehe die Angaben Karl Kautskys in seinem Artikel: von Radek zu Bethmann, ‚Die Neue Zeit', Nr. 16, 21. Juli 1916, Anmerkung 2, S. 475.
[14] Protokoll über die Verhandlungen des Parteitages der Sozialdemokratischen Partei Deutschlands, Chemnitz, 15. bis 21. September 1912, S. 27.

An diesen Gedanken von Engels und an seine Ausführungen von 1912 knüpfte Lensch nun zwei Jahre später wieder an; sie schienen ihm der Schlüssel für das Verständnis der Vorgänge bei Kriegsausbruch zu sein. In einem noch im Dezember 1914 in der ‚Schwäbischen Tagwacht' erschienenen Artikel mit der Überschrift ‚Gegen die englische Weltherrschaft' legte er der Parteiöffentlichkeit seine Gedanken dar, wobei diese allerdings noch nicht wesentlich über das 1912 in Chemnitz Geäußerte hinausgingen[15]: Die englische Weltmachtstellung, die mittels ihrer Extraprofite in der Lage gewesen war, die englische Arbeiterschaft zu korrumpieren, habe sich durch die deutsche Flottenpolitik in ihrer Seeherrschaft und damit in ihrer Weltherrschaft bedroht gesehen und deshalb, als ihre Abrüstungsvorschläge über eine Begrenzung des Flottenbaus von der deutschen Bourgeoisie abgelehnt worden waren, sich in den Krieg gestürzt, um diese ihre Weltstellung zu retten. Der Sieg Englands in diesem Krieg bedeute deshalb die Verlängerung eben des Zustandes, in dem die englische Arbeiterbewegung statt einer Klassenkampforganisation eine Truppe des englischen Kapitals darstelle; ein deutscher Sieg aber sei der Sieg des Stammlandes des Sozialismus, des Landes, in dem der Sozialismus am weitesten in der Arbeiterschaft Fuß gefaßt habe, wie die Stärke der deutschen Arbeiterorganisationen beweise. Überdies, so behauptete Lensch, würde sich an die Stelle der englischen Bourgeoisie, wenn sie einmal geschlagen sei, keine andere mehr als Weltherrscherin setzen können.

In nuce enthält dieser Artikel bereits die Gedankengänge, die im weiteren noch genauer dargelegt, exemplifiziert und ausgewiesen werden.

In der im ‚Vorwärts'-Verlag herausgegebenen Reihe ‚Mächte des Weltkrieges' erschien 1915 auch eine Broschüre zu England, deren Verfasser Paul Lensch war[16]. Darin konnte er seine Überlegungen zur Rolle Englands ausführlich explizieren, wobei es ihm vor allem darauf ankam, die in der deutschen Sozialdemokratie vorherrschende „englische Legende"[17] zu zerstören und an ihre Stelle das wirklichkeitsgetreue Bild Englands zu setzen. Die ‚englische Legende', das war für Lensch der insbesondere auf die Erfahrungen und den Einfluß Wilhelm Liebknechts zurückzuführende Glaube der deutschen Arbeiterschaft an den sozialen und demokratischen Staat England, eine ‚Legende', welche eine nüchterne und realitätsbezogene Erfassung der politischen Verhältnisse Europas und der Welt unmöglich mache, und damit auch ein

---

[15] ‚Schwäbische Tagwacht', Nr. 296, 19. 12. 1914.
[16] Paul Lensch: Das englische Weltreich, Heft 5 der Reihe: Mächte des Weltkriegs, Berlin 1915.
[17] Diesen Titel trug auch ein pseudonymer Artikel in der ‚Glocke', Heft 16, 25. 11. 1916.

Erkennen der Ursachen des Weltkrieges. Deshalb breitete Lensch in seiner Schrift die historische Entwicklung Englands bis zur Gegenwart aus, wobei er die seiner Ansicht nach für die Stellung Englands entscheidenden Merkmale herausarbeitete.

Die in England zum Puritanertum entwickelte calvinistische Religion sei die frühkapitalistische Ideologie gewesen, welche mit ihrem Praedestinationsdogma dem englischen Bürgertum sowohl stete Aufforderung zum Handeln als auch die Rechtfertigung der Erfolge ihrer kapitalistischen Politik geliefert habe. Für Lensch war dies einer der wesentlichsten Gründe für die überaus frühe Herausbildung der kapitalistischen Wirtschaftsform in England, die wiederum ein expansives Streben nach außerenglischen Märkten als Absatzgebiete zur Folge hatte. Die Navigationsakte von 1651 markiere den Beginn des Aufstiegs Englands zur Seemacht, die seit dem Sieg über Napoleon endgültig weltbeherrschenden Charakter angenommen habe. Der Reichtum Englands habe seine Fundamente in der kolonialen Ausdehnung des Landes zu Zeiten, als sein aggressiver Imperialismus noch durch keine Konkurrenz gehindert worden war. Der Vorsprung der Industrialisierung hatte dem Land auch in der Seeherrschaft eine Vorzugsstellung verliehen, die es in einer Weise ausgenützt hatte, daß seine Macht zur See im 19. Jahrhundert eine unbestrittene geworden war. Diesen Umstand besonders hervorzuheben hielt Lensch in seiner Argumentation für wesentlich, und er formulierte besonders drastisch:

„Die Zeit zog herauf, wo Englands Seeherrschaft als etwas von der Natur Gebotenes, Gottgewolltes angesehen wurde[18]."

Die Einführung des Freihandels durch England mit dem Ziel, diesen als ein für alle Staaten geltendes ökonomisches Prinzip durchzusetzen, sah Lensch nur als Trick der englischen Bourgeoisie an, ihre Weltherrschaft auf unblutige Weise zu verewigen, in welcher alle Länder ihre industriellen Waren von England beziehen würden, selbst aber nur Agrarprodukte und Rohstoffe zu liefern hätten. In gewissem Grade sei ihr dies, so Lensch, insbesondere zwischen 1850 und 1870, auch gelungen. Auf Grund des riesigen Kolonialbesitzes und des einzigartigen Kapitalreichtums und der daraus fließenden Erträge konnte sich der englische Imperialismus es leisten, seit dem ausgehenden 19. Jahrhundert einen zunehmend defensiven Charakter anzunehmen. Mehr noch, der englische Staat wurde von einem arbeitenden Staat zum Rentnerstaat, der nur noch die Früchte einer Stellung genieße, die er sich in Jahrhunderten des Krieges, des Raubs und der Ausbeutung erworben habe.

---

[18] Paul Lensch: Das englische Weltreich, S. 19 (Hervorhebung im Original).

78 Die entwickelte Theorie und das Selbstbewußtsein der Gruppe

Nach dieser sehr pointierten Darlegung der Fundamente des englischen Staates, wie er sich der Sozialdemokratie bot, ging Lensch daran, in einer Analyse von Presserecht, Justiz, politischen und bürgerlichen Freiheitsrechten die Vorstellung von einer besonders fortschrittlichen englischen Demokratie zu zerschlagen. Zwar anerkannte er die Reformpolitik der englischen Liberalen, ohne dabei, wie Bernstein und die Revisionisten, deren Außenpolitik für eine von den Konservativen prinzipiell verschiedene zu halten, doch zeigte er besonders an Hand des Wahlrechts auf, daß die demokratischen Einrichtungen des Deutschen Reiches, wo immerhin 84 % aller mündigen Männer im Gegensatz zu den 63 % in England aktiv und passiv wahlberechtigt waren, in einem Vergleich so schlecht nicht abschnitten.

Ausgehend von der sozialdemokratischen Forderung nach einer Demokratisierung des Militärwesens durch die allgemeine Miliz nahm Lensch die Heeresverfassung als Indikator für die Ausrichtung der englischen Gesellschaftsstruktur. Dabei verknüpfte er geschickt die unbestrittene Tatsache, daß zwischen dem Militärwesen und der Struktur eines Staatsgebildes ein Zusammenhang besteht, mit der Milizforderung der SPD als der demokratischen Konsequenz der allgemeinen Wehrpflicht, um so seinen Schluß annehmbar zu machen, daß der rückständigen Heeresverfassung Großbritanniens auch eine rückständige Gesellschaftsverfassung entsprechen müsse. Während Lensch diesen Schluß in der genannten Broschüre über England noch nicht zog, scheute er dies in einem Artikel im Herbst 1915, dem ersten, den er für die ‚Glocke' verfaßt hatte, nicht mehr, sondern schrieb England die älteste und unmodernste europäische Sozialverfassung zu[19]. In Großbritannien gab es keine allgemeine Wehrpflicht, sondern nur ein stehendes Berufsheer, und diesen Umstand gab Lensch als Beleg für die englische Rückständigkeit aus, ohne indessen den behaupteten Kausalzusammenhang näher erläutert zu haben.

Der genannte Artikel in der ‚Glocke' brachte auch die Insellage Englands als eine weitere Ursache für seine wenig fortschrittliche Haltung: diese habe bewirkt, daß all die revolutionären Ereignisse, die den Kontinent erschütterten, an England nahezu spurlos vorübergegangen seien und bei weitem nicht die Konsequenzen für das Bewußtsein seiner Bewohner gehabt hätten, wie dies in den übrigen europäischen Staaten der Fall gewesen sei:

„So verfiel England der Erstarrung, *es wurde das geistige China Europas*[20]."

---

[19] Paul Lensch: Im englischen Krähwinkel, in: ‚Die Glocke', Heft 4, 15. Oktober 1915.
[20] Paul Lensch: S. 188 (Hervorhebung im Original).

Lenschs Argumentation ging hier bereits einen Schritt weiter, nicht nur wirtschaftlich, auch geistig erklärte er Großbritannien nun zum Rentnerstaat.

In einem Aufsatz über die Ursachen des Weltkrieges im Mai 1915[21] ließ Konrad Haenisch erkennen, daß er die Einschätzung Lenschs von der politischen Rolle Englands in Europa und der Welt übernommen hatte und mitvertrat. Für die weltbeherrschende Stellung Englands und seine Versuche, diese Stellung auszubauen und zu halten, brachte er als zusätzlichen Beleg ein Zitat von Karl Marx, das England als den Despoten des Weltmarktes apostrophierte[22], ohne dabei jedoch die historische Situation jenes Satzes miteinzubeziehen. Im übrigen blieb seine Argumentation im wesentlichen ein Nachvollziehen der Lenschschen.

Wiewohl der Versuch, die ‚Englandlegende' der SPD zu zerstören schnellen Erfolg nicht zeitigte — noch im Mai 1917 reagierte Paul Lensch äußerst heftig auf das Englandbild der sozialdemokratischen Presse[23] — war dies für Lensch kein Grund, von seinem Ansatz einer ‚marxistischen' Interpretation des Weltkrieges abzugehen. In der bereits genannten Broschüre ‚Die deutsche Sozialdemokratie und der Weltkrieg' sowie in zwei theoretischen Artikeln im ‚Hamburger Echo' und in der ‚Glocke'[24] ging er in seinem Denken von dem einmal erreichten Standpunkt nicht mehr ab, sondern entwickelte ihn konsequent weiter. Nachdem er aufgezeigt hatte, daß das bewunderte England, sein Reichtum, seine Liberalität, seine Freiheiten nur gedeihen hatten können auf dem Boden der englischen Weltherrschaft, nachdem er deren Entwicklung beschrieben hatte, ging er nun daran, die Erschütterung dieser Stellung durch das Aufkommen der kapitalistischen Konkurrenten darzulegen.

Nach der Niederlage Napoleons 1815 gab es für Großbritannien keinen Rivalen mehr im Streben nach der Weltherrschaft, es konnte Europa sich selbst überlassen, und in den zwanzig Jahren nach 1850 gelang es ihm, wie Lensch anführte, der Rolle eines Industrieproduzenten für die gesamte Welt ein gutes Teil näher zu kommen. Das Ende dieses Industriemonopols wurde eingeleitet durch die deutsche Reichsgründung; auch wenn die von Bismarck mit den preußischen Waffen

---

[21] Konrad Haenisch: Von den Quellen des Weltkrieges, in: ‚Internationale Korrespondenz', Nr. 9, 28. Mai 1915.

[22] Konrad Haenisch, S. 66.

[23] „Die Haltung der deutschen Parteipresse England gegenüber ist in diesem Kriege denn auch von einem zuweilen beschämenden Mangel an Würde gekennzeichnet." Paul Lensch: Der englische Staat und der deutsche Staat, in: ‚Die Glocke', Heft 5, 5. Mai 1917, S. 171.

[24] Paul Lensch: Der Zusammenbruch des alten England, in: ‚Hamburger Echo', Nr. 136, 13. Juni 1915.
Paul Lensch: Im englischen Krähwinkel.

erzwungene Einigung nicht von der Art war, für welche die deutsche Arbeiterbewegung gekämpft hatte, so wurde der in ihr liegende historische Fortschritt, wie Lensch betonte, von der Sozialdemokratie doch stets anerkannt.

Mit der Reichsgründung begann der Aufstieg des zu spät gekommenen, aber eben deshalb noch jungen deutschen Kapitalismus, der langsam aber unaufhaltbar zum Konkurrenten englischer Weltgröße wurde. Drei Kriterien sind es, die Lensch als ausschlaggebend erkannte für die Dynamik der deutschen Wirtschaft, drei maßgebliche Errungenschaften, deren Nichtexistenz in England dessen langsamen Niedergang zum Rentner erklärten: die allgemeine Schulpflicht, die allgemeine Wehrpflicht, das allgemeine Wahlrecht.

Die allgemeine Schulpflicht sei nicht nur die Grundlage und Voraussetzung der Entstehung einer allgemeinen, nationalen Kulturgemeinschaft gewesen, sondern habe durch die Schaffung einer das ganze Volk umfassenden Grundbildung zu einer wesentlichen Förderung der neuen Produktionsweise geführt.

Die Bedeutung der allgemeinen Wehrpflicht hatte Lensch bereits bei seiner Englandanalyse dargelegt; ohne den Zusammenhang genau zu explizieren, galt sie ihm doch als Maßstab für die Fortschrittlichkeit der sozialen und staatlichen Verfassung eines Landes. Bedeutsam für die Entwicklung des Kapitalismus sei die allgemeine Wehrpflicht insofern, als sie die ländliche Bevölkerung dem engen Bereich des Dorflebens entreiße und mit dem städtischen Leben auch dessen Bedingungen unterwerfe und damit beitrage, den Unterschied zwischen Stadt und Land geringer zu machen.

Wie die Schulpflicht das Kind erfasse, die Wehrpflicht den Heranwachsenden, so erbringe das allgemeine Wahlrecht die Einbeziehung des Mannes in das politische Leben; der Kampf der Parteien um jede einzelne Stimme unterwarf jeden Wähler der politischen Beeinflussung durch die verschiedenen Parteien, durch die unterschiedlichsten Interessenverbände, und in eben der gemeinsam empfundenen Beeinflussung entstand nicht nur trotz, sondern eben wegen ihrer Verschiedenheit ein gemeinsames Empfinden der alle verbindenden nationalen Kultur.

In der letztgenannten These, in die von Lensch schon Momente eines Pluralismus aufgenommen worden waren, wird auch der Versuch einer Versöhnung von nationalen und sozialistischen Gedanken sichtbar, wie er, stärker schon, in Konrad Haenischs Brief an Radek, formuliert worden war.

Die drei genannten und für Deutschland spezifischen Merkmale wurden von Lensch nicht in einen unmittelbaren Zusammenhang mit dem von ihm so häufig angeführten rapiden wirtschaftlichen Aufstieg des deutschen Reiches gebracht; seine Argumentation führte über die Folgerung einer einheitlichen nationalen, alle Glieder des Volkes — wenn auch nicht gleichmäßig — umfassenden Kulturgemeinschaft als Konsequenz wesentlich jener drei Elemente zum mittelbar durch sie bedingten Ergebnis des Aufstiegs des deutschen Kapitalismus.

Das von der SPD bis 1914 heftigst kritisierte Erziehungssystem des Kaiserreichs, der vor allem im Parlament geführte Kampf gegen die brutalen Zuchtmethoden im Heer und der antimilitaristische Kampf der Sozialdemokratie überhaupt, der in dem Schlachtruf: ‚Diesem System keinen Mann und keinen Groschen' sein entschiedenes Motto gefunden hatte, all das hatte für Lensch nicht das notwendige Gewicht, um der Begründung seiner Theorie zu widersprechen. Zwar verleugnete er diese Mängel nicht, aber es waren eben nur Mängel, die den Aufstieg Deutschlands ebensowenig hatten verhindern können wie den damit zusammenhängenden Aufstieg des deutschen Proletariats zu einer Leistungsfähigkeit, welche, so Lensch, die der Arbeiterbewegungen des Auslands bei weitem übertraf.

Die wirtschaftliche Entwicklung des Deutschen Reiches und die damit entstandene Konkurrenz zu England hatte den deutsch-englischen Gegensatz zum entscheidenden Problem der politischen Auseinandersetzung in Europa gemacht. Während der Großteil der deutschen Soizaldemokratie, so sie überhaupt ein außenpolitisches Konzept entwickelte, noch stets einen Gegensatz zwischen den reaktionären Monarchien Rußlands, Preußens und Österreich-Ungarns auf der einen, und den westlichen Demokratien England und Frankreich auf der anderen Seite ansetzte, hatte Paul Lensch schon als Redakteur der ‚Leipziger Volkszeitung' gegen jenes alte Schema angekämpft und sich bemüht, eben jenen nach seiner Ansicht bedeutsamen Gegensatz zu England in das Bewußtsein seiner Partei zu rücken. So hatte er auch, seinem marxistischen Denkansatz konsequent, den Beginn der deutschen Flottenpolitik nicht als Ausdruck einer besonderen Dreistigkeit und militaristischen Großmannssucht einzelner Personen aufgefaßt, sondern darzulegen gesucht, daß diese ebenso eine zwangsläufige innere Notwendigkeit des nach Expansion strebenden deutschen Kapitalismus sei wie die militärische Aufrüstung überhaupt, und auch nur in diesem Rahmen zu bekämpfen[25].

---

[25] „Das entscheidende Moment ist aber der Umstand, daß England mit seiner Politik alle weltpolitischen Bestrebungen Deutschlands zu durchkreuzen, die deutsche Bourgeoisie zur Herstellung einer Flotte veranlaßt, die ihr die Möglichkeit geben könne, ihre Politik auch gegen England durchzusetzen."
‚Leipziger Volkszeitung', Nr. 68, 24. 3. 1909, zitiert in: Hans Herzfeld: Paul Lensch, Archiv für Politik und Geschichte, Bd. 9, Heft 10, 1927, S. 282.

Mit der Herausarbeitung des englisch-deutschen Gegensatzes auf Grund der Analyse der ökonomischen Entwicklung beider Staaten befand sich Lensch also durchaus noch auf der Ebene seiner radikalen linken Position von vor 1914, und die Erklärung, daß dieser Gegensatz der Hauptgrund des Krieges sei, war nur die konsequente Schlußfolgerung. Während aber diese Folgerung für den linken Flügel Selbstverständlichkeit, und dem Charakter des imperialistischen Krieges keinen insoweit besonderen Zug gab, als daß sich an den Aufgaben des Kampfes gegen diesen Krieg etwas geändert hätte, wurde diese Erkenntnis für Lensch zum Ausgangspunkt eines Verständnisses dieses Krieges, das ihn zu einem seiner entschiedensten Befürworter machte.

Die Mehrheit der SPD, ihre Führung, war in diesen Krieg unter der Parole des Kampfes gegen das zaristische Rußland gegangen; anknüpfend an eine alte sozialdemokratische Tradition des Antizarismus konnte dieser Krieg den Massen der Parteimitglieder und Anhänger auf diese Weise am besten verkauft werden, wobei es in diesem Zusammenhang irrelevant ist, ob von denen, die diese Phrase gebrauchten, ihr selbst Glauben geschenkt wurde. Zur Mehrheit derer, die also den Krieg als einen Verteidigungskrieg gegen Rußland und eben seine Verbündeten unterstützten, gesellten sich nun Lensch, Cunow und Haenisch zwar gleichfalls als Befürworter des Krieges, jedoch mit gänzlich unterschiedlicher Begründung. Nicht Rußland habe diesen vom Zaune gebrochen, sondern England; nachdem das aufstrebende Deutsche Reich — neben den Vereinigten Staaten von Amerika — in mehr und mehr Bereichen Englands Stellung als führende kapitalistische Macht eingenommen hatte, wurde diesem die Konkurrenz Deutschlands spätestens dann nicht mehr nur lästig, sondern bedrohend, als der deutsche Kapitalismus mit der intensiven Flottenrüstung eine neue Ebene der Expansion begann; — die USA begnügten sich noch weitgehend mit der wirtschaftlichen Eroberung ihrer eigenen Gebiete.

Die Abrüstungsangebote Großbritanniens hatte Lensch stets schon eingeschätzt als die Versuche der britischen Weltmacht, diese ihre führende Position auf dem Wege von Vereinbarungen festzuschreiben und zu bewahren. Diese Einschätzung behielt Lensch auch nun, 1915, bei der Erklärung der Kriegsursache bei; für die deutschen Kapitalisten hätte eine solche Abrüstungsvereinbarung eine Beschränkung bedeutet, und es war von ihrem eigenen Interesse aus nur folgerichtig, daß sie ablehnten. Da somit England seine Vormacht mehr und mehr entglitt, da dieser relative Niedergang — ein absoluter war es nicht — England, so Lensch, den Tag fürchten lassen mußte, an dem es nurmehr Gleicher unter Gleichen war, nützte es diesen Krieg, um durch die Vernichtung seines schärfsten Widersachers seine bedrohte Stellung zu retten. Während Lensch 1915 in ‚Die deutsche Sozialdemokratie und der Weltkrieg' noch meinte, daß England diesen Krieg nicht gewollt habe, und ihn nur, als er ausgebrochen, für seine Pläne gebrauchte, verschärfte er ein Jahr später in ‚Die deutsche Sozialdemokratie, ihr Ende und ihr Glück' die Anklage gegen England: es habe diesen Krieg nicht nur genützt, sondern ihn auch bewußt begonnen. Diese Zuspitzung der Schuldzuteilung war wohl ein Ergebnis des mangelnden Echos, welches diese These innerhalb der MSPD gefunden hatte; von Bedeutung für die gesamte Theorie war sie nicht, da für Lensch ebenso wie für Cunow und Haenisch die Frage der Kriegsursache die entscheidende war[26]. Der Charakter des Krieges, das Ziel, um das er geführt wurde, war also der Versuch Englands, durch die Niederwerfung des Rivalen Deutschland die eigene Weltmachtposition zu befestigen und vor dem sonst unaufhaltsamen Abstieg zu bewahren.

Die Stellung eines Marxisten zum Kriege kann nicht bestimmt sein durch Gefühle und Irrationalismen; auch der Versuch einer Scheidung von gerechtem und ungerechtem Kriege, wie noch August Bebel gemeint hatte, vorgehen zu können, war im Zeitalter des Imperialismus in einem solchen Krieg weder möglich noch sinnvoll. Ausschlaggebend war einzig die Frage: was nützt dem Proletariat? Wurden dabei die tatsächlichen Interessen des Proletariats ins Auge gefaßt, und nicht vorübergehende Vorteile der Arbeiterschaft eines einzelnen Landes, so konnte zwischen dem Nutzen für ein nationales und dem für das internationale Proletariat bei dieser Frage kein Widerspruch entstehen.

Um, nachdem er die Ursache des Krieges herausgearbeitet hatte, auch einen dem Fortschritt des Sozialismus dienenden Standpunkt einzunehmen, versuchte Paul Lensch, ausgehend von den bereits gewonnenen Erkenntnissen, zu entwickeln, wo die Interessen des Proletariats lagen. Diese Fragestellung wies ihn, im Gegensatz zu Konrad Haenisch, der zumindest zu Kriegsbeginn, sehr gefühlsgeleitet reagiert hatte, noch stets als den radikalen Marxisten aus, der er zu diesem Zeitpunkt doch bereits nicht mehr war. Sein Suchen nach einer Antwort führte ihn zurück zum 4. August, zum Zusammenbruch der Internationale: wenn die Ursache des Krieges der deutsch-englische Gegensatz war, wie war dann die Politik der organisierten Arbeiterschaft jener beiden Länder zu bewerten? Für Lensch mußte die besondere Rolle Englands auf dem Weltmarkt auch Auswirkungen auf die englische Arbeiterschaft haben, und die Widerspiegelung der Weltherrschaft in der sozialistischen Bewegung Englands galt es zu ermitteln.

---

[26] Auch im Dezember 1914 allerdings, in der ‚Schwäbischen Tagwacht', hatte Lensch England bereits der bewußten Kriegsvorbereitung beschuldigt: „Als sie (die englische Bourgeoisie — d. Verf.) hiermit selbstverständlich abgeblitzt war, entschloß sie sich zum Krieg (...)." Nr. 296, 19. 12. 1914.

Der frühe Sieg der kapitalistischen Produktionsweise hatte als Reflex das frühe Entstehen des englischen Proletariats gebracht, welches sich in seinen Trade Unions mächtige Organisationen für den Kampf um ökonomische Verbesserungen geschaffen hatte. Lensch knüpfte nun in seiner Analyse an die Feststellungen von Friedrich Engels an, wonach das englische Industriemonopol bewirkt habe, daß es seit Owen keinen Sozialismus mehr in England gäbe[27]. Engels' Äußerung aus dem Jahre 1885 nahm Lensch auf und führte sie weiter aus, wobei er ihre Gültigkeit auch für 1914 noch nachzuweisen suchte.

Die englische Bourgeoisie habe es sich auf Grund ihrer übergroßen Profite leisten können, den Forderungen der Arbeiter, welche ökonomische und keine politischen waren, in gewissem Maße nachzukommen und habe diese so an den Vorteilen der Weltherrschaft teilhaben lassen. Mehr noch, sie war klug genug, einen Teil ihrer Gewinne dazu zu benutzen, die kleine Schicht von Arbeiterführern in größerem Ausmaße als die Masse der Arbeiter an diesen Profiten zu beteiligen, sie damit gleichsam zu bestechen und zu Komplizen ihrer Herrschaft zu machen. Es entstand auf diese Weise eine Arbeiteraristokratie, welche nicht mehr den Standpunkt ihrer Klasse einnahm, sondern den ihrer objektiven Gegner, der Bourgeoisie. Der Sozialismus habe deshalb in England noch so gut wie gar nicht Fuß fassen können. Lensch formulierte dies recht pointiert:

„Von irgendwelchen sozialistischen Anwandlungen ist Englands Proletariat auch heute noch fast ganz frei[28]."

Indizien und Belege für seine These zu bringen, war für Lensch nicht schwer: Da war einmal die Tatsache, daß es in England eine ausgebildete Arbeiterpresse nicht gab, und Lensch erwähnte in seiner Beweisführung auch den gescheiterten Versuch der Arbeiterpartei, eine eigene, täglich erscheinende Zeitung herauszugeben. Der Einigkeit und Geschlossenheit der deutschen sozialistischen Gewerkschaften stellte er die Zersplitterung der englischen gegenüber, und das Verhältnis, daß von 32 internationalen Gewerkschaftssekretariaten nur zwei in England, aber 27 in Deutschland ihren Sitz hatten, war ihm nur ein Beweis für die kaum vorhandene internationale Solidarität unter den englischen Arbeitern. Die Unfähigkeit der britischen Sozialisten, die Interessen der Massen der Arbeiter zu vertreten und für die Ausweitung der Demokratie und den Sozialismus zu kämpfen, wurde deutlich — Lensch nannte diese Fakten bewußt gegen die positiv überzeichneten Vorstellungen bei der Parteimehrheit — bei der Ablehnung von Anträgen auf die Einführung des allgemeinen Wahl-

---
[27] Siehe Anmerkung 13, S. 75.
[28] Paul Lensch: Das englische Weltreich, S. 49.

rechts für die Männer 1882 und 1883 auf englischen Gewerkschaftskongressen ebenso wie bei der steten Befürwortung und Verteidigung des englischen Militärwesens, dessen tatsächliche Funktion sie nicht einzuschätzen vermochten. Der von ihm festgestellte Mangel an internationaler Solidarität galt ihm nur als ein Reflex der Dominanz des englischen Kapitals; die an den Sonderprofiten beteiligten Arbeiter hatten kein Interesse am Abbau dieser dominanten Position, da ein solcher auch den Abbau ihrer gegenüber dem Proletariat des Kontinents bevorzugten Stellung bedeutet hätte. Die Haltung der organisierten britischen Arbeiterschaft bei Kriegsausbruch bestätigte Lensch nur seine Theorie: Zwar hatte sich die Mehrheit der kleinen ‚British Socialist Party' gegen den Krieg gewandt, zwar hatte die ebenfalls nur kümmerliche ‚Independent Labour Party' einen pazifistischen Standpunkt eingenommen, doch die übergroße Mehrheit in der ‚Labour Party' war recht bald auf den Kriegskurs eingeschwenkt und hatte Henderson als Minister in das Kabinett entsandt. Wiewohl diese Einstellung sich von der der deutschen Sozialdemokratie nicht unterschied, wertete Lensch sie doch anders: während die SPD mit ihrer Politik bei Kriegsausbruch dem Sozialismus treu blieb — darauf wird noch zurückzukommen sein — war die Haltung des englischen Proletariats nur ein Beweis mehr dafür, daß es nicht für den Sozialismus kämpfte, sondern für seine nationalen Privilegien. Die Rechtfertigungsversuche der englischen Sozialisten waren für ihn bloß mehr Anlaß, sie zum Objekt seines literarischen Hohnes zu machen; spöttische Äußerungen wie die folgende wurden zur Regel:

„Während anderswo der Krieg die Köpfe erleuchtet, hat er sie in England erst recht umdüstert, und nun stehen die Arbeiterführer und Sozialdemokraten Englands wie in einem dunklen Zimmer, suchen tappend an den Wänden nach dem Ausgang und können ihn nimmer finden[29]."

Für Lensch war es erwiesen, daß nur eine Niederlage Englands und damit das Ende von dessen weltbeherrschender Stellung die Verknüpfung der Interessen der englischen Arbeiterschaft von denen der englischen Bourgeoisie lösen könne, und daß nur dann der wissenschaftliche Sozialismus im Proletariat Englands Eingang finden würde. Der wirtschaftliche Aufstieg Deutschlands und der damit verbundene Niedergang Großbritanniens hatten seit der Jahrhundertwende ihre Folgen bereits gezeigt und die friedliche Arbeiterbewegung Englands erschüttert und die soziale Unruhe lauter werden lassen. Der Streik der englischen Transportarbeiter von 1911 war von Lensch als Beleg für seine Ansicht verstanden worden und hatte mit beigetragen zu

---

[29] Paul Lensch: Im englischen Krähwinkel, S. 182.

seiner Erkenntnis, daß die Niederlage Englands im Weltkrieg im Interesse des Sozialismus in England und damit im Interesse des internationalen Sozialismus liege.

So wie die Lensch, Cunow und Haenisch zu einer Befürwortung des Imperialismus gelangten aus der Marxschen These heraus, daß der Sozialismus das Produkt des vollentwickelten Kapitalismus sein werde, so wurde dieser Satz für Lensch nun auch zu einer weiteren Begründung dafür, daß das internationale sozialistische Interesse die Niederlage Englands erheische. Ein Sieg Englands würde die weltbeherrschende Position dieses Rentnerstaates wieder befestigen und damit den Aufstieg der übrigen kapitalistischen Länder hemmen; eine Niederlage Englands hingegen würde jenen die Entwicklungsmöglichkeiten geben, die sie benötigten, damit die Bedingungen heranreiften, welche erst den Sozialismus ermöglichten. Aus diesem Grunde also verlangte das Fortschreiten der internationalen Arbeiterbewegung, verlangte das proletarische Interesse die Niederlage Englands. Um dieses Erfordernis noch deutlicher zu explizieren, betrachtete Lensch das Problem auch von der anderen Seite: Welche Folgen würde ein Sieg Englands bringen? Für England selbst brächte die Wiedererringung seiner industriellen Monopolstellung auch die erneute und engere Bindung der Arbeiterschaft an das Kapital durch Beteiligung an den Extraprofiten; statt zu einer klassenkämpferischen Organisation würde sein Proletariat zu einer Hilfstruppe der Bourgeoisie unter der Führung einer korrumpierten Arbeiteraristokratie. Während eine Niederlage Englands den internationalen Sieg des Sozialismus, den Sieg des Sozialismus also auch in Frankreich und Rußland, auf die Tagesordnung stellen würde, brächte ein Sieg Englands auch Frankreich und Rußland keine Vorteile. Es war für Lensch notwendig, zu belegen, daß auch diese beiden Länder keinen Gewinn von einem Sieg hätten, um seiner Theorie von der Notwendigkeit einer englischen Niederlage allgemeine Gültigkeit zu verleihen.

Zwar hielt Lensch eine Beschränkung des russischen Expansionsdranges für notwendig, doch wurde eine Aufteilung Rußlands in eine ganze Anzahl von Einzelstaaten von ihm keineswegs für gut befunden; als die Hauptstoßrichtung des Krieges galt ihm England, und mit Rußland hielt er durchaus eine Verständigung für denkbar.

Was Frankreich betraf, so ließ es sich in den Augen Lenschs ohnedies nur als englischer ‚Festlandsdegen' benützen, wobei England die französischen Revanchegelüste klug in seinem Sinne gebrauchte. Nach einem erfolgreichen Kriege würde es nur noch tiefer in die Abhängigkeit Englands geraten. Nach Lenschs Ansicht handelten weder Rußland noch Frankreich in diesem Kriege in ihrem eigenen wohlverstandenen Interesse, und in einem Kommentar zur Zurückweisung der Friedensrede Bethmann-Hollwegs vom 12. Dezember 1916 durch die Entente formulierte er explizit, daß die Ablehnung nur im englischen Interesse sei[30].

Am niederschmetterndsten jedoch wäre die Niederlage für Deutschland, und darüber hinaus wäre eine Niederlage Deutschlands eine Niederlage für den internationalen Sozialismus. Die deutsche sozialdemokratische Partei war in der Tat die stärkste und geachtetste der 2. Internationale, Karl Kautsky, der Lehrmeister der SPD, war der anerkannte Theoretiker des europäischen Sozialismus, die deutschen Gewerkschaften waren die geschlossensten, stärksten und finanzkräftigsten. Lensch führte dies alles auf, erwähnte die Größe der deutschen Parteipresse, sprach von den wachsenden Genossenschaften, von der tief verwurzelten internationalen Solidarität in der deutschen Arbeiterschaft, von deren gründlicher marxistischer Schulung, kurz: Deutschland sei nicht nur das Stammland, auch das Kernland des wissenschaftlichen Sozialismus. All dies würde vernichtet werden, wenn Deutschland unterliege — nicht irgendeine sozialistische Organisation, der Vorkämpfer des Sozialismus würde getroffen.

Lensch erwähnte bei dieser Argumentation nicht den Revisionismus, der große Teile vor allem der Führung der deutschen Arbeiterbewegung bereits ergriffen hatte, und gegen den er selbst, gegen den ein Haenisch und Cunow vor 1914 noch angekämpft hatten. Stattdessen sprach er von ihr als einer Bewegung des reinen, revolutionären Marxismus, um dann emphatisch warnen zu können:

„Eine Niederlage dieses Landes, seine Zerstückelung und wirtschaftliche Erdrosselung wäre die furchtbarste Katastrophe, die den gesamten internationalen Sozialismus treffen könnte[31]."

Mit der Nichtbeachtung des Revisionismus war solche Beweisführung ein leichtes; auch Konrad Haenisch hatte bereits so gefolgert: im zweiten seiner drei Aufsätze zum Thema ‚Krieg und Sozialdemokratie' vom Dezember 1914 hatte er gleichfalls die deutsche Sozialdemokratie zum Fundament der Internationale erklärt, ohne welches jene gar nicht bestehen würde[32]. Um der Rettung der Internationale folglich und um

---

[30] „Sie (Frankreich und Rußland — d. Verf.) könnten sich, rein vom Standpunkt ihrer materiellen Staatsnotwendigkeiten aus, sehr wohl mit einem Verständigungsfrieden einverstanden erklären. Wenn sie es nicht taten, so nur, weil sie unter der Diktatur Englands stehen." In: ‚Die Glocke', Heft 40, 30.12.1916, S. 483.
[31] Paul Lensch: Gegen die englische Weltherrschaft, in: ‚Schwäbische Tagwacht'.
[32] Konrad Haenisch: Krieg und Sozialdemokratie, Drei Aufsätze aus dem ‚Hamburger Echo', Hamburg 1915, S. 11 (Hervorhebung im Original): "(...) ohne die deutsche Arbeiterbewegung (...) würde die Internationale *überhaupt nicht existieren.*"

der Rettung des internationalen Sozialismus willen, müßte die deutsche Arbeiterschaft um den deutschen Sieg kämpfen.

Doch nicht nur für den internationalen Sozialismus würde eine Niederlage Deutschlands verhängnisvoll sein, auch für das deutsche Proletariat wäre sie ein Schlag, von dem es sich nur mühevoll wieder erholen könnte. Lensch warnte ebenso wie Haenisch vor den politischen Tendenzen, die in einem solchen Falle im besiegten Deutschen Reich Oberwasser bekämen, und Haenischs Warnung vor der Welle des Chauvinismus und der Revanche, die für Jahrzehnte alles überschwemmen würde und dem dann drohenden zweiten noch blutigeren Kriege, erhielt im nachhinein seine historische Bestätigung[33].

Neben diesem nationalistischen Druck, der aus einer Niederlage erwachsen würde, hielt Lensch auch die wirtschaftlichen Folgen einer solchen für derart bedrohlich, daß sie nach seiner Ansicht einen ungeheuren Rückschlag in der Entwicklung mit sich brächte, der auch die Arbeiterbewegung in Deutschland allein von der ökonomischen Grundlage her zurückwerfen würde. Was bei Lensch hier nur anklang, die aus marxistischem Ansatz hergeleitete und über diesen hinausgetriebene Schlußfolgerung, daß — da das Proletariat ein Produkt der kapitalistischen Wirtschaftsweise sei — wer eine starke Arbeiterbewegung wolle, deshalb den Kapitalismus schützen müsse, das wurde von Haenisch beim Namen genannt:

„Die Zukunft des deutschen Kapitalismus und damit die Zukunft der deutschen Arbeiterbewegung gefährden: das heißt auch die Zukunft des *internationalen Sozialismus* gefährden[34]!"

Die Forderung, den Kapitalismus zu unterstützen, war eine revolutionäre Forderung gewesen, als dieser, im Kampfe gegen den Feudalismus stehend, selbst noch eine fortschrittliche historische Erscheinung gewesen war; nun, da nach Ansicht der marxistischen Linken in der Sozialdemokratie die Bedingungen für den Sozialismus gegeben waren, konnten ein Lensch und Haenisch den Sieg des deutschen Kapitalismus nur fordern, wenn sie, um ihren Anspruch, noch stets Marxisten zu sein, aufrechtzuerhalten, eben dies bestritten, daß der Sozialismus bereits möglich sei. Die vor allem von Cunow entwickelte Imperialismustheorie, laut welcher der Kapitalismus noch nicht den für den Sozialismus notwendigen Entwicklungsgrad erreicht habe, war das hier passende Glied in der Argumentationsreihe.

---

[33] Siehe Haenischs Brief an Radek, S. 38.
„Und dann wäre dieser schauerliche Krieg nichts anderes gewesen als die Vorbereitung zu einem noch viel grausigeren Völkermorde."
[34] Konrad Haenisch: Die Sozialdemokratie und der Krieg, in: ‚Hamburger Echo', Nr. 280, 1. Dezember 1914.

Bedroht aber war der deutsche Kapitalismus von einem Siege Englands in diesem Weltkrieg — dies war ja eine der ersten von Lensch entwickelten Thesen. Auch bei einer Analyse des Weltkriegs aus dieser Sicht ging also das Ergebnis dahin, daß das Interesse des deutschen Proletariats wie das der internationalen sozialistischen Bewegung eine Niederlage Englands sei.

Der Sieg Englands eine Niederlage für den Sozialismus, die Niederlage Englands aber ein Erfordernis — dieses war die Antwort, die Lensch gefunden hatte, als er darangegangen war, den Weltkrieg vom proletarischen Standpunkt aus zu untersuchen. Was ihm (und damit auch Cunow und Haenisch, die, wie noch zu zeigen sein wird, seine Theorie übernahmen) aber noch entgegengehalten werden konnte, das war die Frage, welche Konsequenzen denn ein Sieg Deutschlands — der ja die Entsprechung einer Niederlage Englands wäre — für den internationalen Sozialismus haben würde, ob nicht seine Folgen ebenso verheerend sein würden.

Die Antwort, die Lensch zunächst gab, war noch defensiv: die Strukturen des Deutschen Reiches seien so reaktionär nicht, wie sie von den Feinden dargestellt würden und wie sie vielleicht schienen, unter der autoritären Oberfläche seien demokratische Elemente entstanden, die bereits vor dem Krieg nicht ohne Bedeutung gewesen seien, und die nach seinem Ende an Einfluß noch bedeutend gewinnen würden, und zwar einmal deshalb, weil man nun die stärkste für den demokratischen Fortschritt in Deutschland wirkende Kraft, die Sozialdemokratie nicht mehr unter dem Vorwand der nationalen Unzuverlässigkeit ausschalten könne — diese Beschuldigung habe sie durch ihre Haltung im Kriege endgültig widerlegt — zum anderen aber würde, so Lensch, der Sieg Deutschlands endlich der steten Bedrohung des Deutschen Reiches durch die feindlichen europäischen Mächte ein Ende machen und damit den Zwang der Militarisierung brechen, der zwar nicht das einzige, aber doch das Haupthindernis einer Demokratisierung Deutschlands gewesen sei. Mit dieser letzten These, aufgestellt zuerst in der Schrift ‚Die deutsche Sozialdemokratie und der Weltkrieg', wurde Lensch nun geradezu zum Apologeten des preußischen Militarismus, indem er dessen Begründungen für die stetig forcierte Aufrüstung übernahm, und sich damit sogar in Widerspruch setzte zu seiner 1912 in Chemnitz vertretenen und auch nach Kriegsbeginn wiederholten Anschauung, daß die Aufrüstung eine dem Imperialismus immanente Notwendigkeit sei. Auch vermied er es, den Nachweis zu leisten, weshalb der Sieg Deutschlands ein Ende seiner Bedrohung und damit des Militarismus sein würde; er vermied es wohl deshalb, weil er noch zurückscheute, die Bedingungen eines solchen, jede künftige Bedrohung ausschaltenden

Sieges zu formulieren, nämlich die Errichtung einer deutschen Suprematie in Europa.

Bei dieser Antwort blieb Lensch jedoch nicht stehen; sie genügte nicht, die Bedenken über die Folgen eines deutschen Sieges auszuräumen, sie war wohl auch Lensch selbst zu oberflächlich und entsprach nicht der prinzipiellen marxistischen Position, die er zu vertreten behauptete. Aus der Untersuchung der historischen Entwicklung Englands, die er bereits geleistet hatte und der Entwicklung Deutschlands gelangte er nun zu einer Theorie, welche die Forderung eines deutschen Sieges nicht nur aus den unheilvollen Konsequenzen eines englischen Sieges schloß, sondern welche beanspruchte, gültige Auskunft überhaupt über die gesetzmäßig wirkenden historischen Tendenzen zu geben, über den Standort der geschichtlich fortschrittlichen und der rückschrittlichen Kräfte. Die von Marx analysierte Klassenauseinandersetzung zwischen Proletariat und Kapital übertrug er auf eine nationale Ebene, auf welcher Deutschland die Position des Proletariats einnahm, England die der Bourgeoisie. Der Weltkrieg, als dessen Hauptursache Lensch den Gegensatz zwischen England und Deutschland erkannt hatte, geriet nun zur Revolution, jener Gegensatz zu dem zwischen Proletariat und Kapitalismus.

In seiner Untersuchung der Weltmachtstellung Englands war Lensch bereits auf die Bedingungen eingegangen, die zu dieser Stellung geführt hatten. Der rasche Aufstieg des Bürgertums und damit verbunden die Zerschlagung und der Abbau des Feudalismus sowie die gewaltige Entwicklung des Kapitalismus galten Lensch jedoch nicht nur als die Grundlagen der beherrschenden wirtschaftlichen Position, sondern auch als die Bedingungen für das Entstehen eines Gesellschaftstyps, der von dem deutschen grundsätzlich verschieden sei.

Spezifisch englisch sei die frühe Entmachtung der absolutistischen Monarchie und das an seiner Stelle mehr und mehr Geltung erlangende Prinzip des Individualismus. Der Liberalismus hatte ein Interesse an einer möglichst schwachen Staatsgewalt, denn darin erblickte er die entscheidende Voraussetzung für die persönliche Freiheit. Lensch war sich dabei durchaus im klaren, daß die Grundlage all dessen der frühe Kapitalismus war, der diesen Typ des Nachtwächterstaates schuf, der den wirtschaftlich agierenden Einzelnen in der Konkurrenz mit den vielen anderen Einzelnen zum Ideal erkor. Die Ideologie des Liberalismus war es, die den Staat als bloße Summe der Individuen erklärte, und die dessen Funktionen mehr und mehr zu verringern suchte.

Ausgehend von diesen Erkenntnissen der geschichtlichen Entwicklung Englands formulierte Lensch nun seine Beurteilung des gegenwärtigen England: Die Form des absoluten Individualismus, einst eine fortschrittliche gesellschaftliche Verfassung, sei inzwischen eine rückständige und entspräche nicht mehr den gewandelten Verhältnissen. Dennoch präge sie nach wie vor die gesamten gesellschaftlichen Einrichtungen Englands, was abzulesen sei an dem noch stets gepriesenen Söldnersystem, an der weitgehenden Ausschaltung des Staates bei allen notwendigen gesellschaftlichen Funktionen, z. B. dem Schulsystem, der Verwaltung und auch der Wirtschaft. Eine Konsequenz nur dieses alles erfassenden Individualismus sei das mangelnde Solidaritätsbewußtsein der englischen Arbeiter: wo der Staat nur Werkzeug des individuellen Geschäftsinteresses sei, wie könne da soziales Denken entstehen — so Lensch.

Was Lensch hier explizierte, ging weit über die marxistische Geschichtstheorie hinaus; er konstruierte, einen Teil der kapitalistischen Entwicklung für ein geschlossenes Ganzes nehmend, eine neue historische Epoche, die des Individualismus, um dann deren Überlebtheit und gleichzeitig den Beginn eines neuen Zeitalters zu proklamieren:

„*So steht das individualistische Gesellschaftssystem an den Marken seiner Tage. Eine neue Zeit und mit ihr ein neues soziales Ideal zieht herauf: die sozialisierte Gesellschaft*[35, 36]."

Diese neue sozialisierte Gesellschaft aber, welche das alte System, das seinen reinsten und mächtigsten Vertreter in England habe, ablösen werde, sie besitze in Deutschland ihren Vorkämpfer, in Deutschland nämlich sei sie am weitesten bereits verwirklicht. Um diesen Satz zu belegen, um zu erklären, was eine sozialisierte Gesellschaft denn sei, im Gegensatz zur kapitalistischen sowohl wie auch zu einer sozialistischen, gab Lensch denn eine neue Deutung der deutschen bzw. der preußischen Geschichte.

Während in den westeuropäischen Staaten mit dem Ende des Mittelalters das Bürgertum mehr und mehr zum Träger der Wirtschaft und Politik geworden sei, sei in den deutschen Gebieten das Bürgertum aus verschiedenen Gründen — Lensch nennt unter anderem die staatliche Zersplitterung, den 30jährigen Krieg und seine Folgen — das Bürgertum geradezu verfallen. Dadurch war eine wirtschaftliche und politische Entwicklung wie in den westlichen Ländern ausgeblieben, so daß es nötig wurde, eine bürgerliche Klasse gewissermaßen neu zu schaffen, eine Aufgabe, die den absolutistischen Fürsten zufiel. Bestimmend für das Deutsche Reich, wie es 1871 gegründet wurde, sei dabei die Entwicklung Preußens gewesen. Lensch versuchte nun, die insbesondere auch von der Sozialdemokratie dem preußischen Staate verliehenen

---

[35, 36] Paul Lensch: Die deutsche Sozialdemokratie, ihr Ende und ihr Glück, Leipzig 1916, S. 175 (Hervorhebung im Original).

Prädikate, wie Zucht, Ordnung, Disziplin, staatlicher Autoritarismus, zu interpretieren als Konsequenzen nur einer gemeinsamen Ursache: der preußischen Organisation. Mehr als alle anderen Staaten, auch als alle deutschen, sei das Prinzip der Organisation für Preußens Geschichte kennzeichnend gewesen, und dies deshalb, weil die geographische und politische Lage Preußen unter den Druck einer beständigen Existenzbedrohung stellte. Da die Voraussetzungen preußischer Staatlichkeit äußerst dürftig gewesen seien — geringe Bevölkerungsdichte, geringe Fruchtbarkeit des Bodens, und von daher auch stete finanzielle Knappheit —, war ein sehr intensives, rationelles Wirtschaften nötig, bedurfte es einer leistungsfähigen, alles erfassenden Bürokratie, einer durchgehenden Reglementierung sämtlicher staatlicher Bereiche im Sinne möglichst großer Effizienz und Leistungsfähigkeit, und deshalb wurden Verwaltungsapparat und Heer zu den entscheidenden Machtmitteln, mit Hilfe derer die Monarchie in absolutistischer Manier den preußischen Staat schuf und behauptete und damit die Grundlage auch des deutschen.

Für Lensch war dies die Erklärung, weshalb die obrigkeitsstaatlichen Elemente bis in seine Gegenwart hinein in Deutschland noch in so großem Maße ausschlaggebend waren. Zwar habe man diesen Nachteil in Kauf nehmen müssen, aber Produkt dieser historischen Umstände sei dafür ein durchorganisierter Staat mit einer Organisierung der gesamten Volkskräfte auf der Grundlage der allgemeinen Schulpflicht, der allgemeinen Wehrpflicht und des allgemeinen Wahlrechts. Erst das Prinzip der Organisation habe die vehemente Entfaltung der Produktivkräfte ermöglicht und Deutschland aus einem fast hoffnungslosen wirtschaftlichen Rückstand immer weiter an die Spitze vorangetrieben. Dieses Organisationsprinzip auch habe die inneren Prinzipien der kapitalistischen Entwicklung, das freie Spiel der Kräfte, bändigen können, und somit einen Kapitalismus des individualistischen Typs wie in England nicht entstehen lassen. Im Gegenteil, die Formen des entwickelten Kapitalismus, die Konzentration und Monopolbildung wurden begünstigt, der Markt nicht der Anarchie der Konkurrenz überlassen, sondern planmäßig aufgeteilt. Darin sah Lensch das Zusammenwirken von bereits den Staat beherrschendem Organisationsgedanken und dem Kapitalismus immanenten Tendenzen, welche das gesamte wirtschaftliche System auf eine qualitativ höhere Ebene hoben. Hinzu kam als dritte von Lensch erwähnte entscheidende Komponente, die Organisierung des Proletariats durch Partei und Gewerkschaften, wodurch auch der Arbeitsmarkt einer Regulierung unterworfen und der Willkür entzogen wurde.

Ein historisches Produkt der Not und des Mangels also, kombiniert mit der kapitalistischen Entwicklung und dem klassenbewußten Zusammenschluß der Arbeiterschaft, das war der Inhalt jenes Prinzips Organisation[37], und dieses Prinzip war es, welches für Lensch den gesellschaftlichen Fortschritt vertrat. Dieser nämlich erfordere mehr und mehr die Vergesellschaftung der Produktion und des Individuums, da das Gesamtinteresse der Gesellschaft eine Überordnung der Interessen einzelner nicht mehr zulasse. An diesem Punkt nun fand bei Lensch der Umschlag statt, machte er deutlich, wo für ihn das Sozialistische in diesem Prinzip begann.

Die Streiks als Folgen der Auseinandersetzungen zwischen Arbeitern und Unternehmern, legten große Wirtschaftsbereiche lahm und konnten der Gesellschaft als Ganzes nicht mehr gleichgültig sein. Ihrer Verhinderung aber stand weniger das Privateigentum an sich im Wege als vielmehr die private Verfügung über dieses Eigentum. Der Prozeß der Trennung von Besitz an Produktionsmitteln und der Verfügung darüber, der im Kriege durch die staatlichen Eingriffe zum Zwecke der Ausrichtung der Wirtschaft auf die Kriegserfordernisse eine nachhaltige Beschleunigung erfuhr, sei identisch mit dem Aufbau des Sozialismus.

„das allmähliche Heraufsteigen einer sozialistischen, das heißt einer systematisch und im Interesse der Gesamtheit durchorganisierten Gesellschaft, in der die Arbeit eine Frage des staatlichen und sittlichen Rechts geworden ist, weil sie zur Frage staatlicher und sittlicher Pflicht wurde[38]."

Das also war die neue Definition von Sozialismus; mit dem Inhalt dessen, was die Marxisten unter Sozialismus verstanden, hatte sie nichts mehr gemein, stattdessen die vage Formulierung von der im Gesamtinteresse organisierten Gesellschaft, sowie die eher an Kant erinnernden Formeln von der staatlichen und der sittlichen Pflicht. Was hier von Lensch und, wie gezeigt werden wird, auch von Cunow und Haenisch, vertreten wurde, entbehrte nicht nur dessen, was bislang in der SPD an Inhalten für den Sozialismus bestimmend gewesen war, es schien auch wieder jene Vorstellung durch, die schon bei der Theorie vom Kriegssozialismus konstituierend gewesen war, die Vorstellung vom Staat als der über den Klassen und Interessen stehenden und waltenden Instanz; tatsächlich hatte Lensch diese Vorstellung im Vorwort zu seiner Schrift ‚Die Sozialdemokratie, ihr Ende und ihr Glück'

---

[37] „So drängte in Deutschland alles, die alten geschichtlichen Tendenzen des Staatslebens wie die neuen ökonomischen Kräfte des Wirtschaftslebens, verstärkt zu dem einen großen aus der Not geborenen Prinzip hin: Organisation!" (Hervorhebung im Original), Paul Lensch, S. 159.

[38] Paul Lensch, S. 183.

explizit genannt[39], und somit bewußt die Marxsche Staatstheorie aufgegeben zugunsten einer kantianisch gewendeten.

Nach solcher Definition von Sozialismus konnte es Lensch nicht mehr schwerfallen, diesen allenthalben bereits zu entdecken: den Kommunalsozialismus[40], worunter Lensch die im Interesse aller organisierte Selbstverwaltung verstand, den Kriegssozialismus, der nun erneut zitiert wurde, sowie der praktizierte Sozialismus in der deutschen Arbeiterbewegung selbst.

Zwar erkannte Lensch, daß die von ihm apostrophierten Tendenzen als solche auch in den anderen Ländern existierten, doch waren sie ihm dort erst keimhaft vorhanden, während sie im Deutschen Reich durch die historische Entwicklung bedingt bereits ausschlaggebendes Prinzip geworden seien, bereits gewirkt hätten mit dem Ergebnis eben der sozialisierten Gesellschaft.

Der so formulierte neue Sozialismusbegriff wird mitsamt seinen weiteren Veränderungen noch zu behandeln sein, relevant in diesem Zusammenhang ist er insofern, als er die Voraussetzung für den Schlußpunkt der Gesamtinterpretation des Krieges darstellte:

Da Deutschland also die qualitativ höhere Gesellschaftsformation repräsentierte, seine Kriegsgegner, insbesondere England, aber eine niedrigere, historisch überholte, da auch alle sonstigen Aspekte einen deutschen Sieg als im Interesse des internationalen Sozialismus ausgewiesen hatten, war es in der Tat nur konsequent, wenn Lensch nun die Schlußfolgerung zog, daß dieser Weltkrieg nicht ein gewöhnlicher Krieg war, nicht Vaterlandsverteidigung und nicht mörderische Folge des Imperialismus, sondern eine Auseinandersetzung zwischen dem System des Kapitalismus und dem des Sozialismus, eine Auseinandersetzung von Klassen, eine Revolution, in welcher er im aufsteigenden deutschen Staat den Proletarier sah, England dagegen die kapitalistische Gesellschaftsform vertrat.

Diese Deutung des Krieges ermöglichte es nun ihren Vertretern, sich restlos und vollkommen hinter die Kriegsführung der herrschenden Klasse in Deutschland zu stellen und bei der Wertung der politischen Fragen, beim Problem der Kriegsziele, der Annexionen, des Kolonialismus, der Verschärfung der Kriegsführung und so fort, eine Position einzunehmen, die weit konsequenter, als dies die den Krieg befürwortende Parteimehrheit tat, alle Entscheidungen des Militärs und der Regierung unterstützte, in der innerparteilichen Auseinandersetzung die Politik des rechten Flügels am entschiedensten vertrat und dies alles

---

[39] Paul Lensch, S. VIII: „So aber gelang es in Preußen der Staatsverwaltung (...) eine über den Klassen schwebende Stellung zu bewahren (...)."
[40] Paul Lensch, S. 187.

bei Wahrung des Anspruchs, als einzige konsequent für den Sozialismus zu kämpfen.

Die Entwicklung der Theorie vom Weltkrieg als der Weltrevolution war in Ansätzen noch im Jahre 1914 begonnen worden. Ihre endgültige Formulierung, ihren Abschluß fand sie in dem im Mai 1916 erschienenen Buche Lenschs ‚Die deutsche Sozialdemokratie, ihr Ende und ihr Glück'. Zu der Zeit also, da auf der Linken mit der Gründung der ‚Sozialdemokratischen Arbeitsgemeinschaft', dem Vorläufer der USPD Ende März 1916, sowie mit der 2. Reichskonferenz der Spartakusgruppe ebenfalls im März 1916, auf welcher die ideologische Trennung von jenen endgültig definiert wurde, die Spaltung manifest geworden war, hatte auch in der MSPD auf deren rechtem Flügel die Lensch-Cunow-Haenisch-Gruppe ihre selbständige theoretische Position formuliert.

Die Bedeutung der von Lensch entwickelten Theorie für die Gruppe der ehemals Radikalen und nun auf den rechten Flügel der Sozialdemokratie hinübergewechselten wurde von den Linken in der Spartakusgruppe und dem Kreis um die ‚Arbeiterpolitik' recht schnell erfaßt. In einem Artikel in der ‚Neuen Zeit' formulierte Franz Mehring, der geistige Lehrer und Vorgänger Lenschs bei der ‚Leipziger Volkszeitung', diese so:

„So begreift man den Jubel in manchen Kreisen der Umlerner, als einer von ihnen wirklich mit einer neuen Theorie hervortrat, Paul Lensch mit seiner Schrift über das Ende und das Glück der deutschen Sozialdemokratie; so begreift man, daß Heinrich Cunow und Heinrich Schulz und Konrad Haenisch und andere mehr in den jubelnden Ruf ausbrechen: Habemus papam[41]."

Die von Lensch erwünschte Diskussion seiner Theorie fand allerdings weitgehend nur auf der Linken statt, wo man es neben prinzipieller Kritik auch an Polemik nicht fehlen ließ[42].

---

[41] Franz Mehring: Kritische Anmerkungen, Teil II, in: ‚Die Neue Zeit', Nr. 26, 29. September 1916, S. 723.
[42] Siehe Mehrings ausführliche Kritik an Lenschs Buch unter dem Titel ‚Wieder Einer', in: ‚Leipziger Volkszeitung', Nr. 152, 11. Juli 1916 und Teil II, Nr. 153, 12. Juli 1916;
ferner: ‚Arbeiterpolitik', Nr. 5, 22. Juli 1916, S. 38,
        ‚Arbeiterpolitik', Nr. 2, 13. Januar 1917, S. 15,
sowie ‚Arbeiterpolitik', Nr. 1, 24. Juni 1916, S. 6,
wo Lenschs Schrift wie folgt kommentiert wird:
  „Lensch — Liebknecht!
  Feudalclub — Zuchthauszelle!
  Der Sozialdemokratie Ende und Glück!"
Mit „Feudalclub" wurde auf Lenschs Mitgliedschaft in der ‚Deutschen Gesellschaft von 1914' angespielt, der unter anderem auch Karl Helfferich, Wilhelm Solf, Arnold Wahnschaffe und Johann Albrecht von Mecklenburg angehörten.

Für die sozialdemokratische Mehrheit war die Theorie Lenschs kein Anlaß eines grundsätzlichen Überdenkens der bisherigen Politik; die Aufnahme seiner Schrift in der Parteipresse bewegte sich zwischen positiver Begrüßung und vorsichtiger Distanzierung, wobei die Zustimmung deutlich überwog; einzig Friedrich Stampfer trat Lensch ziemlich energisch entgegen, die Überschriften seiner Artikel, etwa ‚Halt, wohin?'[43] oder ‚Auf Abwegen.'[44] deuteten die Richtung seiner Kritik bereits an: er mißbilligte insbesondere Lenschs Verneinung des defensiven Charakters des Krieges, seine aggressive Ausrichtung, und hielt auch die Einschätzung Englands für falsch; die Militärverfassung eines Landes sei nicht als Beleg für solch weitreichende Folgerungen ausreichend. Nachdem er Lenschs Vorschlag zum 4. August[45] für unmöglich erklärte, bezeichnete er dessen politischen Standort als gleichweit entfernt von der Mehrheit wie den der linken Kreditverweigerer:

„Lensch (...) ist aber damit kein Anhänger der Politik des 4. August geworden. Er nimmt vielmehr diese Politik von der anderen Seite her ins Kreuzfeuer[46]."

Heinrich Cunow und Konrad Haenisch übernahmen Lenschs Theorie von der Rolle Englands und dem Verständnis des Krieges als Weltrevolution vollständig und vertraten sie nicht nur offensiv, sondern machten sie auch zur Grundlage ihrer Haltung in den anstehenden politischen Problemen. In einer ausführlichen Besprechung in zwei Teilen im ‚Hamburger Echo'[47] unter dem programmatisch-zustimmenden Titel ‚Vom Utopismus zur sozialistischen Realpolitik' beteuerte Cunow öffentlich seine völlige Übereinstimmung mit allen Thesen von Lenschs Buch, stimmte auch der Einschätzung seiner und Lenschs Position als nichtidentisch sowohl mit dem rechten wie mit dem linken Flügel zu, und erhob Lenschs Schrift zur besten all derer, die sich bislang mit der Bedeutung des Krieges für die deutsche Sozialdemokratie befaßt hätten[48]. Bereits im Dezember 1915 hatte Cunow gegen die von

[43] ‚Münchener Post', Nr. 153, 4. Juli 1916.
[44] ‚Schwäbische Tagwacht', Stuttgart, Nr. 153, 4. Juli 1916.
[45] Lensch hatte erklärt, die SPD hätte am 4. August 1914 die Kredite ablehnen sollen, um damit ihr Festhalten am Internationalismus kundzutun; da die sozialistischen Parteien der feindlichen Länder sicherlich zugestimmt hätten, wäre diesen das Odium des Verrats an der Internationalen zugeschoben worden, während die SPD mit sauberer Weste den folgenden Kriegskrediten hätte zustimmen können.
Dieser Vorschlag Lenschs, der auch von denen abgelehnt wurde, die seiner Theorie im übrigen zustimmten, ist wohl als Konstruktion einzuschätzen, mit der sein eigenes Verhalten nachträglich taktisch legitimiert werden sollte.
[46] Friedrich Stampfer: Auf Abwegen.
[47] Heinrich Cunow: Vom Utopismus zur sozialistischen Realpolitik, in: Teil 1, ‚Hamburger Echo', Nr. 149, 28. Juni 1916. Teil 2, Nr. 150, 29. Juni 1916.
[48] „Eine neue soziale Entwicklungsepoche zieht herauf und mit ihr ein neues soziales Ideal, das Lensch ‚*die sozialisierte Gesellschaft*' nennt

Kautsky geleitete ‚Neue Zeit' am wirtschaftlichen Gegensatz zwischen Deutschland und England als der entscheidenden Ursache des Weltkrieges festgehalten. In der ‚Neuen Zeit' hatte der österreichische Sozialdemokrat Anton Hofrichter in zwei Artikeln zu beweisen gesucht, daß es keinen Konkurrenzkampf der beiden Länder gegeben habe, der dann zum Krieg führte, sondern daß sich beide Länder in ihrer Expansion nicht beeinträchtigt hätten[49]. Hinter den Ausführungen Hofrichters wurde sichtbar Kautskys Imperialismusverständnis mit seiner Theorie von der potentiell friedlichen Tendenz des Imperialismus.

Konrad Haenisch formulierte seine Übereinstimmung mit Lenschs Theorie in einem äußerst umfassenden, die gesamte Problematik des Verhältnisses Sozialdemokratie und Krieg aufgreifenden, fünfzehnseitigen Artikel im Juli 1916 in der ‚Glocke'[50]. Haenisch stellte eingangs fest, er wolle kein Hehl daraus machen, daß auch er bei Kriegsausbruch zunächst geglaubt habe, der Angelpunkt des Krieges sei der Kampf gegen Rußland, und daß auch er den Zusammenbruch des kapitalistischen Systems und die soziale Revolution erwartet habe. Gleichzeitig mit der Erkenntnis, daß ein solcher Zusammenbruch nicht stattfinden würde, sei dann allmählich klar geworden, daß das entscheidende Moment dieses Weltkriegs die Auseinandersetzung zwischen Deutschland und England sei. Was er, Haenisch, damals bloß gefühlt habe, was er nicht habe belegen können, das habe Lensch nun in seiner Schrift stringent nachgewiesen, daß nämlich dieser Weltkrieg die erwartete und ersehnte Revolution sei, die Auseinandersetzung zwischen dem individualistischen Wirtschaftsprinzip und dem von Deutschland vertretenen sozialistischen Wirtschaftsprinzip. Haenisch erläuterte im weiteren Lenschs Theorie, um sich dann voll hinter dessen Aussagen zu stellen; zwar meinte er, Lensch hätte vor allem die Widerstände, die gegen das neue Wirtschaftsprinzip in Deutschland sich noch regten, schärfer herausarbeiten und betonen sollen — die kühne Schilderung des sozialistischen Deutschen Reiches schien selbst einem Haenisch zu

---
— eine Bezeichnung, die mir jedoch insofern, als sie nicht genügend zwischen Staat und Gesellschaft unterscheidet, nicht ganz richtig scheint, und die ich daher mit dem Wort ‚Sozialisierung des Staatsorganismus' vertauschen möchte. (...) Meines Erachtens ist das Buch des Genossen Lensch die beste Schrift, die bisher über das Thema geschrieben worden ist: ‚Welche Bedeutung hat der Weltkrieg für die deutsche Sozialdemokratie.'"
Heinrich Cunow, Nr. 150 (Hervorhebung im Original).
[49] Anton Hofrichter: Der englische Handelskrieg, in: Teil 1, ‚Die Neue Zeit', Nr. 21, 26. Februar 1915. Teil 2, Nr. 22, 5. März 1915. Heinrich Cunow: Der deutsch-englische Handelskonkurrenzkampf, in: Teil 1, ‚Hamburger Echo', Nr. 298, 21. Dezember 1915. Teil 2, Nr. 301, 24. Dezember 1915.
[50] Konrad Haenisch: Die Theorie unserer Praxis, in: ‚Die Glocke', Heft 16, 15. Juli 1916, S. 605 ff.

98 Die entwickelte Theorie und das Selbstbewußtsein der Gruppe

wenig der Realität verhaftet — dessen ungeachtet aber propagierte er das Lenschsche Werk zum Schluß seiner Ausführungen als „*die weitaus wertvollste aller bisher erschienenen sozialistischen Kriegsschriften*"[51]. Wiewohl Haenisch der Ansicht war, daß Lensch in Versuchung komme, die russische Gefahr zu sehr in den Hintergrund geraten zu lassen, übernahm er doch wie Cunow auch die Theorie von dem revolutionären Krieg Deutschlands gegen England. Mit Cunow und Karl Renner[52] stellte er Paul Lensch als den Theoretiker dar, der der neuen Praxis der Sozialdemokratie das wissenschaftliche Fundament verleihe; über die neue Anschauung des Krieges und das Verhältnis zu England sagte er:

„Sie sind es, die dem Werke von Lensch *seine bleibende Bedeutung geben und es für alle Zeiten zu einem grundlegenden Werke der sozialistischen Theorie und Praxis machen*[53]."

Haenisch erkannte in Lenschs Buch die längst notwendig gewordene aus der Marxschen Klassenkampflehre abgeleitete Theorie der sozialen Revolution, und diese Überzeugung ließ ihn das Werk in dem ihm eigenen Überschwang preisen.

Nachdem die Lensch, Cunow, Haenisch einmal begonnen hatten, die These vom Krieg als der Weltrevolution zu propagieren, gab es kein Halten mehr. Es ist schon aufgezeigt worden, wie aus dem zunächst verwendeten Begriff ‚sozialisiert' binnen kurzem ein ‚sozialistisch' wurde, und vor allem Lensch und Haenisch kannten bald keinerlei Scheu mehr, die Marxschen Termini auf ihre neue Theorie anzuwenden. Das Schema des Klassenkampfes wurde auf die nationale Ebene übertragen, die verschiedenen Etappen des Krieges, Ausweitung und gesteigerter Einsatz, gerieten in ihrer Interpretation zu Stufen der proletarischen Revolution. Zunächst allerdings wurde noch der Maßstab der Großen Französischen Revolution angelegt, mit dem im Vergleich das Bedeutsame, das Revolutionäre am Weltkrieg herausgestrichen werden sollte[54]. Wenn Lensch von den Zentralmächten sagte,

---

[51] Konrad Haenisch, S. 619 (Hervorhebung im Original).

[52] Der österreichische Sozialdemokrat Karl Renner stand den Anschauungen der Gruppe tatsächlich sehr nahe; auch ihm war der Staat nicht mehr Machtinstrument der kapitalistischen Klasse, sondern über den Klassen stehend und der Gesamtheit dienend; daß die Sozialisierung des Eigentums bereits fortgeschritten sei, war ein Inhalt seiner Theorie; was die Kriegszielpolitik betraf, gehörte er zu den Befürwortern eines Mitteleuropa unter deutscher Dominanz. Siehe hierzu vor allem seine Schrift: Marxismus, Krieg und Internationale, Wien 1917.

[53] Konrad Haenisch, S. 616/17 (Hervorhebung im Original).

[54] „Was bedeutet im Vergleich mit den Riesenanstrengungen, die heute das deutsche Volk im furchtbaren Kampfe um sein Leben auf sich genommen hat, die levée en masse Frankreichs (...) was bedeutet

sie „sind die Proletarier unter den Weltmächten Europas, sie kämpfen wie die Arbeiterklasse um ihren Aufstieg"[55], so benützte er hier eine Sprache, die einerseits den inhaltlichen Anspruch zusätzlich zu belegen hatte, die es andererseits der Gruppe erleichtern sollte, ihre neue Theorie vom Sozialismus den Arbeitern durch das alte, bekannte Vokabular schmackhafter zu machen.

In diesem Sinne interpretierte er auch die Entscheidung zum verschärften U-Bootkrieg, die zum Anlaß des Eingreifens der Vereinigten Staaten in den Krieg wurde, als konsequente Steigerung der Klassenauseinandersetzung, deren Ursache nicht im Treiben einer militaristischen Fronde zu sehen sei, sondern in der Notwendigkeit des revolutionären Verlaufs selbst begründet liege. Wenn er in diesem Zusammenhang Aussagen von Marx über den Charakter proletarischer Revolutionen zitierte, so mußte dies den tatsächlich für den Klassenkampf agitierenden Linken gleichsam als Frevel erscheinen[56].

Von den zahlreichen Besprechungen, welche die von Lensch formulierte Theorie der Gruppe nach sich zog, sei die Karl Kautskys hervorgehoben, da sie als repräsentativ für die Stellungnahme der USPD-Richtung gelten kann. In der ‚Neuen Zeit', die Kautsky damals noch redigieren durfte, nahm er unter der Überschrift ‚Von Radek zu Bethmann' Stellung[57], eine Überschrift also, die Lenschs Wandlung als Weg vom Mitstreiter Karl Radeks in der Imperialismusdebatte der Jahre 1911/12 zum Vertreter der Regierungspolitik im Weltkrieg vorab charakterisierte. Kautskys Kritik lief im wesentlichen darauf hinaus, daß er Lensch vorwarf, die Engelschen Ausführungen zu Englands Monopolstellung zu verkürzen, Engels nämlich habe bereits 1885 den

---

überhaupt die große französische Revolution neben der Weltrevolution von heute?"
Ein halbes Jahr später beantwortete Lensch diese Frage mit drastischer Klarheit in seinem Sinne:
„In der Tat wird es nach und nach auch dem blödesten Auge klar, daß es eine Revolution ist, die wir durchleben, und zwar eine Revolution, mit der verglichen die ‚große' französische Revolution von 1789 ein Krakehl im Hühnerhofe war."
Paul Lensch: Friedensecho, in: ‚Die Glocke', Heft 40, 30. Dezember 1916, S. 403 f., und ders.: Deutsche Revolution, Heft 16, 21. Juli 1917, S. 604.
[55] Paul Lensch: Die Antwort der Entente, Heft 41, 6. Januar 1917, S. 526.
[56] „Denn die Entscheidung des 1. Februar (die Aufnahme des uneingeschränkten U-Bootkrieges — d. Verf.) ist im Grunde noch viel folgenschwerer, wie es der Entschluß vom 1. August 1914 war, und man fühlt sich versucht, auf die revolutionäre Rolle, die Deutschland in diesem Kriege spielt, die bekannten Worte anzuwenden, die Marx über den Charakter proletarischer Revolutionen geprägt hat: (...)."
Paul Lensch: Hic Rhodus, hic salta!, Heft 47, 17. Februar 1917, S. 764.
[57] Karl Kautsky: Von Radek zu Bethmann, in: ‚Die Neue Zeit', Nr. 16, 21. Juli 1916, S. 473 ff.

Zusammenbruch dieses Monopols konstatiert. Was er, Lensch, des weiteren vorbringe, seien in keiner Weise neue Entdeckungen, neu seien nur Lenschs Begriffe dafür; diese lägen fernab jeglichen marxistischen Denkens und entbehrten überhaupt der Schärfe, so daß sie lediglich dazu dienten, das theoretische Alibi darzustellen für die Unterstützung des deutschen Militarismus.

Was Kautskys Kritik vor allem mangelte, war der Blick für die bedeutsame Funktion, die der Theorie für die Neuorientierung der Mehrheitssozialdemokratie zukam, eine Rolle, die von den Linksradikalen doch in ihrer Gefährlichkeit zutreffender eingeschätzt und erkannt wurde. Der agitatorische Einfluß der Lensch, Cunow und Haenisch nämlich hatte dank der durchgehend intensiven journalistischen Propaganda innerhalb der Partei mehr und mehr zugenommen, die Aufnahme von Lenschs Buch war ein Indiz für den gestiegenen Einfluß der Gruppe, und die mit dem Vokabular von Klassenkampf, wirtschaftlicher Ausbeutung, sozialer Unterdrückung usw. auftretende Theorie von der Weltrevolution hatte gerade auf Grund dieser Phraseologie[58] zunehmend Anhänger bei den sozialdemokratisch und gewerkschaftlich organisierten Arbeitern gefunden. Vor allem auch in den Gewerkschaftsführungen — und diese waren wegen ihrer Einflußmöglichkeiten auf die Arbeiterschaft besonders bedeutsam — hatte die Gruppe die ihr zu Beginn des Krieges entgegengebrachte Ablehnung weitgehend abbauen können. Einer der gutinformierten Berichte betreff: ‚Stimmung innerhalb der Sozialdemokratischen Partei' vom Berliner Büro für Sozialpolitik stellte dazu im Januar 1917 fest:

„Die rührige Gruppe, die sich um Lensch herum gebildet und ihr Organ in der ‚Glocke' gefunden hat, arbeitet nicht ohne Erfolg im anti-englischen Sinne. Besonders in Gewerkschaftskreisen, wo man Lensch von Haus aus wegen seiner früheren radikalen Haltung mit wenig Vertrauen gegenüberstand, beginnt diese Propaganda allmählich mehr und mehr zu verfangen[59]."

Die in diesem Bericht konstatierte Verbreitung ihrer Theorie in der Gewerkschaftsführung war wesentlich auch ein Erfolg von Lenschs

---

[58] So schreibt der Autor des ‚Stimmungsberichtes des Büros für Sozialpolitik' am 11. Januar 1917:
„Lensch wendet hier (...), ein gewerkschaftliches Bild an. Dies geschieht jetzt immer häufiger — eine Erscheinung, auf deren kommende Bedeutung in diesen Berichten schon vor etwa Jahresfrist hingewiesen wurde. Die Praxis der gewerkschaftlichen Kämpfe hat bei unzähligen Arbeitern Sinn für reale Machtverhältnisse und für die Taktik geweckt, ein Gegengewicht gegen die Weltumarmungsideologie, die von manchen sozialdemokratischen Schriftstellern nach wie vor kultiviert wird." MA 95736, Nr. 9064/17, Bayr. Hauptstaatsarchiv.

[59] Stimmungsbericht des Büros für Sozialpolitik vom 11. Januar 1917, Nr. 9064/17.

aktiver Teilnahme beim sogenannten ‚Sozialwissenschaftlichen Verein'. Dessen Gründung ging zurück auf die Initiative Eduard Davids, welcher damit der Tätigkeit der Opposition in der SPD entgegenarbeiten wollte[60]. Am 12. Juli 1916, nachdem der Plan einer solchen Vereinigung der aktiven Rechten in der Partei schon über ein Jahr herumgetragen und besprochen worden war, kam es zum Beschluß einer Organisierung; anwesend waren bei dieser Gründung nach Angaben Davids außer ihm selbst: Paul Lensch, Julius Kaliski, Heinrich Cunow, Curt Baake, Konrad Haenisch und Albert Baumeister[61]. Bei dieser geringen Zahl blieb es jedoch nicht, der Kreis der Mitglieder erweiterte sich recht schnell, und einige Wochen später gehörten der Vereinigung bereits über dreißig Sozialdemokraten an, darunter Gustav Bauer, der 2. Vorsitzende der Generalkommission der Gewerkschaften, Richard Körsten, Vorsitzender der Berliner Gewerkschaftskommission, Wilhelm Janssen, Sekretär der Generalkommission der Gewerkschaften (ebenso wie Baumeister), Adam Neumann, Funktionär des Holzarbeiterverbandes, Hugo Poetzsch, Vorsitzender der Gewerkschaft der Gastwirtsgehilfen, sowie zahlreiche Reichstagsabgeordnete[62].

Sämtliche Angehörige der Vereinigung waren Anhänger der Parteimehrheit und befürworteten die offizielle Kriegspolitik der Partei. Bei ihren Zusammenkünften befaßten sie sich mit den aktuellen Problemen, etwa der Parteispaltung, und versandten die schriftlichen Ergebnisse ihrer Beratungen an einen ausgewählten Kreis von zuverlässigen Gesinnungsgenossen. Dabei ging die Vereinigung, um von ihrer Existenz möglichst keine Kenntnis aufkommen zu lassen, sogar konspirativ vor, insofern, als sie diese Materialverbreitung so organisierte, daß nicht die ‚Sozialwissenschaftliche Vereinigung' selbst als Absender auftrat, sondern ca. zwanzig bekannte Vertreter der Parteimehrheit in beigelegten Schreiben persönlich für den Inhalt verantwortlich zeichneten[63].

---

[60] Siehe dazu Davids Eintragung vom 14. April 1915, in: Das Kriegstagebuch des Reichstagsabgeordneten Eduard David, S. 120:
„Haenisch berichtet entsetzt über das Niveau einer Versammlung in Wilmersdorf; die blödesten, rüdesten Anwürfe und gänzliche Negierung nationaler Gedanken und Pflichten. Ich rege eine Zusammenfassung der Berliner politischen und gewerkschaftlichen, rednerischen und journalistischen Kräfte zwecks gemeinsamer Bearbeitung des Berliner Bodens an."
Wie die weiteren Eintragungen dazu — 28. 4. 1915, 1. 5. 1915, 19. Januar 1916, 3. 2. 1916, 12. 8. 1916 — zeigen, war neben David vor allem Konrad Haenisch eine treibende Kraft bei dieser Gründung.
[61] Das Kriegstagebuch des Reichtagsabgeordneten Eduard David, S. 187.
[62] Siehe Stimmungsbericht des Büros für Sozialpolitik vom 26. 9. 1916, MA 95736, Nr. 101533, Bayr. Hauptstaatsarchiv, sowie Eduard David, S. 190.
[63] Stimmungsbericht des Büros für Sozialpolitik vom 26. 9. 1916, MA 95736, Nr. 101533, Bayr. Hauptstaatsarchiv.

Im Rahmen ihrer Diskussion über die Kriegsziele und die Ausrichtung der zukünftigen deutschen Politik fand auch eine Debatte über Lenschs Theorie des Weltkrieges und der revolutionären Auseinandersetzung mit England statt, wobei David den bisherigen Standpunkt der Parteimehrheit vertrat und den Krieg als Verteidigungskrieg, gerichtet gegen Rußland, interpretierte. Die Konferenzen über dieses Thema, die an drei Tagen stattfanden, am 17. August, am 1. September und am 11. September 1916, wurden im Gewerkschaftsbüro des Landarbeiterverbandes abgehalten. Während David in einem Tagebucheintrag als Ergebnis lediglich festhielt, daß bei aller theoretischen Differenz der beiden Gruppen in der politischen Praxis doch weitgehende Übereinstimmung herrsche[64], war das Resumee, welches das Büro für Sozialpolitik den Regierungsstellen zukommen ließ, wesentlich aufschlußreicher; darin hieß es:

„In den letzten Tagen hat der Ausschuß begonnen, die Kriegsziele zu beraten. Bisher wurden nur die grundlegenden Referate zur Einleitung der Erörterungen gehalten, und zwar von den Abgeordneten Dr. David und Dr. Lensch. Die auch in der Presse bereits leise hervorklingende Scheidung in eine ‚englische' und eine ‚russische Orientierung' bildete den grundlegenden Unterschied zwischen Davids und Lenschs Vortrag. Davids Grundgedanke ist die Unnatürlichkeit des Bündnisses der ‚Westmächte' mit Rußland. Er sieht die russische Gefahr als die größte und notwendigerweise bleibende für Deutschland an, der man auf die Dauer doch nur durch Verständigung mit einem geschwächten, in einem derartigen Abkommen schließlich selbst den besten Ausweg suchenden England entgegentreten könne, — gleichviel ob einem dieser Gedanke heute unsympathisch (sic!) sei oder nicht. Einer müden Haltung gegen England redet David nicht das Wort, weil er ohne merkliche Schwächung Englands an dessen Bereitschaft zur Verständigung nicht glaubt. Lensch hingegen sieht in England (...) den grundsätzlichen Feind des Wirtschafts- und Sozialstaats, gegen den ein schließlicher Zusammenschluß mit Rußland notwendig sein werde; schließlich sei Rußland das aufsteigende Volk, und gegen die russische Gefahr schütze nicht ein Bündnis mit dem nach Lensch (historisch betrachtet) sinkenden England, sondern nur der Anschluß und die Verkettung der eigenen Interessen mit denen des großen, zukunftsgewaltigen Reichs. Über diese grundsätzlichen Betrachtungen, die von beiden Referenten mit viel Material belegt wurden, ist der Ausschuß bisher nicht hinausgekommen. Es fällt

---

[64] „Montag, 11. Sept. 1916: Nachmittags: Konferenz Michaelkirchplatz 1. Beendigung der Diskussion über die ‚größte Gefahr' doch noch keine wesentlichen Abweichungen in praktischer Hinsicht; die Thesen werden von beiden Seiten als gut anerkannt."
Das Kriegstagebuch des Reichstagsabgeordneten Eduard David, S. 198.

bereits auf, daß von den Anwesenden die Mehrzahl mehr Lenschs als Davids Darlegungen Geschmack abgewinnen zu können schien, obschon Lensch mit seinen Ansichten gegen alle Parteitradition verstößt, während David die Gedanken vertritt, die, soweit man überhaupt an die Zukunft dachte, in der Parteimehrheit bislang vorherrschten[65]."

Der Bericht zeigt recht deutlich, wie die Theorie der Gruppe zunehmend Einfluß gewann, wobei festzuhalten ist, daß jene Debatte nicht die einzige Gelegenheit war, bei welcher Lensch, Haenisch und Cunow ihre Thesen vertraten[66]; ihre besondere Bedeutsamkeit hatte die ‚Sozialwissenschaftliche Vereinigung' jedoch durch die Teilnahme einer großen Anzahl von Gewerkschaftsfunktionären, wodurch sie zu einer weit über ihre Mitgliederzahl hinaus relevanten Einrichtung wurde, da der Einfluß, den die Gruppe dort gewann, potenziert weitervermittelt wurde.

Für die Parteiführung jedoch blieb die Davidsche Richtung die ausschlaggebende; man fürchtete wohl, bei einer Übernahme der Lenschschen Theorie auch deren Konsequenzen akzeptieren zu müssen, diese aber bedeuteten, worauf noch einzugehen ist, einerseits ein rücksichtsloses Eingestehen des Scheiterns der Internationale, andererseits die Befürwortung von Annexionen und weitgesteckten kolonialen Ansprüchen, wozu sich die Parteiführung aus taktischen Gründen nicht bereit finden konnte. In der innerparteilichen Auseinandersetzung gegen USPD und Linksradikale um den Einfluß bei den Mitgliedern der Partei konnte sie sich eine derart offene Übereinstimmung und Kooperation mit den herrschenden Klassen nicht leisten, sah sie sich genötigt, auf die zunehmende Friedenssehnsucht Rücksicht zu nehmen; insbesondere nach der russischen Februarrevolution und dem Friedensmanifest des Petrograder Arbeiter- und Soldatenrates vom 27. März 1917 und zeitlich parallel der Gründung der USPD, wurde eine öffentliche Stellungnahme der mehrheitssozialdemokratischen Führung im Sinne der theoretischen und praktischen Vorstellungen der Lensch, Cunow und Haenisch unmöglich. Während Lensch bereits in seiner Schrift ‚Die deutsche Sozialdemokratie und der Weltkrieg' Anfang 1915 dem deutschen Heer eine revolutionäre Funktion als Freiheitskämpfer für das russische Volk bestritten hatte und dazu feststellte, daß, wie für jede Klasse, auch für jedes Volk gelte, daß die Befreiung das Werk der Unterdrückten selbst sein müsse, beanspruchte die Parteimehrheit die russische Revolution und den Sturz des Zarismus als Beweis für die

---

[65] Stimmungsbericht des Büros für Sozialpolitik, 26. 9. 1916, MA 95736, Nr. 101533, Bayr. Hauptstaatsarchiv.
[66] Zur Fraktionierung und Gruppenbildung auf dem rechten Flügel siehe: Das Kriegstagebuch des Reichstagsabgeordneten Eduard David, insbesondere S. 138, Eintragung vom 20. Juli 1915.

Richtigkeit der von ihr vertretenen Kriegspolitik. Auf dem Würzburger Parteitag im Oktober 1917 wahrte Eduard David als Berichterstatter der Reichstagsfraktion die Kontinuität der Begründung der sozialdemokratischen Kriegspolitik auch gegen die in der Partei schon weit verbreitete Theorie Lenschs und hatte dabei allerdings die große Mehrheit der Delegierten auf seiner Seite. Lediglich Max Cohen-Reuß unterstützte in seinem Diskussionsbeitrag die These von der im Kriege zum Ausdruck kommenden Weltrevolution gegen England weitgehend und forderte ein Zusammengehen mit Rußland gegen die angelsächsischen Mächte[67]. Lensch selbst meldete sich zum Fraktionsbericht zweimal zu Wort und vertrat dabei erneut die Kriegsinterpretation der Gruppe, ohne taktische Konzessionen zu machen:

„Der Krieg ist eine Revolution, und wer den Krieg noch nicht als Revolution empfunden und erkannt hat, der hat ihn noch nicht begriffen, mag er noch so viel sentimentale Redensarten machen, mag er den Krieg noch so sehr vom Standpunkt der Krankenschwester aus betrachten[68]."

Im Schlußwort zur Diskussion seines Berichtes hielt David es für nötig, auf Lenschs und Cohens Kritik einzugehen; er warnte davor, über den deutsch-englischen Gegensatz den alten, historischen Gegensatz zwischen dem fortgeschrittenen europäischen Westen und dem europäisch-asiatischen Weltreich im Osten zu vernachlässigen; trotz der Ergebnisse der Februarrevolution hielt David an diesem Gegensatz als dem entscheidenden, den Weltkrieg und die zukünftige Politik bestimmenden fest. Das eher beiläufige Akzeptieren eines vorhandenen deutsch-englischen Gegensatzes bedeutete, das ging aus Davids Worten klar hervor, keineswegs ein Akzeptieren von Lenschs Theorie über den Weltkrieg. Weder galt ihm dieser Gegensatz als der ursächliche, den Krieg und die gesamte europäische und Weltpolitik definierende, noch sah er im Krieg die soziale Revolution; auf diesen Teil der Theorie, der Identifizierung des Weltkrieges als Weltrevolution, ging er in seinen Schlußausführungen mit keinem Satz ein[69].

Lensch nützte daher die Gelegenheit, in einem Diskussionsbeitrag zur Wirtschaftspolitik nach dem Kriege — das Referat dazu hatte Heinrich Cunow gehalten — nochmals auf seiner zur Haltung der Parteiführung gegensätzlichen Ansicht zu insistieren. Dabei erhob er Klage

---

[67] Protokoll über die Verhandlungen des Parteitages der Sozialdemokratischen Partei Deutschlands. Abgehalten in Würzburg vom 14.-20.10.1917, o. O., o. J., S. 385.
[68] Protokoll über die Verhandlungen des Parteitages der Sozialdemokratischen Partei Deutschlands, S. 359.
[69] Protokoll über die Verhandlungen des Parteitages der Sozialdemokratischen Partei Deutschlands, S. 388 ff.

gegen die noch stets andauernde Interpretation des Krieges als eines Freiheitskrieges gegen Rußland, bezeichnete dies nicht nur als Irrtum, sondern klagte, daß eben diese falsche Sicht es auch verhindere, daß die Partei endlich die ihr zukommenden Aufgaben erkenne; den politischen Charakter des Krieges als einen mit der Überwindung Englands auch ein veraltetes gesellschaftliches und ökonomisches Prinzip überwindenden zu erkennen, sah Lensch also nicht nur als Erfordernis an, um der Wirklichkeit gerecht zu werden, sondern auch um in der SPD endlich wieder eine bewußte Einflußnahme auf den Verlauf der geschichtlichen Entwicklung möglich zu machen, wohingegen die herrschende politische Bewußtlosigkeit der maßgeblichen Parteiinstanzen bestenfalls kurzfristiges, an politischen Tagesbedürfnissen orientiertes Agieren zur Folge habe.

Wie dargestellt wurde, ist eines der Momente, die für die Theorie vom Weltkrieg als der Weltrevolution konstituierend waren, die Entwicklung des Kapitalismus selbst mit seiner Tendenz der Konzentration und Monopolisierung, des zunehmenden Einflusses des Finanzkapitals gegenüber dem Industriekapital. Diese Entwicklung überhaupt und die Ausrichtung der gesamten Wirtschaft auf die Belange und Erfordernisse des Krieges im besonderen, welche eine Verstärkung und Beschleunigung jener allgemeinen Tendenz bedeutete, war in Deutschland auf Grund seines rapiden wirtschaftlichen Aufstiegs seit 1870 sowie im Kriege wegen seiner Knappheit an Ressourcen und seiner bedrängten wirtschaftlichen Lage beschleunigt vorangegangen und vorangetrieben worden. Das Zurückbleiben vor allem Englands in dieser Beziehung war für die Gruppe, welche die von Lensch entwickelte Theorie vertrat, und war auch für Lensch bei der Begründung dieser Theorie Grund gewesen, Englands System als ein überholtes, geschichtlich überlebtes und deshalb reaktionäres hinzustellen. Die Dauer des Krieges nun hatte jedoch auch in England wirtschaftliche Eingriffe wie in Deutschland notwendig werden lassen und somit die dem Kapitalismus immanente Entwicklung forciert. Auf diese Neuerungen in der englischen Wirtschaft spielte ein Artikel an, der unter der Überschrift ‚Revolution in England' Lensch selbst heftig und polemisch attackierte und die Anschauung vom Krieg als der Weltrevolution dadurch ad absurdum zu führen trachtete, daß er nachwies, daß Lensch nun auch England als revolutionäres Land bezeichnen müsse, da es sein individualistisches Wirtschaftsprinzip aufzugeben und neben der Einführung von Schutzzoll, Taylorsystem, Prämienentlohnung usw. auch die allgemeine Wehrpflicht beschlossen habe. Nachdem der Autor ironisch feststellte, man könne nun sehen, daß die Engländer Lenschs Revolutionslehre gut begriffen hätten, nachdem er dann die Gründe aufzählte, weshalb diese Art von Revolutionierung des Kapitalismus stets zu Lasten der Arbeiter gehe, endete er seinen Artikel mit einem nochmaligen persönlichen Angriff:

„Hat nicht unser Paulchen Lensch am Ende den Ochs mit der Kuh verwechselt? Ist nicht die Revolution das was kommt, nicht das, was schon ist? Hat Paulchen Lensch die Erde aus dem Gesicht verloren? Wenn ja, dann freilich nicht, weil er zu himmelhoch sich schwang, sondern weil er zu tief in den Dreck gekrochen ist[70]."

Unberechtigt war dieser Angriff jedoch insofern, als Lensch die Veränderungen in England durchaus gesehen und als solche akzeptiert hatte. In seinem im Herbst 1917 erschienenen Buch ‚Drei Jahre Weltrevolution'[71], in einem ‚Die soziale Revolutionierung Englands' überschriebenen Kapitel, ging er zunächst auf eben den Gegensatz zwischen dem historisch überlebten Prinzip des kapitalistischen Individualismus in England und dem fortschrittlichen Prinzip des organisatorischen Kapitalismus in Deutschland nochmals ein — wobei er nun eine etwas größere Zurückhaltung übte in der Benützung des Begriffes ‚sozialistisch' und stattdessen lieber das Wort ‚durchstaatlicht' gebrauchte, welches auf Karl Renner und dessen schon erwähnte Theorien zurückging[72] —, um dann den Zusammenbruch des veralteten englischen Gesellschaftssystems nicht nur zu konstatieren, sondern als Beweis für den revolutionären Charakter des Krieges anzuführen; damit, so Lensch, sei eine der wesentlichen Aufgaben dieser Revolution bereits als erfüllt anzusehen. Als Zusammenbruch interpretierte Lensch Eingriffe wie die Beschneidung der gewerkschaftlichen Rechte in der Munitionsindustrie und später auch in den übrigen Industrien, die Einführung staatlicher Kontrolle in der kriegswichtigen Produktion, Taylorsystem, ständige Zunahme der Bedeutung des Finanzkapitals, insgesamt also die Entwicklung des kapitalistischen Systems, wie sie auch in Deutschland zu verzeichnen gewesen war.

In einem ebenso betitelten Aufsatz in der ‚Glocke' vom August 1918[73] ging Lensch in dieser Einschätzung noch weiter: die Abschaffung des Freihandels und die Einführung von Schutzzöllen sah er als eine Revolution an, weit größer als die in Rußland, denn in Rußland, so erklärte er, handle es sich lediglich um einen Zusammenbruch, in England hingegen um den „Durchbruch zu einer weiteren Gesellschaftsform"[74]. Die wirtschaftliche Vormachtstellung Englands sei nun endgültig dahin;

---

[70] Revolution in England, in: ‚Der Sozialdemokrat', Nr. 27, 6. Juli 1918, S. 2 f.
[71] Paul Lensch: Drei Jahre Weltrevolution, Berlin 1917.
[72] Siehe Anmerkung 52, S. 98.
[73] Paul Lensch: Die soziale Revolutionierung Englands, in: ‚Die Glocke', Heft 20, 17. August 1918, S. 613 ff.
[74] Paul Lensch, S. 617.

daß der Krieg die erhofften Folgen zeitigen werde, dafür waren ihm die entstandenen Auseinandersetzungen zwischen Gewerkschaften und Kapital in England Beweis; eines der von der Gruppe proklamierten Kriegsziele, die englischen Arbeiter aus ihrer Gemeinsamkeit mit den Unternehmern zu lösen, sie für die sozialistischen Ideen und den Internationalismus aufnahmebereit zu machen, hielt Lensch nun bereits für erfüllt.

Den Artikel vom August 1918 kennzeichnet insgesamt eine defensivere politische Grundhaltung, es fehlt ihm jene Arroganz, die früheren Äußerungen aus der vermeintlichen Überlegenheit der deutschen Position erwuchs; Lensch war einem Frieden geneigter, seine Forderungen an den Krieg erklärte er für erfüllt.

Zwei Monate später dann, als die Kriegsniederlage schon sichtbar geworden, geriet die Theorie vom revolutionären Deutschland und reaktionären England Konrad Haenisch zu einem Appell an die Vernunft in der Geschichte:

„Diese Zuversicht (nicht zu unterliegen — der Verf.) gründet sich letzten Endes auf die *doch* in der Weltgeschichte schließlich siegreich sich durchsetzende Vernunft, die es nicht zulassen kann, daß jenes Land, das nun einmal in diesem Kriege das zukunftweisende, revolutionäre Prinzip vertritt, von den — historisch gesehen — reaktionären Kräften auf die Knie gezwungen wird[75]."

Der Weltkrieg als die Weltrevolution — eine Theorie, begründet mit dem Anspruch, den Krieg und seine Ursachen marxistisch zu untersuchen vom Standpunkt der Interessen des internationalen Proletariats aus, wurde so zur tröstenden Hoffnung auf ein letztendlich doch noch siegendes Deutschland.

Wenn die Auffassung der Lensch-Cunow-Haenisch-Gruppe, daß der Krieg als Weltrevolution ein Krieg ursächlich und insbesondere gegen England war, in Widerspruch stand zur rußlandorientierten Interpretation der Parteimehrheit, so muß doch jene Gruppe von ‚Kontinental-Europäern' ausgenommen werden, die, bestehend aus den erklärten Revisionisten wie Max Schippel, Ludwig Quessel, Heinrich Peus, Joseph Bloch und Wilhelm Jannson sich um die ‚Sozialistischen Monatshefte' gruppierte. Eine Übereinstimmung dieser mit den Ansichten der Lensch, Cunow und Haenisch bestand in der Einschätzung Englands als dem Hauptgegner im Weltkriege. Schon auf dem Chemnitzer Parteitag des Jahres 1912 hatten sich Berührungspunkte ergeben zwischen den Anschauungen des damals den radikalen Standpunkt vertretenden Paul

---

[75] Konrad Haenisch: In ernstester Stunde!, in: ‚Die Glocke', Heft 27, 5. Oktober 1918 (Hervorhebung im Original).

Lensch und diesen Revisionisten, deren Stellung Ludwig Quessel definiert hatte[76]. Im Weltkrieg nun zeigte sich angesichts der gegen Rußland ausgerichteten Haltung der Parteimehrheit diese Übereinstimmung noch deutlicher; in den als Doppelheft für die Reichskonferenz von 1916 konzipierten Nummern 18 und 19 der ‚Sozialistischen Monatshefte' wurde die Anti-England-Position dieser Revisionisten exemplarisch deutlich; die ersten drei Beiträge, verfaßt von Carl Severing, Max Schippel und Ludwig Quessel, behandelten Probleme des Krieges allesamt aus dieser Sicht[77].

Dennoch ist diese Übereinstimmung nur eine äußere: für die ‚Sozialistischen Monatshefte' ist die Stellung gegen England Teil ihrer schon lange vor dem Kriege betriebenen revisionistischen Politik, welche Deutschlands Gleichberechtigung als kapitalistische Macht unter den anderen forderte, diese vor allem durch die britische Seemacht verhindert sah, und deshalb sich gegen England richtete. Mit der Theorie vom Krieg als der Revolution, als dem Klassenkampf des Proletariers Deutschland gegen den Reaktionär England, wie sie von Lensch konstruiert worden war, hatte diese politische Einstellung nichts zu tun. Wenn in den ‚Sozialistischen Monatsheften' von ‚revolutionären Wirkungen' des Krieges gesprochen wurde, so war mit dem Begriff ‚revolutionär' lediglich ‚umwälzend' gemeint, wohingegen ein Lensch den Krieg als tatsächliche Revolution begriff, und daß bei dieser Revolution Straßenkämpfe, Barrikaden etc. fehlten, das erklärte er mit dem von einer bürgerlichen Revolution verschiedenen Charakter einer proletarischen, welche eben auch andere Formen nach sich zöge. Als revolutionären Kampf der Arbeiterklasse nämlich interpretierten Lensch, Cunow und Haenisch den Weltkrieg.

Der Unterschied zu diesen war der Fraktion um die ‚Sozialistischen Monatshefte' auch bewußt, und in einer grundsätzlichen Darlegung legte Ludwig Quessel die Differenz bei der Besprechung von Lenschs ‚Die Sozialdemokratie, ihr Ende und ihr Glück' dar[78]. Darin inter-

---

[76] Quessel begann seinen Diskussionsbeitrag zu diesem Thema in Chemnitz folgendermaßen:
„Ich habe das gewiß seltene Vergnügen, hier meine Übereinstimmung mit den Anschauungen der Genossen Lensch und Pannekoek insoweit zum Ausdruck zu bringen (...).“
Protokoll über die Verhandlungen des Parteitages der SPD, abgehalten in Chemnitz, S. 429.
[77] Carl Severing: Zur deutschen sozialdemokratischchen Reichskonferenz 1916.
Max Schippel: Der englische Wirtschaftskrieg nach dem Friedensschluß.
Ludwig Quessel: Die Bedeutung der Seegeltung.
Alle in: ‚Sozialistische Monatshefte', Heft 18 und 19, 14. September 1916.
[78] Ludwig Quessel: Sozialimperialismus, in: ‚Sozialistische Monatshefte', Heft 14, 20. Juli 1916, S. 736 ff.

pretierte Quessel die Kriegstheorie der Lensch, Cunow, Haenisch als Versuch

„die Weltrevolutionsphantasien, mit denen der Radikalismus vor dem Krieg den geistigen Kampf gegen den reformistischen Sozialismus führte, durch das gewaltige Geschehnis der Zeit bestätigt erscheinen (zu) lassen[79]."

---

[79] Ludwig Quessel, S. 740.

Arbeiterschaft, Staat und Gesellschaft — der neue Sozialismus

Daß mit der Deutung des Weltkrieges als Revolution, als Klassenauseinandersetzung, auch der Begriff des Sozialismus mit all seinen Implikationen eine neue Qualität erfuhr, war zwangsläufig; diese inhaltliche Neubestimmung, die bei der Darstellung der Theorien der Gruppe über den Kriegssozialismus, den Imperialismus und den Weltkrieg bereits am Rande anklang, wurde nicht als geschlossenes Ganzes entwickelt und formuliert, sondern ergab sich eher nebenbei als ein Produkt der Neubesinnung bei Kriegsausbruch und der aus dieser Neubesinnung erwachsenen Theorien.

In einem Absatz seines Briefes an Karl Radek hatte Konrad Haenisch bereits konstatiert, daß sich sowohl durch das Anwachsen der organisierten Arbeiterbewegung mit ihren Einrichtungen wie Genossenschaften, Gewerkschaftshäusern, Volkshäusern, Unterstützungseinrichtungen als auch durch die sozialistischen Maßnahmen des Staates das Verhältnis der Arbeiterschaft zum Staate geändert habe; zwar sei das Proletariat noch stets der Feind des Klassenstaates, aber die Methode des Kampfes gegen ihn sei eine andere geworden: nicht mehr die Zerschlagung dieses Staates, denn eine solche träfe auch die Arbeiterschaft, sondern die Umgestaltung von innen heraus auf dem Boden des Bestehenden. Haenischs Wandlung vom Radikalen zum Befürworter der Politik des 4. August lag noch nicht weit zurück, die Bezeichnung des Staates als Klassenstaat, die aus dieser seiner radikalen Vergangenheit zu verstehen ist, sollte bald einem neuen Verständnis weichen. In der im Juli 1915 erschienenen Broschüre ‚Der deutsche Arbeiter und sein Vaterland‘, deren Deckblatt als Motto die letzte Strophe jenes vielzitierten Brögerschen ‚Bekenntnisses‘ zierte, und die mit der dritten Strophe des Deutschlandliedes endete, formulierte Haenisch das Verhältnis von Arbeiterschaft und Staat präziser: zwar bestünden noch Klassengegensätze, doch über diesen stehe das Volksganze, das neben gemeinsamen materiellen Interessen aus der „Blüte einer alle Klassen umspannenden *deutschen Gefühls- und Gedankengemeinschaft*"[80] bestehe. Haenischs gefühlige Art, die auch in dieser Schrift durchdrang, kennzeichnete nahezu jede seiner Äußerungen, in denen er auf das Verhältnis des Proletariats zum Staate einging.

---

[80] Konrad Haenisch: Der deutsche Arbeiter und sein Vaterland, Berlin

Bei Abzug der emotionalen Bekundungen bleibt als seine Vorstellung, daß zwar noch Klassenauseinandersetzungen stattfinden würden nach dem Ende des Krieges und der Aufhebung des Burgfriedens, jedoch nur deshalb, weil reaktionäre Kräfte die Sozialdemokratie wieder dorthin abzuschieben versuchen würden, wo sie vor dem 4. August 1914 stand. Gäbe es diese Versuche nicht, so könnte der Sozialismus bei Bestehenbleiben des alten Staates sich durchsetzen.

Die Formulierung Haenischs von der alle Klassen, auch die Arbeiterschaft, umspannenden Kulturgemeinschaft findet sich auch bei Lensch. Und wie Haenisch, so erblickte auch Lensch im Wachsen der Arbeiterbewegung und dem Aufbau ihrer Einrichtung eine Bewegung des Proletariats auf den Staat zu; während jedoch Haenisch diese Entwicklung eher als ein Nebenprodukt des Klassenkampfes änderte, ging Lensch noch weiter. Er sah den Klassenkampf des Proletariats als einen Kampf an, der nur subjektiv von den jeweiligen Klassen aus noch als Auseinandersetzung mit dem Ziel der Überwindung der je anderen verstanden wurde, der jedoch objektiv historisch nicht die Zerschlagung des Klassenstaates intendierte, sondern Ausgangspunkt und Grundlage eines Politisierungsprozesses war, durch den nun in Sonderheit die Arbeiterklasse mit den Interessen des Volkes verbunden werde, insgesamt aber auch die anderen Klassen und Schichten neu aktiviert und erfaßt, und damit alle Glieder des Volkes in der politischen Teilnahme am Schicksal der Nation vereint werden[81]. Der Kampf für den sozialen Aufstieg der Arbeiter — auf einen solchen verkürzte Lensch hier den Begriff des Klassenkampfes — sei so gleichzeitig zu einem für den nationalen Aufstieg geworden. Die Reichsgründung von 1871 war, so stellte Lensch fest, nur eine *äußerliche* Einigung; die tatsächliche Einigung des deutschen Volkes war eine

---

1915, S. 24; derselbe in: Die deutsche Sozialdemokratie in und nach dem Weltkriege, S. 94 f.
„Früher sah der Arbeiter im Staate nur seinen Feind, der ihn mit Polizisten und Gendarmen, mit Staatsanwälten und Gefängnisaufsehern verfolgte. Heute hat der Arbeiter begonnen, sich selbst als Teil — und wahrscheinlich nicht als den unwichtigsten und schlechtesten Teil — dieses Staates zu fühlen. (...) Aus dem Kampf gegen den Staat wird ein Kampf um die innere Neugestaltung des Staates, die Arbeiterbewegung beginnt, den Staat und seine Institutionen mit ihrem Geist zu durchdringen, ihn ihren Interessen dienstbar zu machen."

[81] „Indem die Sozialdemokratie offen den Klassenkampf proklamiert und die Agitation für den Sozialismus aufnimmt, mobilisiert sie selber die anderen Klassen zur Abwehr (...) und so schließt sich gerade durch den Kampf der Parteien, der fortwährend tobt, und keineswegs bloß in den Zeiten der Wahl, um sie alle, so verschieden sie nach Reichtum und wirtschaftlichen Interessen, nach Beruf und politischer Gesinnung auch sein mögen, immer enger und fühlbarer das einigende Band gleichartiger nationaler Kulturgemeinschaft."
Paul Lensch: Die Sozialdemokratie, ihr Ende und ihr Glück, S. 214, 215.

Aufgabe, welche von der Geschichte der organisierten Arbeiterschaft gestellt worden war, und indem diese die Klassenauseinandersetzung aufnahm, erfüllte sie, wenn auch unbewußt, diese ihre historische Aufgabe und initiierte und erkämpfte die *innere* Einigung Deutschlands. Die Abstimmung vom 4. August geriet Lensch zum Beweis für jene auch innere Einigung; nur da sie erreicht worden sei, könne in diesem Krieg auch die äußere Einheit, das Ergebnis von 1871, verteidigt und erhalten werden. An diesem 4. August und in der Bereitschaft der Arbeiter, diesen Krieg auf sich zu nehmen, habe sich die Ineinswerdung von Klassenbewußtsein und Nationalbewußtsein erwiesen. Obwohl von Lensch nicht artikuliert, kündigte er damit nun gleichsam den Klassenkampf auf, da dieser sein Ziel, die Schaffung der Einheit der Nation, erreicht habe; notwendig würde er nurmehr werden, wenn Teile des Volkes den Versuch unternähmen, diese Einigkeit wieder zu zerstören. Die eigentümliche Dialektik von Lenschs Theorie wird deutlich, wenn man ihre Elemente zusammensetzt: die durch den Klassenkampf errungene Einheit ermöglichte laut Lensch erst Deutschlands erfolgreichen Kampf im Weltkrieg, der seinerseits selbst revolutionäre Auseinandersetzung ist, nämlich Kampf des Proletariats unter den Mächten — Deutschland eben — gegen das reaktionäre England. Darüber hinaus wohnte dem Krieg für Deutschland aber als Ziel auch die Vereinigung mit den Deutschen des Habsburgerreichs inne, eine Vereinigung, die Lensch als mit Sicherheit kommende sah, und zwar im Rahmen eines Mitteleuropa unter deutscher Vormacht. Der Krieg von 1866 habe das Ziel der Ausschließung Österreich-Ungarns besessen, auf daß die kleindeutsche Einigung im Kriege von 1871 möglich geworden sei. Dem Krieg von 1917 nun schob Lensch das Ziel einer großdeutschen Wiedervereinigung auf höherer Ebene zu.

Zu solch weitgehender Reduzierung des Klassenkampfes konnte sich Heinrich Cunow nicht zustimmend äußern; er begnügte sich mit der Erklärung, daß dieser nichts mit Gewalt zu tun habe[82], darüber hinaus hielt er es wohl auch hier für klüger, nicht zu formulieren, was ihm als für die Praxis ohnehin selbstverständlich galt.

An Hand der Theorie vom Kriegssozialismus wie bei der Interpretation des Weltkrieges wurde die eingeschränkte Auffassung vom Sozialismus, welche die Gruppe vertrat, bereits sichtbar. Zunächst: dieser Sozialismus muß nicht mehr errungen werden im Kampf gegen die klassenfeindliche Staatsmacht, sondern in ihm, ja sogar für ihn:

---

[82] Heinrich Cunow: Klasse und Partei, in: ‚Hamburger Echo', Nr. 144, 22. Juni 1916; Teil II, Nr. 145, 23. Juni 1916.
„Vielfach besteht im Bürgertum die Ansicht, der Ausdruck ‚Klassenkampf' bedeutet eine Durchsetzung der Klasseninteressen vermittels irgendwelcher Gewaltakte. Solche Auffassung liegt jedoch durchaus nicht im Marxschen Begriff des Klassenkampfes."

„Wir kämpfen nicht mehr, wie einst, *gegen* den Staat, sondern wir kämpfen *im* Staat und *um* den Staat und wir kämpfen damit zugleich *für* den Staat[83]."

Wenn Haenisch den Kampf für den Sozialismus dabei mit dem Kampf für den Staat gleichsetzte, meinte er somit eben das, was Paul Lensch als die „Identität sozialistischer und nationalsozialistischer Arbeit"[84] bezeichnete. Diese Gleichsetzung konnten die Lensch und Haenisch deshalb formulieren, weil nach ihrer Theorie der deutsche Staat bereits auf dem Wege zum Sozialismus war und weil sie wesentliche Elemente eines solchen in ihm bereits verwirklicht sahen. Der Prozeß dieser Sozialisierung des Staates sei mit dem der Nationalisierung der Sozialdemokratie, der Arbeiterschaft parallel gelaufen[85]. Als Hauptmerkmal der Sozialisierung galt die Organisation, die in mehr und mehr Bereichen des staatlichen Lebens zur Verwirklichung gelange.

Wie aufgezeigt worden ist, hatte die Eigendynamik der Theorien der Gruppe diese immer weiter von jeglicher marxistischer Definition von Sozialismus entfernt, doch sollen hier zunächst jene Äußerungen herangezogen werden, welche noch den Ursprung ihrer Theorien formulierten, und nicht deren — allerdings konsequentes — Ende.

„Monopol und Monopol sind zweierlei"[86]; von dieser Feststellung ausgehend entwickelte Paul Lensch die Forderung nach einer starken Arbeiterbewegung, welche die Aufgabe habe, zu verhindern, daß die kriegsbedingten Sozialisierungsmaßnahmen, unter anderem eben die Monopolbildung, nach dem Ende des Krieges in einer gegen die Arbeiterschaft gerichteten Zielsetzung weitergeführt würden. ‚Organisation im Interesse der ganzen Nation' — dieser die kriegssozialistischen Maßnahmen charakterisierende Grundsatz müsse auch für die Zukunft gelten; Perspektive des weiteren Ausbaues des Sozialismus war für Lensch und Haenisch, die Durchorganisierung der Wirtschaft voranzutreiben, dadurch die anarchische Willkür der kapitalistischen Produktion einzuschränken zugunsten einer Ausrichtung im Interesse der Allgemeinheit, durch Neuorganisation sämtlicher Lebensbereiche schließ-

---

[83] Konrad Haenisch: In ernstester Stunde!, in: ‚Die Glocke', Heft 27, S. 842 (Hervorhebung im Original).

[84] Paul Lensch: Die deutsche Sozialdemokratie, ihr Ende und ihr Glück, S. 217.

[85] „Die Sozialdemokratie sozialisierte die Gesellschaft, die Gesellschaft nationalisierte die Sozialdemokratie."
Paul Lensch: Preußische Junkerherrschaft und englische Weltherrschaft, in: ‚Die Glocke', Heft 37, 15. Dezember 1917, S. 403.

[86] Paul Lensch: Die deutsche Sozialdemokratie in ihrer großen Krisis, Teil I, in: ‚Hamburger Echo', Nr. 7, 9. Januar 1916, Teil II, III und IV finden sich Nr. 8, 11. Januar 1916, Nr. 9, 12. Januar 1916, Nr. 10, 13. Januar 1916.

lich dem organisatorischen Prinzip des Sozialismus vollends zum Siege zu verhelfen.

Merkmal der Sozialismustheorie der Gruppe ist, wie sichtbar gemacht wurde, jenes Prinzip der Organisation, welches, in Wahrheit nur einen einzigen Aspekt von Sozialismus bezeichnend, mehr und mehr zum entscheidenden Inhalt selbst wurde. Jenes Organisationsprinzip, das in zunehmendem Maße die ganze Gesellschaft bestimmen solle, und das im Bereich der Wirtschaft durch die Monopolbildung in den wichtigsten Branchen bereits verwirklicht sei, impliziert, daß dort durch die Konzentration die kapitalistische Anarchie überwunden sei, welche für Lensch Hauptmerkmal der kapitalistischen Produktionsweise war. Jene Organisation der Wirtschaft implizierte für Lensch und Haenisch, daß, da die Monopole den Markt überblicken könnten, da keine Konkurrenz mehr zu fürchten sei, der Zwang zu risikovollen Unternehmungen entfalle, mithin auch an die Stelle willkürlichen Wirtschaftens eine planvoll gesteuerte Produktion trete, was ihnen zunehmend als Sozialismus selbst galt; dies insbesondere, da für sie der Staat, der die Kollektivierung dieser ökonomischen Planung anleitete, ja kein Staat der kapitalistischen Klasse war, sondern einer, der eine Stellung über den Klassen innehatte, der offen war für sozialistische Prinzipien und diese sich zu eigen gemacht hatte, als sie sich als für die Interessen der gesamten Nation nützliche und unentbehrliche erwiesen hatten. Das aber war nach Ansicht Lenschs und Haenischs auf Grund der Kriegserfordernisse in Deutschland der Fall gewesen, und so konnte Lensch, von Haenisch sekundiert, den Verzicht auf eine revolutionäre Umwälzung propagieren und den Sieg des Sozialismus behaupten:

„Wir sehen, während in den gewaltigen Machtentscheidungen auf den Schlachtfeldern da draußen vom Sozialismus anscheinend keine Rede ist, *bereitet er sich auf verschwiegenen Wegen im Inneren als organisierendes Prinzip des Wirtschaftslebens den Weg*[87]."

Da solcher Sozialismus nicht mehr von der Arbeiterklasse erkämpft werden mußte, da er in der Theorie der Lensch und Haenisch mit einer mechanistisch aufgefaßten Gesetzmäßigkeit sich einstellte, da der Klassenkampf somit kaum mehr Bedeutung besaß, war es nur konsequent, wenn Konrad Haenisch nun auch daran ging, ein Bild des neuen Menschen zu gestalten, welches nicht mehr klassenspezifische Merkmale aufwies, sondern die Versöhnung der Klassen voraussetzend, für alle Deutschen schlechthin gelten sollte. Seine höhere Qualität bestand jedoch lediglich in der Summierung von Tugenden, welche nach Meinung Haenischs bislang als unvereinbar gegolten hatten. In einer

---

[87] Paul Lensch: Die deutsche Sozialdemokratie in ihrer großen Krisis, Teil I (Hervorhebung im Original).

Arbeiterschaft, Staat und Gesellschaft — der neue Sozialismus 115

Rede zur Schulpolitik im preußischen Abgeordnetenhaus forderte er es als Aufgabe der Schule, diesen neuen Menschen zu schaffen, der „eisernste Pflichterfüllung, nüchternsten Tatsachensinn und höchstfliegenden Idealismus"[88] in sich vereinen solle. In Haenischs schwärmerischem Enthusiasmus sah dieser neue deutsche Mensch folgendermaßen aus:

„Wir brauchen gewissermaßen *eine Synthese von Alt-Potsdam, Alt-Weimar und Neu-Berlin,* oder — anders ausgedrückt — wir brauchen eine Synthese zwischen Königsberg, der Stadt, wo die reine Vernunft und der kategorische Imperativ geboren sind, den stillen Tälern um Eisenach und Rothenburg herum, wo die blaue Wunderblume der deutschen Romantik blühte, und den Geländen um Dortmund und Oberhausen herum, wo die Schlote rauchen und die Hämmer dröhnen. Aus allen diesen Gebieten, aus allen diesen Elementen, wenn ich so sagen darf, muß der neue deutsche Mensch Keime mit in sich hineinbekommen. Er muß, wenn ich es etwas anders ausdrücken darf, eine Synthese darstellen zwischen Kant und Goethe auf der einen Seite und, wenn Sie Namen aus der neuen Zeit hören wollen, Werner v. Siemens und Karl Legien auf der anderen Seite. Alle diese Wesenselemente muß der neue deutsche Menschentyp in sich vereinigen[89]."

Jene von Haenisch proklamierte Synthese — bei welcher ein Marx fehlt, stattdessen jedoch Kant angeführt wird — zeigt besonders in den beiden Personen Werner von Siemens und Karl Legien, die hier als Vertreter von Kapital und Arbeiterschaft zu gelten haben, den Kern des neuen Menschenbildes, der in der Überwindung des Klassengegensatzes bestehen soll. Die für die Zukunft geforderte Aufhebung der Klassenkonfrontation bedeutete im Grunde die Festschreibung des Burgfriedens auch über die Dauer des Krieges hinaus, sie war die ideologische Begründung für das nach Kriegsende erfolgte Stinnes-Legien Agreement, für die Übereinkunft zwischen Unternehmern und Gewerkschaften. Als solche Forderung war sie jedoch nicht einfach Ausdruck reformistischer Theorie, sondern konsequente Folgerung einer Vorstellung, welche die Grundlagen des Sozialismus bereits verwirklicht sah, und deshalb, stets noch bei Wahrung des marxistischen Anspruchs, über noch vorhandene Klassengegensätze das gemeinsame deutsche Interesse setzte.

Lensch und Haenisch und mehr noch Cunow gingen bei aller Entschiedenheit doch taktisch vor. Ihnen war bewußt, daß die Radikalität

---
[88] Protokoll der 151. Sitzung des Preußischen Abgeordnetenhauses vom 5. Juni 1918, Berlin, o. J., Spalte 10220.
[89] Protokoll der 151. Sitzung des Preußischen Abgeordnetenhauses vom 5. Juni 1918, Spalte 10221 (Hervorhebung im Original).

ihrer Schwenkung von links nach rechts für die Glaubwürdigkeit ihrer Agitation ein Handikap war, und um dieses nicht noch zu vergrößern, vermieden sie es, die Folgerungen ihrer Theorie mit letzter Konsequenz zu ziehen. Insbesondere an die Formulierung dessen, was ihnen Inhalt des neuen Sozialismus war, gingen sie im Ganzen doch recht zurückhaltend heran. Nichtsdestoweniger verzichteten sie keineswegs darauf, in ihrem Organ, der ‚Glocke' diesen zu präzisieren, und zwar bedienten sie sich hierzu des Münsteraner Professors für Volkswirtschaft, Johann Plenges[90], der als Nichtmitglied der Partei es sich leisten konnte, für die Gruppe den Vorreiter zu machen und das politisch Machbare auszukunden. Wo Lensch, Cunow und Haenisch meinten, nicht mehr weiter gehen zu können, war Plenge der, welcher die Grenzen weitersteckte. Auch Plenge selbst war sich dieser seiner Funktion durchaus bewußt, wie aus einem Brief an Cunow hervorgeht:

„Ich hoffe aber, Sie sind doch zufrieden, weil die Klarheit, die beim Ganzen herauskommt, der Sache nützt, und einige Dinge gesagt wurden, die ein in der Partei stehender nicht sagen kann. Es erscheint mir für Ihre Gruppe sehr nützlich, daß jemand da ist, der viel extremer ist wie sie selbst[91]."

Die Aufgabe der Artikel Plenges in der ‚Glocke', deren Aufnahme in die Zeitschrift nicht nur von Haenisch als verantwortlichem Redakteur, sondern auch von Lensch und Cunow gefördert wurde, wird in dieser Briefstelle überaus deutlich.

Seinen ersten Artikel, Beginn einer Serie mit dem Titel ‚Die Revolutionierung der Revolutionäre' brachte die ‚Glocke' im Mai 1917 mit der Anmerkung, daß die Redaktion sich freue, diese und weitere Artikel Plenges zu veröffentlichen, daß sie sich nicht mit allen Ansichten des Autors identifiziere, jedoch darauf verzichte, ihre abweichende Meinung jeweils zum Ausdruck zu bringen[92].

Die neun Artikel der Serie knüpften in der Tat dort an, wo Lensch, Cunow und Haenisch aufhörten, während diese noch den Marxismus

---

[90] Siehe Seite 17 der Arbeit; angemerkt sei, daß Professor Plenge später der Doktorvater Kurt Schumachers war.

[91] Brief Johann Plenges an Heinrich Cunow vom 26. Juni 1917, Nachlaß-Plenge.

[92] Zu dieser redaktionellen Anmerkung, die wohl Cunow veranlaßt hatte, schrieb Haenisch an Plenge, deren Alibicharakter aufdeckend:
„Was ich Ihnen gestern über jene Fußnote sagte, dürfen Sie durchaus nicht so auffassen, als habe er irgend etwas *gegen Sie*. Es ist nur eine aus der Vergangenheit verständliche Ueberängstlichkeit den *eigenen* Leuten gegenüber."
Brief Konrad Haenischs an Johann Plenge vom 15. Mai 1917, Nachlaß-Plenge (Hervorhebung im Original).

für ihre Theorien reklamierten, ging Plenge daran, die Gültigkeit des Marxismus selbst in Zweifel zu ziehen.

Der Weltkrieg habe den Marxismus, dessen Voraussagen widerlegt, der marxistische Sozialismus sei in eine Krise geraten; notwendig sei es nun, zu erkennen, daß der marxistische Sozialismus, ebenso wie der utopische, nur Durchgangsstadium sei, nur ein, allerdings geschichtlich notwendiger Irrtum, durch den die Idee des Sozialismus hindurch mußte. Plenge bezeichnete den Marxismus als ‚prophetischen Sozialismus‘, dessen Irrtümer nun erkannt werden müßten, damit der Durchbruch zum wissenschaftlichen Sozialismus gelinge. Die Hauptfehler des Marxismus sind nach Plenge die zu negative und einseitige Analyse des Kapitalismus, welche dessen große persönlichkeits- und staatsbildenden Kräfte übersehe, Kräfte, welche genuin menschliche Eigenschaften wie Tatkraft, Wagelustigkeit und Härte aufs Höchste entwickelt hätten, der zweite Hauptfehler sei die Auffassung, daß das Proletariat dazu berufen sei, den Sozialismus zu verwirklichen; die Organisierung der proletarischen Massen sei nur ein Faktor zum Sozialismus, zur Organisierung der Massen müsse die der Führer und die des Staates kommen, dann erst sei Sozialismus möglich, denn der innerste Geist des wirklichen, des wissenschaftlichen Sozialismus sei nicht Klassenbewußtsein, sondern allseitige Eingliederung aller einzelner in die menschliche Gesellschaft.

Mit diesen seinen Thesen, die er eben zur ‚Revolutionierung der Revolutionäre‘ geschrieben haben wollte, hatte Plenge in der Tat alles, womit Marx und Engels den wissenschaftlichen Sozialismus begründeten, widerrufen. Was er übernahm, waren lediglich noch die Begriffe, entleert jedoch ihres ursprünglichen Inhaltes. Auch die Enteignung des Privateigentums und seine Vergesellschaftung waren ihm keine Bedingung mehr für den Sozialismus, dessen Inhalt dementsprechend neu war:

„Sozialismus ist nach seinem eigentlichen Wesen organisatorische Zusammenfassung der gesellschaftlichen Kräfte auf dem Grunde einer in der Gesellschaft mit wissenschaftlicher Bewußtheit verbreiteten Einsicht von der Notwendigkeit des Zusammenwirkens aller in einem alle in gleicher Weise als seine Glieder in sich haltenden gesellschaftlichen Lebenskörper[93]."

Im letzten Artikel seiner Serie behandelte Plenge dann Lensch, Cunow und Haenisch als die Gruppe, welche die Notwendigkeit erkannt habe, zum neuen Sozialismus zu gelangen, und welche daran sei, ihn theoretisch zu formulieren. Auf diesen letzten Artikel wird noch einzugehen sein, von Bedeutung im hier Behandelten ist er deshalb,

---
[93] Johann Plenge: Die Revolutionierung der Revolutionäre, Teil 3, in: ‚Die Glocke‘, Heft 8, 26. Mai 1917, S. 305.

weil er ganz ausdrücklich die Verbindung zwischen den Vorstellungen Plenges und den Theorien der Gruppe aufzeigte und den Zusammenhang herstellte. Bestätigt und anerkannt wurde die ganze Arbeit Plenges durch mehrmaligen brieflichen Dank Haenischs, der seine Übereinstimmung mit übergroßem Lob kundtat, so in einem Brief vom 23. Mai 1917, wo er Lensch als Absender solchen Lobes miteinbezog[94]. Auch Heinrich Cunow wußte seine Artikel dermaßen zu schätzen, daß er ihn in einem Brief vom Oktober desselben Jahres zur Mitarbeit auch bei der ‚Neuen Zeit' aufforderte, deren Leitung Cunow inzwischen vom Parteivorstand, der sie Karl Kautsky entzogen hatte, übertragen worden war.

In weiteren Beiträgen in der ‚Glocke' führte Plenge seine Demontage des marxistischen Sozialismus fort, so in einem Aufsatz ‚Die Vernunft in der Weltgeschichte'[95], wo er die ökonomische Notwendigkeit des Sozialismus, seine materialistische Basis überhaupt bestritt und ihn stattdessen zu einem voluntaristischen Produkt der Vernunft machte. In diesem Zusammenhang ging Plenge auch ausdrücklich auf Kant zurück, dessen Aufwertung im Rahmen eines neuen nationalen Sozialismus zuvor auch bereits Lensch, Cunow und Haenisch betrieben hatten, wobei jene jedoch den Philosophen noch nicht beim Namen genannt hatten.

Die Rolle Plenges als eines Vorreiters und auch Propagandisten der Gruppe wird im weiteren noch des öfteren dargelegt werden, die konsequente Weiterführung ihrer Theorien und die rücksichtslose Formulierung der sich daraus ergebenden Vorstellung vom neuen Sozialismus ist aufgezeigt worden; die noch folgenden Artikel fügten dem keine weiteren Inhalte mehr hinzu.

---

[94] „Lassen Sie mich Ihnen noch einmal von ganzem Herzen besonders für Nr. 3 danken. Der Artikel ist *glänzend*, er gehört zu dem *Besten*, was bisher überhaupt über den Gegenstand gesagt ist und ist einer der wertvollsten Aufsätze, die die Glocke bisher gehabt hat. Ich bin *stolz* darauf, die ganze Arbeit bringen zu dürfen — wenn ich als Redakteur auch ‚mal über allzu schlimme Längen stöhne' — Auch Lensch, der Ihnen ja vorgestern schrieb, ist sehr froh, daß wir Sie haben."
Brief Konrad Haenischs an Johann Plenge vom 23. Mai 1917, Nachlaß-Plenge (Hervorhebung im Original).

[95] Johann Plenge: Die Vernunft in der Weltgeschichte, in: ‚Die Glocke', Heft 35, 1. Dezember 1917, S. 334 ff.

Das Selbstbewußtsein der Gruppe — ihre Einschätzung durch Parteimehrheit und Partei-Linke

Die objektiven gemeinsamen Bedingungen, welche aus den Lensch, Cunow und Haenisch eine Gruppe entstehen ließen, sind bereits genannt worden: Es ist dies einmal ihre radikale Vergangenheit, das heißt ihre Herkunft vom linken, marxistischen Flügel der Partei, weiter die Erfahrung des Weltkrieges, welche sie von ganz links auf den äußersten rechten Flügel treten ließ, zum dritten der Anspruch, noch stets den marxistischen Standpunkt zu vertreten und die Ablehnung, sich zu den rechten Reformisten und Altrevisionisten zählen zu lassen. Daß es bei diesen objektiven Gemeinsamkeiten nicht blieb, daß dazu auch die gemeinsame Entwicklung und Aneignung einer Theorie vom Weltkrieg, von einem neuen Sozialismus und den daraus entstehenden Aufgaben der Sozialdemokratie kam, und die gemeinsame Agitation und Propaganda für diese, ist schon aufgezeigt worden. Im folgenden nun soll einmal deutlich gemacht werden, daß darüber hinaus das Bewußtsein, eine eigenständige Gruppe mit eigener Theorie zu sein, welche sich in der Tat auf die drei Genannten beschränkte, durchaus vorhanden war, zum anderen, ob und wie sie als solche von der übrigen ‚MSPD' wie auch von den Linken in ‚USPD', ‚Spartakus' und ‚Internationale Sozialisten Deutschlands' erkannt und eingeschätzt wurden.

Sicherlich gab es noch weitere Sozialdemokraten, welche — ursprünglich Radikale — bei Kriegsanfang auf den rechten Flügel wechselten, etwa Heinrich Schulz, Max Cohen / Reuss, Hermann Wendel, Ernst Heilmann; doch arbeiteten diese nur bedingt mit der Gruppe zusammen, vertraten nur teilweise deren Theorie, nahmen häufig einfach eine Position inmitten des bereits vorhandenen rechten Flügels ein und entwickelten meist keine eigene schöpferische Produktivität mehr. Sie werden deshalb in dieser Studie nur soweit erwähnt, als sie zusammen mit der Gruppe aktiv sind.

Selbstbewußtsein und Darstellung der Gruppe

Die funktionelle Bedeutung des Münsteraner Professor Plenge ist schon dargelegt worden in seiner Rolle als Vorreiter in Bereiche, bei welchen den Lensch, Cunow und Haenisch als Parteimitgliedern Zurückhaltung noch geboten war. Verknüpft mit dieser Funktion war auch die eines Propagandisten der Gruppe, in der er es unternahm, diese als Vertreter der neuen Lehre vom Sozialismus *innerhalb* der Sozialdemokratie darzustellen — er selbst hielt sich für einen dieser Vertreter *außerhalb* der SPD. Plenge, dessen Vorstellungen von Sozialismus vom gewöhnlichen Kathedersozialismus gleichweit entfernt waren wie von der offiziellen SPD-Ideologie, hatte die in der ‚Glocke' vertretene Theorie als die seinen Auffassungen nächststehende erkannt und sich vor allem über eine enge Freundschaft mit Konrad Haenisch der Gruppe genähert. Der Korrespondenz zwischen diesen beiden kann das von Haenisch explicit formulierte Selbstverständnis der Drei als einer Gruppe entnommen werden. Zu Plenges Arbeit an der Serie ‚Die Revolutionierung der Revolutionäre' schrieb ihm Haenisch am 30.5.1917:

„Wenn Sie bei der Besprechung der ‚Umlernen'-Schriften auch *Cunow* erwähnen könnten, würde es mich freuen. Er ist jedenfalls *philosophisch* weitaus der beste Kopf aus unserer Gruppe[1]."

Und im Zusammenhang mit derselben Serie hieß es in einem Brief vom 7. Juli:

„Es ist mir *durchaus* recht, wenn Sie neben Cunow, Lensch und mir noch andere Wortführer der neuen Sozialdemokratie erwähnen[2]."

Als solche von Plenge noch zu nennende Exponenten bezeichnete Haenisch dann Adolf Köster, einen ebenfalls in der ‚Glocke' publizierenden sozialdemokratischen Dichter, und die schon genannten August Winnig und Heinrich Schulz, die zusammen mit Lensch und Cunow Herausgeber der Sozialdemokratischen Artikelkorrespondenz waren, sowie Hermann Wendel.

Die beiden angeführten Briefstellen belegen deutlich das Selbstverständnis, als eigenständige Gruppe in der SPD zu agieren. Sie zeigen darüber hinaus einmal die von dieser betriebene Bündnispolitik mit anderen Vertretern des rechten Flügels der Partei, insbesondere dem Gewerkschaftsführer August Winnig, den Haenisch besonders würdigte[3], zum anderen geben sie bereits einen ersten Einblick in die

---

[1] Brief Konrad Haenischs an Johann Plenge vom 30. Mai 1917, Nachlaß-Plenge (Hervorhebung im Original).

[2] Brief Konrad Haenischs an Johann Plenge vom 7. Juli 1917, Nachlaß-Plenge (Hervorhebung im Original).

[3] „Am meisten käme da (...) *August Winnig* in Betracht, einer unserer begabtesten jüngeren *Gewerkschafts*führer, der mit sehr klarem Blick besonders für die Gewerkschaften alle Konsequenzen aus der Politik des vierten August gezogen hat. Er verfügt zugleich auch über einen guten Sinn für allgemeine Zusammenhänge und theoretische Konzeption."
Brief Konrad Haenischs an Johann Plenge vom 7. Juli 1917, Nachlaß-Plenge (Hervorhebung im Original).

Funktionsverteilung innerhalb der Gruppe, wenn Cunow als der philosophisch Fähigste apostrophiert wird.

Eine ausgesprochene Charakteristik der drei Protagonisten lieferte jedoch erst Plenge im letzten Artikel seiner schon genannten Serie[4]; da dieser Beitrag der Redaktion der ‚Glocke' bereits Wochen vor ihrem Druck bekannt war und in dieser Form wohl kaum gegen den Willen der darin Gekennzeichneten erschienen wäre — zudem besaß Lensch als ständiger Mitarbeiter formelles Einspruchsrecht bezüglich der redaktionellen Gestaltung —, kann davon ausgegangen werden, daß er durchaus den Vorstellungen der so Charakterisierten entsprach. Plenge erläuterte zunächst seine Ansicht, daß die Revision des Marxismus und die Erneuerung des Sozialismus von der Masse nicht geleistet werden könne, sondern einer Führerschaft von wenigen bedürfte; Repräsentanten solcher Führerschaft seien Haenisch, Lensch und Cunow, da sie die drei Linien der Neuorientierung verträten, welche gemeinsam den Ansatz des neuen Sozialismus ergäben.

Haenisch sei der bessere Politiker, weil er seinem politischen Instinkt folgte, und frei von einengender Theorie in natürlicher Gefühlsentscheidung die Politik des 4. August begrüßte und in ihren Konsequenzen vertrat, weil er darin die neuen, zum Durchbruch gekommenen Ideen erkannt habe und damit auch die geschichtliche Selbständigkeit des Geistes[5].

Lensch, so Plenge, sei zu sehr noch den Denkschemata des Marxismus verhaftet, was den Nachteil habe, daß er die lebende Selbständigkeit von Ideen eben nicht erkenne oder doch zu wenig; andererseits habe er durch die konsequente Fortführung des marxistischen Denkansatzes und seiner Anwendung auf den Weltkrieg zum einen die Grenzen des marxistischen Sozialismus aufgezeigt, zum anderen aber doch auch

---

[4] Johann Plenge: Die Revolutionierung der Revolutionäre, Teil 9, 2, Heft 16, 21. Juli 1917, S. 614 ff.

[5] Zu diesem Schlußartikel, der die Gruppe in ihrer Wirksamkeit darstellte und ihre Vertreter charakterisierte, bemerkte Haenisch in einem Brief an Plenge:
„Mit größtem Interesse las ich auch das mir von Cunow übergebene Manuscript des Schlußkapitels. Im allgemeinen kennzeichnen Sie, wenn ich von dem Persönlichen reden darf, die Stellung von Cunow, Lensch und mir durchaus richtig. Nur: *ganz* so ‚unbekümmert', wie Sie meinen, bin ich am vierten August doch nicht meinem von Anfang an allerdings richtigen Instinkt gefolgt. Es hat erst Tage, um nicht zu sagen: Wochen schwerer innerer Kämpfe gegeben. Siehe meinen Brief an Radek, den ich Ihnen oder Teschemacher* wohl schickte und an den sich die ganzen ersten Auseinandersetzungen in der Partei knüpften."
* Ein habilitierter Schüler Plenges, der ebenfalls in Münster wohnte und den Haenisch beim Besuch Plenges kennengelernt hatte.
Brief Konrad Haenischs an Johann Plenge vom 3. Juli 1917, Nachlaß-Plenge (Hervorhebung im Original).

eben aus der Konfrontierung des Marxismus mit dem Weltkrieg das wesentliche bestimmende Moment des neuen Sozialismus erkannt: das Prinzip der Organisation. Lensch sei somit eine entscheidende Figur auf dem „Grabmonument des alten Marxismus"[6]. Plenge, der in Schmollers Jahrbuch für 1918 ebenfalls einen Beitrag über Paul Lensch verfaßt hatte, kennzeichnete diesen dort noch deutlicher als einen Sozialisten, der bereits weit über den Marxismus hinausgegangen sei, dies sich aber nur noch nicht zugestehe.

Während Haenisch und Lensch von Plenge als Politiker eingeschätzt wurden, zeichnete er Cunow als den Wissenschaftler, den Philosophen und Soziologen der Gruppe, dem er die Eigenschaften ‚nüchtern' und ‚pedantisch' zuordnete. Cunow sei der Wissenschaftler, der den Kapitalismus nicht einfach zu bekämpfen gedächte, sondern zunächst ihn auf seinen Entwicklungszustand untersuche, und damit — im Gegensatz zu Marx — zu einer „Theorie des ‚wirklichen Kapitalismus'"[7] gelange. Auch von Cunow meinte Plenge feststellen zu können, daß er bereits grundsätzlich über Marx hinausgelangt sei und insbesondere dessen Staatstheorie im Hegelschen Sinne erneuert habe.

Plenges Darstellung gibt in der Tat wesentliche Charakteristika der Arbeitsweise der Gruppe wieder: Heinrich Cunow war, wie schon des öfteren aufgezeigt worden ist, der Zurückhaltende, auf seine Reputation als Marxist bedacht, eher vorsichtig in seinen Äußerungen. Die Konsequenzen zu ziehen aus den von ihm entwickelten Theorien, das überließ er den anderen, das übernahmen an seiner Stelle Lensch und Haenisch. Cunows Ansehen als Wissenschaftler in der Partei blieb auf diese Weise unangetastet und konnte so den Lensch und Haenisch in dem von ihnen ausgetragenen politischen Kampf als Rückendeckung dienen. Sichtbar wurde diese Rollenteilung auf dem Würzburger Parteitag 1917, als Lensch, wegen seiner Schrift ‚Die Sozialdemokratie, ihr Ende und ihr Glück' heftig angegriffen, zu seiner Verteidigung unter anderem folgendes ausführte:

„Gerade weil es mir unmöglich war, auf die mannigfachen Angriffe zu antworten, möchte ich noch auf folgende Gesamtsituation aufmerksam machen. Sie haben gehört, daß Cunow zum Leiter der ‚Neuen Zeit' gewählt worden ist. Nach meiner persönlichen Überzeugung gibt es keinen Genossen, der derartig zu dieser Stellung berufen ist wie Cunow, nach seiner gesamten wissenschaftlichen und geistigen Qualifikation. Darüber sind wir uns wohl einig. (Zustimmung.) Ich darf aber hinzufügen, daß ich gerade während des Krieges und speziell im dritten Kriegsjahr mit keinem unserer führenden Partei-

---

[6] Johann Plenge: Die Revolutionierung der Revolutionäre, S. 624.
[7] Johann Plenge, S. 625.

genossen derartig in dauernder enger politischer Fühlung gestanden habe wie mit Cunow. Er war mit mir zusammen bis zum 1. Oktober dauernder Mitarbeiter in der ‚Glocke', wir haben in allwöchentlichen Beratungen die politische Stellungnahme immer wieder durchgesprochen und ich ging Schritt und Tritt mit ihm in den grundlegenden Fragen. Ich kann weiter sagen, daß gerade meine Schriften und meine sonstigen literarischen Arbeiten (...) von dem jetzigen Leiter der ‚Neuen Zeit' im allgemeinen in freudiger und anerkennender Weise besprochen sind, und ich hoffe, daß die neue Schrift, die in nächster Zeit von mir herauskommen wird — ich kann das jetzt nicht ändern (Heiterkeit) — ebenfalls freundlich von ihm besprochen wird. In solcher Situation sollte man nicht den einen von uns beiden in die Redaktion der ‚Neuen Zeit' setzen und von dem anderen sagen, werft das Scheusal in die Wolfsschlucht (Heiterkeit)[8]."

Wie das Protokoll deutlich macht, gelang es Lensch recht geschickt, Cunows Ansehen als Marxist und linientreues Mitglied der Mehrheit, welches vom Parteivorstand durch die Berufung in die Redaktion der ‚Neuen Zeit' bestätigt worden war, auf seine eigene politische Haltung zu übertragen und damit den Vorwürfen gegen ihn den Wind aus den Segeln zu nehmen.

Lensch war aus der Gruppe derjenige, der sich am meisten exponierte, dabei stets auf seinem Marxismus beharrte und deshalb mehr noch als Haenisch heftigsten Angriffen ausgesetzt war, die gegen ihn stets eine Note persönlicher Anfeindung erhielten. Während er auch der Schöpfer der meisten Theorien der Gruppe war, fungierte Haenisch mehr als Akklamateur und Verbreiter dieser Theorien, zu denen er selbst weniger beitrug; hingegen formulierte und vertrat dieser entschieden die Konsequenzen dieser Theorien für die Tagespolitik, so etwa in Fragen der Kriegsziele und Annexionen, der Scheidung innerhalb der Partei und so fort. Als Redakteur der ‚Glocke' und als häufiger Sprecher der Mehrheitsfraktion der SPD im preußischen Abgeordnetenhaus war er zudem mehr mit politischer Kleinarbeit belastet[9] als Lensch und Cunow. Dazu kam, daß er ab Herbst 1916 zwar weiterhin die mühevolle Redaktionsarbeit für die ‚Glocke' leistete, auf Grund von Differenzen mit Parvus jedoch selbst so gut wie keine eigenen Beiträge mehr darin veröffentlichte[10]. Auch aus diesem Zu-

---

[8] Protokoll über die Verhandlungen des Parteitages der SPD in Würzburg, S. 312 f.
[9] Im Briefwechsel mit Plenge stöhnt Haenisch häufig über die mühselige Kleinarbeit, die ihm zu wenig Zeit für die Beschäftigung mit grundsätzlichen Fragen lasse.
[10] „Besonders habe *ich selbst* seit dem Herbst 1916, seit die Differenzen mit Parvus begannen, kaum noch etwas für die Glocke geschrieben, sondern Alles, was ich zu sagen hatte, in der *Tagespresse* gesagt. Diese

sammenhang muß Haenischs im Vergleich mit Lensch geringere schriftliche Agitation verstanden werden; dagegen war er häufig auf ausgedehnten Versammlungsreisen unterwegs, wo er Gelegenheit hatte, die Ansichten der Gruppe in der Öffentlichkeit zu propagieren[11].

Zwar liegen für Lensch weniger Quellen über eine derartig intensive Versammlungsagitation vor, doch ist eine solche darum nicht auszuschließen[12]. Was Heinrich Cunow anbelangt, so gibt es keinen einzigen Hinweis dafür, daß auch er auf Kundgebungen als Redner wirkte, es würde zu seiner Art von politischer und wissenschaftlicher Aktivität passen, wenn dies tatsächlich nicht der Fall gewesen wäre. Auch was die Mitgliedschaft in einer der zahlreichen Gesellschaften und Vereinigungen angeht, zog er es vor, außerhalb dieser zu bleiben und zu wirken, während Haenisch und insbesondere Lensch konsequent genug waren, auch über Partei und Gewerkschaft hinaus sich organisatorisch festzulegen und in nichtsozialistischen Gruppen zu wirken. So gehörten beide der ‚Deutschen Gesellschaft 1914' an, in der allerdings auch Reformisten wie Albert Südekum, Carl Legien und Robert Schmidt u. a. Mitglieder waren[13]. Darüber hinaus jedoch war Lensch auch Mitglied der ‚Reichsdeutschen Waffenbrüderlichen Vereinigung', deren Präsident von der Gründung 1915 bis 1917 Generalfeldmarschall August von Mackensen war und von 1917 bis zur Auflösung im Jahr 1918 der Berliner Oberbürgermeister Adolf Wermuth. Nach ihrer Satzung war es Ziel der ‚RWV', das Bewußtsein von der Bedeutung der Bündnisse des Deutschen Reiches zu erhalten und zu vertiefen. Ihrer Programmatik zugrunde lag die Idee eines Mitteleuropa unter deutscher Vorherrschaft.

---

mir gewiß schmerzlichen negativen Konzessionen *mußte* ich machen, um so *wenigstens so lange wie möglich* die Existenz der Zeitschrift zu sichern, die meiner festen Überzeugung nach eine wichtige Aufgabe im Sozialismus wie in der politischen Geschichte Deutschlands zu erfüllen hatte."
Brief Konrad Haenischs an Johann Plenge vom 9. Februar 1918 (Hervorhebung im Original).

[11] In seinen Briefen an Johann Plenge erwähnte Haenisch häufig längere Agitationsreisen, die ihn oft durch zehn und mehr Städte vor allem im westlichen Preußen führten.

[12] So sprach er etwa am 9. April 1915 auf einer Parteiversammlung in Bremen (siehe: W. Eildermann, a.a.O., S. 162), am 4. Januar 1917 in Flensburg zum Thema ‚Der Weltkrieg als Revolution' (siehe: Mitteilungsblatt des Verbandes der sozialdemokratischen Wahlvereine Berlins und Umgegend, Nr. 19, 21. 1. 1917), und noch am 24. Oktober 1918 in Friedrichshafen am Bodensee über ‚Deutschlands geschichtliche Aufgabe' (siehe: ‚Seeblatt'-Tag- und Anzeigeblatt der Stadtgemeinde Friedrichshafen, Nr. 246, 23. Oktober 1918 und Nr. 248, 25. Oktober 1918).

[13] Zu Mitgliedschaft und Programmatik der ‚Deutschen Gesellschaft 1914' siehe: Die bürgerlichen Parteien in Deutschland. Handbuch, hrsg.: Redaktionskollektiv unter Leitung von Dieter Fricke, Bd. I, Leipzig 1968, S. 378 ff.

Ob man folgende Kritik Paul Löbes an Konrad Haenisch interpretieren darf als Anspielung auf eine Mitgliedschaft auch Haenischs in der ‚Waffenbrüderlichen Vereinigung', sei dahingestellt, auf Grund der Quellenlage war sie nicht zu klären;

„(...), wenn Haenisch allzu waffenbrüderlich mit den übrigen Parteien zusammengeht, so wäre es manchmal nötig zu betonen, daß die Genossen für sich selber und nicht für die Partei sprechen[14]."

Wiewohl die Quellenlage, was Kommunikation und Funktionieren der Gruppe nach innen, was Absprachen, Aufgabenverteilung usw. angeht, eher mangelhaft ist, kann doch als gesichert gelten, daß Paul Lensch, Heinrich Cunow und Konrad Haenisch sich auch subjektiv als eine Gruppe für sich verstanden, die offen war für die Mitarbeit anderer Sozialdemokraten vom rechten Flügel, eine Mitarbeit, die in der Tat von Fall zu Fall erfolgte, als eine Gruppe ferner, die sich zum Ziel setzte, für die deutsche Sozialdemokratie eine den durch den Kriegsausbruch gewandelten Bedingungen entsprechende neue Theorie zu schaffen, welche, obgleich auf marxistischer Grundlage, doch verschieden sein sollte von jener der Revisionisten wie auch der radikalen Linken. Dabei beanspruchten sie, die eigentlichen konsequenten Fortführer der Politik des linken SPD-Flügels bis 1914 zu sein[15]. In einem Artikel vom Februar 1916 mit dem Titel ‚Laßt die Toten ihre Toten begraben!' begründete Paul Lensch ausführlich die objektive Notwendigkeit einer neuen Theorie für die gespaltene Partei[16]; Ausgangspunkt seiner Beweisführung war wiederum die von ihm formulierte Theorie der Gruppe vom Weltkrieg als der Revolution. Damit, so Lensch, seien die Revisionisten widerlegt, welche geglaubt hätten, es werde keine Revolution mehr geben und der Weg zum Sozialismus wäre ein evolutionärer. Die Radikalen hingegen seien in ihren Voraussagen bestätigt, doch hätten sie in ihrer Mehrzahl die Revolution nicht als eine solche anerkannt. Dadurch hätten die Revisionisten die Möglichkeit erhalten, nach dem 4. August Taktik und Vorgehen der Partei zu bestimmen, bestärkt dadurch, daß Erscheinungen wie die einheitliche Haltung des Volkes, der Vorrang der parlamentarischen Aktion und andere, die revisionistische Lehre scheinbar bestätigten. In Wirklichkeit sei diese Lehre jedoch unzureichend als Theorie für die neue Politik der Partei, und deshalb gelinge es den Radikalen auch, diesen Mangel nützend, die Partei zu spalten. Aus solcher Analyse heraus kam Lensch dann zu folgendem Urteil über die Partei:

---

[14] Protokoll über die Verhandlungen des Parteitages der SPD, Würzburg 1917, S. 270.
[15] Vgl. Anmerkung 4, S. 45.
[16] Paul Lensch: Laßt die Toten ihre Toten begraben, in: ‚Hamburger Echo', 29. Februar 1916, Nr. 50.

„Sie besteht zurzeit aus zwei Hälften, von denen die eine, die revisionistische, durch ihre theoretische, die andere, die radikale, durch ihre praktische Unzulänglichkeit gekennzeichnet ist[16]."

Notwendig wäre also, eine Politik zu schaffen, in welcher beides aufgehoben ist, in welcher der in den Grundzügen richtigen Praxis der Parteimehrheit auch eine adäquate Theorie entspreche. Wiewohl Lensch mit dieser Feststellung den Artikel endete, wird doch recht deutlich, daß er seine, also die Anschauungen der Gruppe für jene neue Theorie hielt, welcher die Partei bedürfte.

In einer Stellungnahme zu den negativen Kriterien an seiner Schrift ‚Die Sozialdemokratie, ihr Ende und ihr Glück' nannte Lensch die Zielgruppe, an die sich dieses sein Buch und die Agitation der Gruppe richtete, noch genauer[17]: an die große Masse der Parteimitglieder nämlich, denen der Krieg ein Ereignis sei, welches sie zum Überdenken ihrer politischen Position veranlasse, an die, welche bereit seien, aus dem Erleben ein Erlernen zu machen. Über die Beeinflussung und Gewinnung dieser Mitglieder auch Einfluß auf die Politik der Parteiführung zu gewinnen, dies war das Ziel. Daß bei seiner Verfolgung die Gruppe bzw. ihre Protagonisten als einzelne in Auseinandersetzung sowohl mit dem linken revolutionären Flügel wie auch mit der Parteimehrheit um Ebert und Scheidemann gerieten, und diese Auseinandersetzung auch suchten, war nur konsequent.

Die Auseinandersetzung mit der revolutionären Linken

Die von der unterschiedlichen Position her verständlichen Auseinandersetzungen zwischen dem radikalen linken Flügel der Sozialdemokratie und den Lensch, Cunow und Haenisch erhielten ihre spezifische Schärfe und Polemik dadurch, daß jene bis 1914 selbst dem linken Flügel angehört hatten und daß sie auch nach ihrem Überwechseln auf den rechten Flügel der Partei noch auf ihrem marxistischen Anspruch beharrten. Über die Sonderstellung der Gruppe innerhalb der Parteimehrheit waren sich die Linken durchaus im klaren; nicht selten jedoch verzichteten sie in der Agitation auf diese Differenzierung und griffen statt dessen die MSPD als Ganzes an, nannten in einer Reihe etwa: Scheidemann, Heine und Lensch und machten so die breite Mehrheit um Ebert und Scheidemann für die

---

[17] Referentenmaterial vom Bildungsausschuß Niederbarnim: Die Parteinahme der deutschen Sozialdemokratie für den Krieg. Nr. 2 vom Dezember 1914, in: Spartakusbriefe, Hrsg.: Institut für Marxismus-Leninismus beim ZK der SED, Berlin 1958, S. 5 ff.
Diese Nummer 2 des Referentenmaterials findet sich auch im Nachlaß-Carl Giebel, Kassette II, Mappe IX, Nr. 14.

Äußerungen eines Lensch mitverantwortlich. Die objektive Einheitlichkeit der gesamten MSPD in ihrer praktischen Politik zu betonen, hinderte die Linken jedoch nicht, die besondere Position und Rolle der Lensch, Cunow, Haenisch zu untersuchen und in den politischen Kampf aufzunehmen.

Konrad Haenisch im preußischen Abgeordnetenhaus als Vertreter für den Großberliner Wahlkreis Oberbarnim und Niederbarnim war der in Berlin die Mehrheit innehabenden linken Opposition in besonderem Maße ausgesetzt. Die vom sozialdemokratischen Bildungsausschuß in Niederbarnim herausgegebenen Referentenmaterialien, die an Funktionäre und Vertrauensleute der Partei versandt wurden und unter der Federführung Julian Marchlewskis ein wichtiges Organ und Mittel zur Verständigung der Linken insbesondere der späteren Spartakusgruppe waren, gingen schon im Dezember 1914 in einem Beitrag heftig gegen Haenisch vor[17]. Dieser wandte sich gegen einen Artikel Haenischs im ‚Hamburger Echo' vom 1. Dezember 1914[18], in dem die Politik des 4. August gerechtfertigt wurde. Haenischs Gründen, der Krieg habe wider Erwarten nicht zum Zusammenbruch des Kapitalismus geführt, die Massen seien nicht gegen den Krieg gewesen, Deutschland mußte sich gegen den russischen Überfall verteidigen, wird darin widersprochen: zwar sei der Kapitalismus bei Kriegsausbruch nicht mit einem Male zusammengebrochen, das habe auch kein ernsthafter Marxist behauptet, aber seine Schwierigkeiten und Mängel seien deutlich sichtbar; daß die Arbeiter sich nicht gegen den Krieg erhoben hätten, liege daran, daß SPD und Gewerkschaften als die Organisationen des Proletariats zu Komplizen der Regierung geworden seien; hätte sich die Sozialdemokratie gegen den Krieg ausgesprochen, so hätte dies an der Verteidigung gegen Rußland nichts geändert, dafür aber wäre der Kampf gegen den Krieg überhaupt aufgenommen gewesen. Zur Berufung Haenischs auf Marx, zu seinem Anspruch einer marxistischen Position, stellte das Referentenmaterial in seinem letzten Absatz fest:

„Über die ‚marxistischen' Weisheiten, wonach es unsere Aufgabe sein muß, die Interessen des deutschen Kapitalismus zu wahren, können wir zur Tagesordnung übergehen unter Berufung auf Karl Marx, der ähnlichen Seichtbeuteleien gegenüber einmal bemerkte, wenn der ‚Marxismus' so aufgefaßt werde, sei er kein Marxist[19]."

Diese Attacke gegen Haenisch, die sich auch gegen ihn als Leiter der Flugblatt-Zentrale wandte, ging allerdings auf die damals noch kaum sichtbar gewordene Differenz Haenischs zur sogenannten sozialpatriotischen Parteimehrheit nicht ein.

---
[18] Konrad Haenisch: Die Sozialdemokratie und der Krieg, in: ‚Hamburger Echo', 1. Dezember 1914, Nr. 280.
[19] Referentenmaterial vom Bildungsausschuß Niederbarnim, Nr. 2, S. 9.

Ende März bereits bekam Haenisch erneut eine Rüge aus seinem Wahlkreis verabreicht, die sich gegen seine politische Haltung im Abgeordnetenhaus richtete: Bereits im August 1914 hatte ein Erlaß der preußischen Regierung die Jugendorganisationen zur Einführung einer vormilitärischen Ausbildung für Jugendliche ab 16 aufgefordert. Der Parteivorstand der SPD hatte die Teilnahme der sozialdemokratischen Jugendorganisation an dieser Ausbildung abgelehnt[20]; Konrad Haenisch hingegen war für die Teilnahme eingetreten, weil er darin einen Schritt vorwärts in die Richtung der sozialdemokratischen Programmforderung nach dem allgemeinen Milizsystem sah. Gegen diese Haltung Haenischs, die sich mit der Einstellung Lenschs deckte, statt Abbau des Militarismus dessen Ausbau und Ausdehnung zu verlangen, richtete sich die Resolution der außerordentlichen Kreiskonferenz des Kreises Niederbarnim vom 28. März 1915, die mit 81 gegen 37 Stimmen angenommen worden war. Sie lautete folgendermaßen:

„Der Kreisvorstand bedauert die Haltung, die Genosse Haenisch am 3. März 1915 im Abgeordnetenhause eingenommen hat und wendet sich insbesondere ganz entschieden gegen die Stellungnahme Haenischs in bezug auf die ‚Jungsturmkolonnen'. In diesen ist weit eher ein Mittel zu erblicken, um die Verwirklichung unserer Programmforderung auf Einführung der Volkswehr zu vereiteln, als sie ihr näher zu bringen. Der Kreisvorstand erwartet bestimmt, daß sich Genosse Haenisch künftig nicht wieder in so bewußten und direkten Gegensatz zu der fast einstimmigen Haltung der in Betracht kommenden Körperschaft, der Jugendbezirksleiterkonferenz vom 25. Oktober 1914, stellt. Ferner bedauert der Kreisvorstand die unbedingte Zustimmung, die Genosse Haenisch der Phrase vom ‚Burgfrieden' hat zuteil werden lassen, dem ‚Burgfrieden', der sich lediglich gegen die Arbeiterbewegung richtet und selbst von bürgerlicher Seite als etwas rein Äußerliches aufgefaßt und ungeniert durchbrochen wird[21]."

In derselben Nummer der ‚Internationalen Korrespondenz', in welcher diese Resolution abgedruckt wurde, nahm Haenisch auch dazu Stellung, indem er das imperative oder, wie er es nannte, „gebundene Mandat"

---

[20] Vgl. Gunter Krüschet: Ein Brief Konrad Haenischs an Karl Radek, S. 10, Anmerkung 7.

[21] ‚Internationale Korrespondenz' (I. K.), Wochenausgabe, 17. September 1915, N. 25, S. 356.
Konkret richtete sich die Rüge gegen Haenischs Landtagsrede vom 3. März 1915, die später unter dem Titel ‚Deutsche Sozialdemokraten — sozialdemokratische Deutsche', Chemnitz 1915, erschien.
Darin befürwortete er nochmals die militärische Jugendausbildung und führte das noch vorhandene Mißtrauen gegen diese — „einiges von mir bedauerte Mißtrauen" (S. 6, Hervorhebung im Original) — auf die Haltung des Staates vor dem Krieg zurück.

prinzipiell ablehnte und seine Weigerung erklärte, den Forderungen der Entschließung nachzukommen, da diese nicht seiner politischen Überzeugung entsprächen. Sein Mandat zurückzugeben lehnte Haenisch deshalb ab, weil dadurch die Gegner der mehrheitssozialdemokratischen Kriegspolitik in der Landtagsfraktion die Mehrheit bekämen[22], wohingegen radikale Anträge mit Stimmengleichheit weiterhin abgeblockt werden könnten, solange er in der Fraktion verbleibe. Ein Mandatsverzicht wäre, so Haenisch, „gleichbedeutend mit dem Verlassen eines wichtigen Postens im Felde — er wäre *feige Fahnenflucht*"[23].

Nachdem im Januar 1916 die preußische Landtagsfraktion eine Erklärung der Fraktion zur Friedensfrage verlas, welche sich gegen die von der SPD-Reichstagsfraktion vertretene Politik des 4. August wandte und die Regierung unter Bethmann-Hollweg der mangelnden Friedensbereitschaft bezichtigte, distanzierte Haenisch sich öffentlich von dieser Resolution. Diese selbst war nur zustande gekommen, weil Paul Hirsch sich in der Abstimmung auf die Seite der Linken gestellt hatte. Die Minderheit hatte auf eine separate Erklärung im Landtag verzichtet, um nicht die Fraktion im Landtag als gespaltene auftreten zu lassen. Im ‚Hamburger Echo', im ‚Vorwärts' und in der ‚Sozialdemokratischen Partei-Korrespondenz'[24] nahm Haenisch vom Inhalt der Fraktionsentschließung Abstand, verteidigte die deutsche Regierung und schob die Schuld am Kriege den Feinden zu, welche es ablehnten, mit dem Deutschen Reich einen Frieden zu schließen. Der Fraktionsmehrheit aber warf er vor, sich in den Dienst des feindlichen Auslandes gestellt zu haben und damit die Herbeiführung eines Friedens zu erschweren. Des weiteren beklagte er die Intoleranz der Mehrheit, welche von der Minderheit nurmehr dann Redner aufstellten, wenn diese im Landtag bloß zu Sachfragen sprechen könnten. Auch in der ‚Glocke' ließ Haenisch einen Artikel erscheinen, der sich vor allem gegen den ‚Umfall' von Paul Hirsch zum linken Flügel richtete und erneut die friedensfreundliche Politik des Reichskanzlers Bethmann-Hollweg beteuerte[25].

[22] Die sozialdemokratische Fraktion im preußischen Abgeordnetenhaus, zu dem noch nach dem Dreiklassenwahlrecht gewählt wurde, bestand aus zehn Abgeordneten, von denen fünf — Otto Braun, Konrad Haenisch, Paul Hirsch, Otto Hué, Robert Leinert — die Politik des 4. August vertraten, die anderen fünf — Adolf Hofer, Adolf Hoffmann, Paul Hoffmann, Karl Liebknecht, Heinrich Ströbel — der späteren USPD bzw. Spartakusgruppe zugehörten.
[23] Diese, sein Abgeordnetenmandat als kriegswichtige Aufgabe klassifizierenden Worte formulierte Haenisch in einer Stellungnahme, die ebenfalls im September 1915 in zwei Artikeln im ‚Vorwärts' erschien:
[24] ‚Hamburger Echo', Nr. 31, 6. Februar 1916; ‚Vorwärts', Nr. 17, 18. Januar 1916; ‚Sozialdemokratische-Parteikorrespondenz', Nr. 3, 12. Februar 1916.
[25] Hugo Heinemann: Mehr Verantwortlichkeitsgefühl!, in: ‚Die Glocke', Heft 12, 15. Februar 1916, S. 669 ff. Auf diese Kritik antwortete Paul Hirsch

Haenischs Weigerung, sein Mandat zurückzugeben, sein agitatorisches Wirken im Sinne der Theorien der Gruppe ließen ihn stets erneut zum Angriffsobjekt des linken Flügels werden, der vor allem Haenischs gänzliche Mißachtung der Beschlüsse der Parteiorganisation seines Wahlkreises mißbilligte. So wurde ihm in einem auf Grund der Zensur anonymen Flugblatt vom 15. April 1916, das sich mit seiner Schrift ‚Die deutsche Sozialdemokratie in und nach dem Weltkriege' auseinandersetzte, vorgeworfen, er sei Opportunist und ein Feind der Arbeiterklasse geworden:

> „Haenisch kann, wie man sieht, nicht nur vorzüglich rechts und links schreiben, je wie es der jeweilige Auftraggeber verlangte, sein politisches Ehrgefühl ist durch die Kriegswirren derart abgestumpft, daß er sich an das von sozialdemokratischen Wählern übertragene Landtagsmandat ebenso klammert, wie an die sozialdemokratische Brotstelle (gemeint ist damit wohl seine Funktion als Leiter der Partei-Flugblatt-Zentrale — d. Verf.), unbeschadet seiner Rückkehr zum verhaltenen Sturmgesang der fanatischen Feinde der Arbeiterklasse[26]."

Der Kampf der Berliner Linken gegen Haenisch und die MSPD-Fraktion im preußischen Abgeordnetenhaus hielt die gesamte Kriegszeit hindurch an, das Mißtrauensvotum seines Wahlkreises vom März 1915 blieb nicht das einzige. Insgesamt richteten sich diese Angriffe weniger gegen seine spezifische politische Position, wie sie ihn mit Lensch und Cunow verband, sondern subsummierten ihn unter die gesamte rechte Fraktionshälfte[27].

Da Paul Lensch als Abgeordneter nicht einen derart politisierten und sich gegen die Parteimehrheit auflehnenden Wahlkreis vertrat,

---

im übernächsten Heft der ‚Glocke', wobei er feststellte, daß es ihm aus Zensurgründen kaum möglich sei, seine Haltung zu rechtfertigen.
Paul Hirsch: Zur Abwehr, Heft 14, 15. März 1916, S. 806 ff.

[26] Dieses Flugblatt zitierte Eduard David in einem Artikel in der I. K., wobei er die Spartakusgruppe als Verfasser nannte. Davids Artikel sollte ursprünglich in der ‚Glocke' erscheinen, doch lehnte die Zensur des Münchner Kriegsministeriums den Artikel wegen der aus dem Flugblatt zitierten Passagen ab. Vgl.: MKr. 13878, Nr. 56383 und Nr. 9230 o. Z. Geheimes Staatsarchiv München, Abt. IV, ehemals Kriegsarchiv.
Eduard David: Prediger des Hasses, in: ‚Internationale Korrespondenz', Ausgabe W, Nr. 23, 20. Juni 1916, S. 162.

[27] So hieß es in einer Resolution der Kreiskonferenz der Funktionäre und Delegierten des 4. Berliner Reichstagswahlkreises vom 29. 1. 1917:
„Ferner stellten sich die Anwesenden auf dem (sic!) Standpunkt der sozialdemokratischen Landtagsfraktion (alte Richtung), und forderten die Genossen auf, die imperialistische Fraktion Hirsch, Braun, Haenisch und Genossen, die kein Recht mehr haben, im Namen der Sozialdemokratie zu sprechen, nicht mehr anzuerkennen und sie rücksichtslos zu bekämpfen."
In: Mitteilungsblatt des Verbandes der sozialdemokratischen Wahlvereine Berlins und Umgegend, Nr. 22, 11. Februar 1917.

richteten sich die Angriffe der Linken weniger gegen seine parlamentarische Funktion, in welcher er ohnedies nie hervortrat, als vielmehr gegen seine journalistische und literarische Tätigkeit, gegen die von ihm entwickelte Theorie vom Weltkrieg als der Revolution, in welcher Deutschland der Proletarier sei, England aber das reaktionäre Prinzip verkörpere. Dabei wurde sein ‚Umfall' nach dem 4. August in die Polemik gegen ihn wesentlich häufiger miteinbezogen, als dies gegen Haenisch und Cunow der Fall war. So heißt es über Lenschs Revolutionsbegriff in einem Artikel im ‚Sozialdemokrat':

„Zur Verdeutlichung des besonderen Sinnes, den dieser Herr jenem Worte gibt, ist eines vorauszuschicken vonnöten. Zwischen dem 4. August 1914, dem Tag der ersten und dem 2. Dezember 1914, dem Tag der 2. Bewilligung der Kriegskredite hatte unser Doktor: erstens einen Umfall von der Verneinung der Kriegskredite in die Bejahung und zweitens — sei dies Ursache oder Folge dieses Umfalles — eine Idee. Eine Idee, die in jedem Falle die schätzbare Eigenschaft, daß dieser Zeitgenosse aus ihr wöchentlich einen Artikel in der ‚Glocke' vierteljährlich einen Vortrag in der ‚Gesellschaft von 1914' und jährlich ein Buch im Verlag S. Fischer zeugen und trotz alledem sprechen kann wie jene Bauchtänzerin: ‚Ich tanze schon zwanzig Jahre Bauch und er ist noch wie neu[28].' "

Lensch wurde attackiert als derjenige, der am extremsten und konsequentesten für eine neue Politik der SPD, für ein neues Verständnis von Sozialismus eintrat, als der eigentliche Wortführer der Gruppe und ihres Anhanges. Das Zusammenspiel von Lensch mit Cunow, die Arbeitsteilung in der Gruppe, wurden durchaus erkannt und angegriffen: Cunow als der, welcher die marxistisch verbrämte wissenschaftliche Begründung für die Abkehr von der alten und die Errichtung einer neuen Theorie liefere, Lensch dann als jener, der die politischen Folgerungen zöge, der dort weiterspreche, wo Cunow zu schweigen beginne[29]. Von daher ergab es sich auch, daß Cunows Veröffentlichungen meist einer gründlichen Kritik für wert befunden

---

[28] Siehe Anmerkung 70, S. 106.
[29] So heißt es in einer Kritik an Cunows Artikel ‚Weltrevolution' (‚Die Glocke', Heft 37, 9. Dezember 1916, S. 361 ff.):
„Aber solchen Hokus-Pokus kann sich nur der politische Clown Paul *Lensch* erlauben, der es für Dialektik hält, wenn er einen vernünftigen — nebenbei gewöhnlich entlehnten — Gedanken auf den Kopf stellt und mit den Beinen in der Luft herumzappeln läßt. Heinrich *Cunow*, der Historiker der französischen Revolution, muß schweigen, wo er zu dem Punkte gelangt, wie sich ihm die Frage von den politischen Folgen der wirtschaftlichen Revolution aufdrängt, die er aufstellt."
In: ‚Arbeiterpolitik', 13. Januar 1917, Nr. 2, S. 15 (Hervorhebung im Original).

wurden, während in der Auseinandersetzung mit Lensch die Polemik vorherrschte.

Lensch, Haenisch und auch Cunow waren in der SPD an der vordersten Front jener, die bereits sehr früh für eine Scheidung der Linken — Sozialdemokratische Arbeitsgemeinschaft bis Spartakus — von der SPD eintraten und das separate Vorgehen dieser ohne Rücksicht auf eine zu bewahrende Einheit der Partei schärfstens kritisierten. Als am 21. Dezember 1915 neben Karl Liebknecht und Otto Rühle noch 18 Abgeordnete der zentristischen Fraktionsminderheit im Reichstag offen gegen die Kriegskredite stimmten, nannte Paul Lensch die Ablehner Reaktionäre, die auf der Seite der Arbeiterfeinde stünden, die Ablehnung selbst einen Triumph der Arbeiterfeinde[30]. Nach der Reichskonferenz der Sozialdemokratie im September 1916, auf welcher die Lensch, Cunow und Haenisch gerade von der Parteimehrheit angegriffen worden waren, forderte Paul Lensch die endgültige Trennung von der Opposition, nachdem er wie auch Haenisch vorher schon wieder und wieder ein schärferes Vorgehen von seiten des Parteivorstandes gefordert hatte. Die Sozialdemokratische Arbeitsgemeinschaft um Haase und Dittmann und die noch weiter links Stehenden seien lediglich eine Sekte, welche den Anschluß verloren habe, sie sei auf das Niveau der kleinen anarchistischen Zirkel hinabgesunken und bekämpfe nicht den Kapitalismus, sondern deren Gegner, die Sozialdemokratie selbst. Die notwendige Trennung sah Lensch nurmehr als den organisatorischen Nachvollzug einer bereits erfolgten theoretischen Trennung:

„Der Abstand zwischen der aus der Bahn geschleuderten Sekte und der mit der geschichtlichen Entwicklung marschierenden Partei wird mit jedem Tag größer. (...) Da ist es eine innere Unmöglichkeit, diese entscheidenden Unterschiede übersehen und bei Wahlen einer klaren und reinigenden Entscheidung aus dem Wege gehen zu wollen[31]*."*

Den Kampf gegen die linke Opposition interpretierte die Gruppe als einen Kampf gegen die eigene Parteivergangenheit, ein Kampf gegen die hohle Phraseologie, die bis 1914 in der SPD weithin üblich gewesen sei; die Scheidung also von diesen „intransigenten Elementen der Phrase und der Utopie"[32] forderten die Lensch, Haenisch und Cunow als Voraussetzung für eine konsequente Neuorientierung, wie sie am 4. August begonnen worden sei.

---

[30] Paul Lensch: Ein Triumph der Gegner, in: ‚Die Glocke', Heft 10, 15. Januar 1916, S. 557 ff.
[31] Paul Lensch: Sekte und Partei, a.a.O., Heft 37, 6. Dezember 1916, S. 368 ff.; Zitat: S. 372/73 (Hervorhebung im Original).
[32] Paul Lensch: In der Mauser, Heft 44, 27. Januar 1917, S. 641.
Vgl. auch: Paul Lensch: Generaldebatte, Heft 50, S. 881 ff.

Die drei zentralen Organe der Partei, der ‚Vorwärts', die ‚Neue Zeit' und die Frauenzeitschrift (redigiert von Clara Zetkin) befanden sich in den Händen der oppositionellen Arbeitsgemeinschaft bzw. der Spartakusgruppe. Lensch und Haenisch kritisierten seit Anbeginn des Krieges und verlangten wieder und wieder von der Parteiführung, diesem ihrer Meinung nach untragbaren Zustande ein Ende zu machen. Auch in dieser Frage nahmen sie innerhalb der MSPD die konsequenteste Haltung ein im Kampf gegen die Partei-Opposition.

Die Haltung der Lensch-Cunow-Haenisch-Gruppe gegen den linken Flügel war prinzipiell nicht verschieden von jener der Parteimehrheit und Parteiführung. Sie führte die Auseinandersetzung jedoch wesentlich offensiver und entschiedener als diese, lehnte taktische Zurückhaltung grundsätzlich ab und suchte schon nach kurzer Zeit nicht mehr die Partei-Einheit aufrechtzuerhalten, sondern forcierte im Gegenteil die Abspaltung, in der Absicht, daß erst dann die Politik des 4. August konsequent fortgesetzt und die Neuorientierung auch in der Theorie der Partei beginnen könne. Dieser neuen Theorie sollten die von der Gruppe bereits entwickelten Anschauungen zugrundeliegen; der Kampf gegen die oppositionelle Linke war den Lensch, Cunow und Haenisch deshalb eine Bedingung für die Verbreitung ihrer eigenen Theorien.

Während die zentristische Opposition in der Sozialdemokratischen Arbeitsgemeinschaft bzw. in der USPD bei der Kritik der Ansichten der Lensch, Cunow und Haenisch und bei der Polemik gegen die Personen selbst stehen blieb, drang die radikale Linke um die Spartakusgruppe und die Bremer ‚Arbeiterpolitik' auch zu einer grundsätzlichen, differenzierten Einschätzung der Gruppe der Lensch, Cunow und Haenisch vor. Sie gliederten das rechts von ihnen befindliche Spektrum der Sozialdemokratie in drei Gruppen: als Sozialpazifisten bezeichneten sie die führende Mehrheit der USPD um Haase, Dittmann und Kautsky, als Sozialpatrioten die große Mehrheit der MSPD um Ebert und Scheidemann, als Sozialimperialisten aber eben die Lensch, Cunow und Haenisch.

Dieser Sozialimperialismus sei die konsequente Fortführung der sozialpatriotischen Politik des 4. August, während diese nur die kriegsnotwendigen Zugeständnisse an den Staat machen will und im übrigen in einer schwankenden Haltung verharre, habe sich jener voll hinter die Interessen des imperialistischen Staates gestellt und damit eine eindeutige Position eingenommen, die in der Logik des 4. August begründet sei. Die Sozialimperialisten, die aus ihrer radikalen Vergangenheit eine reformistische Politik noch ablehnten, hätten diese in der Praxis zwangsläufig übernehmen müssen, da diese ebenso in der Konsequenz des 4. August liege. Das Verhältnis des Sozialimperialismus zum Sozialpatriotismus definierte die ‚Arbeiterpolitik' dabei folgendermaßen:

„Daß die Revisionisten damit den Männern vom 4. August nicht mehr als die Konsequenzen der Politik des 4. August vorlegten, zeigt die Tatsache, daß bisher Radikale wie Lensch, Haenisch, Heinrich Schulz, Heinrich Cunow diese Konsequenzen akzeptierten. Lensch, indem er offen für die Kolonialpolitik eintritt, Haenisch und Schulz, indem sie den Bruch mit der ‚Demonstrationspolitik' proklamieren, Cunow, indem er mit keinem Worte dagegen protestiert, sondern Hand in Hand mit den genannten arbeitet. Wenn man bedenkt, daß es sich bei Cunow, Lensch und Haenisch um Männer handelt, die ein Vierteljahrhundert als radikale Sozialdemokraten gekämpft haben, daß ihnen der Bruch mit dem alten Standpunkt ganz gewiß nicht leicht wurde, daß sie aber als ehrliche Ideologen nichts anderes tun konnten, als bekennen, was ihre Politik bedeutet, so ist es klar, daß der Sozialimperialismus eine unentrinnbare Konsequenz des Sozialpatriotismus ist: der seiner selbst bewußt gewordene Sozialpatriotismus[33]."

Die Sozialimperialisten zeichne also vor den Sozialpatrioten ihre entschiedene Rücksichtslosigkeit in der Analyse des Bestehenden aus und ihre vorbehaltlose Anerkennung dieses; die Politik des 4. August, die Zustimmung zu den Kriegskrediten, die Unterstützung des militärischen Kampfes, all das bedeute ja, davon auszugehen, daß das Proletariat ein Interesse an der Verteidigung des kapitalistischen Staates habe; sich somit auf den Boden des kapitalistischen Staates zu stellen, schließe aber ein, auch die immanente Entwicklung dieses Staates, seine imperialistische Politik zu akzeptieren, da diese eine zwangsläufige Entwicklung des Kapitalismus sei. Diesen Imperialismus als notwendigen Ausdruck des Kapitalismus akzeptiert zu haben, sei das, was die Lensch, Cunow und Haenisch an Konsequenz auszeichne, sei das, was sie zu Sozialimperialisten mache.

Das Verhältnis der Gruppe zur Parteimehrheit

Daß das Verhältnis der Lensch, Cunow und Haenisch zur Parteiführung und der durch sie repräsentierten Mehrheit äußerst komplizierter Natur war und sich schematisch nicht erfassen läßt, ist in den vorigen Kapiteln am Rande bereits sichtbar geworden.

Bei der Zustimmung zu den Kriegskrediten am 4. August hatte Hugo Haase als Fraktionsvorsitzender in einer Erklärung ausgeführt, daß

---

[33] Nach der Reichskonferenz. 2. Sozialpatriotismus gegen Sozialimperialismus, ohne Verfasserangabe, in: ‚Arbeiterpolitik', 14. Oktober 1916, Nr. 17, S. 129.

die Partei mit der Bewilligung nur das halte, was sie stets beteuert habe, das Vaterland zu verteidigen:

„Da machen wir wahr, was wir immer betont haben[34]."

Gegen diesen Satz opponierten von Kriegsbeginn an trotz Übereinstimmung in der Kreditbewilligung vor allem Lensch und Haenisch, aber auch Cunow. Während vor allem die Parteiführung bemüht war, eine Kontinuität der sozialdemokratischen Politik auch über den 4. August hinweg vorzugeben, während sie mit Zitaten von Karl Marx, Friedrich Engels, Ferdinand Lassalle, Wilhelm Liebknecht, August Bebel und anderen zu belegen suchte, daß die Entscheidung für die Kriegskredite traditioneller sozialdemokratischer Politik durchaus nicht widerspräche, griffen Haenisch und Lensch diese Legitimierungsbemühungen an und behaupteten statt dessen — in dieser Frage Seite an Seite mit der linken Opposition, daß die Entscheidung vom 4. August einen Einschnitt darstelle, einen Bruch bedeute mit der bisherigen politischen Haltung der SPD. So schrieb Haenisch 1916 in dem schon genannten Artikel ‚Die Theorie unserer Praxis':

„Wäre die Politik des 4. August (...) gar nichts anderes gewesen als eine glatte und platte Selbstverständlichkeit, so wäre die Entscheidung für diese Politik nicht den Allermeisten von uns so namenlos schwer geworden, so hätte es nicht so heißer seelischer Kämpfe bedurft, bis sich die Besten unter uns zu ihr durchrangen[35]."

Und noch drastischer und deutlicher formulierte denselben Gedanken Paul Lensch auf dem Würzburger Parteitag der SPD:

„David charakterisierte die Entscheidung vom 4. August als eine Entscheidung von weltgeschichtlicher Bedeutung. Das ist vollständig richtig. In einem gewissen Gegensatz zu dieser Kennzeichnung steht aber die Behauptung in der Erklärung unserer Fraktion vom 4. August, die zum geflügelten Wort geworden ist, nämlich, daß wir mit der Bewilligung wahr machten, was wir immer gesagt hätten. Wenn für die Sozialdemokratie die Entscheidung vom 4. August wirklich eine Selbstverständlichkeit war, wenn wir mit ihr wahr machten, was wir immer gesagt haben, so wäre ja das ungeheure Aufsehen und diese weltgeschichtliche Bedeutung dieser Abstimmung nicht zu erklären. Man muß es aussprechen, daß die weitüberwiegende Mehrheit des In- und Auslandes eine entgegengesetzte Entscheidung der Reichstagsfraktion erwartet hat. Die Zitate aus den Heiligen Schriften von Marx und Engels (Heiterkeit), mit denen

---

[34] ‚Sozialdemokratische Partei-Correspondenz', 9. Jg., 1914, Nr. 17, S. 331.
[35] Konrad Haenisch: Die Theorie unserer Praxis, in: ‚Die Glocke', Heft 16, 15. Juli 1916, S. 612.

man die Entscheidung vom 4. August zu begründen versucht hat, sind nicht durchschlagend. Ich erkläre mich bereit, jedem Zitat, das man für die Entscheidung vom 4. August angeführt hat, drei Zitate gegenüberzustellen, die das Gegenteil beweisen[36]."

Jene Kontinuitätsthese zu bekämpfen und zu widerlegen war der Gruppe deshalb so wichtig, weil sie zu sehen glaubte, daß die Partei, so lange sie das Besondere des 4. August, seine Bedeutung nicht erkannte, auch nicht bereit war, ihr Programm und ihre Theorie grundsätzlich neu zu überdenken. Nach Meinung von Lensch, Haenisch und Cunow jedoch beinhalteten der 4. August und die ihm folgende Politik etwas Neues, und es sei notwendig, dies zu erkennen und auch die theoretischen Konsequenzen zu ziehen und die Partei auf ein neues Programm zu orientieren. Die Probleme des Krieges zu lösen, so Lensch, setze die ehrliche Einschätzung der Entscheidung vom 4. August voraus, nur dann sei die Partei in der Lage, der Zerrüttung der SPD zu begegnen und die Massen auf ihrer Seite zu halten. In seiner Schrift ‚Die Sozialdemokratie, ihr Ende und ihr Glück' präzisierte Lensch die Bedeutung, die er in der Entscheidung des 4. August sah, genauer[37], die Zustimmung zu den Kriegskrediten und die Unterstützung der Regierung war ein richtiger Schritt; indem sie eine bis dahin falsche Politik korrigierte, welche die politische Lage Europas und insbesondere die Stellung Englands und des englischen Proletariats falsch gesehen hatte, erfordere sie nun das Eingeständnis dieser bis zum August 1914 verkehrten Politik, damit der Partei diese Entwicklung bewußt werde und eine solche in der Zukunft ausgeschlossen werde.

Die von Lensch und Haenisch stets erneut geforderte und begründete ehrliche und illusionslose Einschätzung des 4. August wurde von der Parteimehrheit nicht vollzogen; der sozialdemokratischen Führung schien es günstiger, den Anspruch der politischen Kontinuität zu wahren. Die von Lensch formulierte Erklärung, mit welcher die Partei die Bewilligung der Kriegskredite begründen sollte[38], wurde von der Fraktion nicht übernommen.

---

[36] Protokoll über die Verhandlungen des Parteitages der SPD in Würzburg 1917, S. 357.

[37] Paul Lensch, S. 117 ff.

[38] Wie eine solche Erklärung statt der von Hugo Haase verlesenen hätte lauten sollen, formulierte Lensch im zweiten, ‚Kritisches zum 4. August' überschriebenen Artikel einer vierteiligen Serie mit dem Titel ‚Die deutsche Sozialdemokratie in ihrer großen Krisis':

„Die Sozialdemokratie hat laut zu erklären, daß sie mit ihrer Haltung vom 4. August nicht anderes getrieben haben will und auch nichts anderes getrieben hat, als ein Stück Klassenkampf."

Dies aber drücke die Fraktionserklärung nicht aus, sie hätte deshalb lauten müssen:

„Auf unserer Seite steht der historische Fortschritt! Die Sache der De-

Lensch selbst, der bis Kriegsbeginn häufig als Sprecher der Fraktion zu verschiedenen Themen bestimmt worden war, wurde seit dem Ausbruch über die gesamte Dauer des Krieges hinweg kein einziges Mal als Redner nominiert; diese Zurückstellung wurde keineswegs in Rücksichtnahme auf die Linken getroffen, auch wenn es zunächst mit ein Grund gewesen sein mag, daß man diese nicht durch die Nominierung eines Mannes provozieren wollte, der einst selbst in ihren Reihen gestanden hatte; doch auch nachdem sich die linke Opposition in der ‚Sozialdemokratischen Arbeitsgemeinschaft' zu einer eigenen Fraktion zusammengeschlossen hatte, ja auch nach der Gründung der USPD wurde Lensch nie zum Sprecher bestimmt. Wiewohl die Parteiführung die Existenz der Lensch-Cunow-Haenisch-Gruppe, ihre Theorien und ihre Aktivität durchaus in ihre Politik einzubeziehen und zu nutzen wußte, hütete sie sich doch davor, an einem derart öffentlichkeitswirksamen Ort, wie der Reichstag es war, Lensch sprechen zu lassen. Die Ansichten der Gruppe in solcher Weise parteioffiziell aufzuwerten, schien ihr wohl gegenüber Mitgliedern und Anhängerschaft zu gefährlich. Daß zu diesen Überlegungen auch persönliche Gründe wie Mißtrauen und Mißgunst hinzukamen, scheint zwar sicher, entscheidend dürfte das jedoch nicht gewesen sein[39].

Keine Bedenken hatte die Parteiführung hingegen, Paul Lensch als Mitarbeiter für das Sammelwerk ‚Die Arbeiterschaft im neuen Deutschland' zu akzeptieren. Zu diesem Sammelwerk hatten sich bürgerliche Intellektuelle und sozialdemokratische Politiker zusammengefunden, um damit die seit Kriegsbeginn veränderten innenpolitischen Verhältnisse, das Zusammenarbeiten aller Parteien und die neue

---

mokratie und des internationalen Proletariats ist unlösbar mit dem Geschick Deutschlands verbunden. Deshalb stimmen wir für die Kredite."
Die Artikelserie erschien im ‚Hamburger Echo', N. 7, 9. Januar 1916, Teil I, Nr. 8, 11. Januar 1916, Teil II, Nr. 9, 12. Januar 1916, Teil III, Nr. 10, 13. Januar 1916, Teil IV. Als Broschüre der unveränderte Abdruck der Artikel ebenfalls 1916 in Hamburg.

[39] Konrad Haenisch in einem Brief an Johann Plenge vom 27. Juli 1917: „*Lenschens* Einfluß in der Fraktion ist *leider* ganz gering. Seit Kriegsbeginn ist er noch nicht *einmal* (auch in keiner noch so nebensächlichen Frage) von der Fraktion zum Redner bestimmt worden. Das hängt mit seinen persönlichen Unarten zusammen, aber auch sonst lassen die herrschenden Parlaments- und Partei*bureaukraten* Leute, die aus der Schablone herausfallen, nur höchst ungern aufkommen. Es ist weniger bewußte Konkurrenzangst als *rein instinktive* Abneigung."
Und derselbe in einem Brief an Johann Plenge vom 6. Mai 1918:
„Sehr viel trägt dazu das *unüberwindliche* Mißtrauen unserer Leute gegen den politischen Hauptmitarbeiter (gemeint ist: der ‚Glocke' — d. Verf.) bei. Trotzdem er zweifellos der in allen Fragen der äußeren Politik weitaus Beschlagenste ist, hat die Fraktion ihn doch seit Kriegsbeginn weder über die äußere Politik noch über irgendeine andere Frage *auch nur einmal* reden lassen!"
Nachlaß-Plenge (Hervorhebung im Original).

Einigkeit in Deutschland zu demonstrieren. Inaugurator dieses Werkes war der Direktor der Bibliothek des Preußischen Herrenhauses, Friedrich Thimme, der gemeinsam mit Carl Legien, dem Vorsitzenden der Generalkommission der Gewerkschaften, auch als Herausgeber fungierte[40]. Als Mitautor an diesem Sammelwerk galt der ehemals radikale Lensch als ein Gewinn, als ein besonderer Beweis für die durch den Krieg geschaffene neue Situation.

Die angeführten Beispiele machen deutlich, wie differenziert das Verhältnis von der die Parteimehrheit repräsentierenden Parteiführung zur Gruppe um Lensch, Cunow und Haenisch einzuschätzen ist und wie sehr die jeweiligen Bedingungen und Interessen zu berücksichtigen sind. So waren Lensch, Haenisch und Cunow von ihrer intellektuellen Kapazität, ihrer jahrzehntelangen Erfahrung in der Parteiarbeit und von ihrer journalistischen Begabung her für die Partei nicht ohne weiteres zu ersetzen, zumal da durch die Abspaltung der Linken der verbleibenden Mehrheitssozialdemokratie die Mehrzahl der bekannten Redner und in der großen politischen Agitation gewandten Parteimitglieder verloren gegangen war. Als im Oktober 1916 der Parteivorstand ein vom Oberkommando in den Marken erlassenes Erscheinungsverbot für den ‚Vorwärts' dazu nutzte, um diesen der zentristischen Opposition zu entreißen, da sollte auch Konrad Haenisch in die neue Redaktion des Zentralorgans aufgenommen werden, vielleicht sogar die Leitung übernehmen, doch wagte es der Parteivorstand letztlich doch nicht, ihn in einer solch exponierten Situation, wie es die Redaktion des Organs der Gesamtpartei war, journalistisch tätig werden zu lassen[41]. Statt dessen übernahm Friedrich Stampfer, der Scheidemann-Intimus, die Leitung des ‚Vorwärts'; zwischen Stampfer und der

---

[40] Autoren der Sozialdemokratie waren neben Paul Lensch: Gustav Noske, August Winnig, Philipp Scheidemann, Paul Hirsch, Carl Legien, Hugo Heinemann, Robert Schmidt, Paul Umbreit und Heinrich Schulz. Die Autoren aus dem bürgerlichen Lager waren: Hermann Oncken, Friedrich Meinecke, Gerhard Anschütz, Ernst Francke, Edgar Jaffé, Waldemar Zimmermann, Ferdinand Tönnies, Ernst Troeltsch, Paul Natorp, Friedrich Thimme, mit Ausnahme der letzteren also sämtlich Universitätsprofessoren.
‚Die Arbeiterschaft im neuen Deutschland', hrsg. von Friedrich Thimme und Carl Legien, Leipzig 1915.

[41] Über Haenischs nicht erfolgte Aufnahme in die Redaktion berichtet Wolfgang Heine in seinen Erinnerungen:
„Auch noch nachdem die unnatürlich gewordene Verbindung gelöst war (Heine bezieht sich hier auf die Spaltung der Reichstagsfraktion — d. Verf.), und der Parteivorstand die Verfügung über das Zentralorgan Vorwärts erlangt hatte, wagte er es nicht, in die Redaktion Konrad Haenisch (sic!) aufzunehmen, weil dieser — einst selber ein Prediger mit revolutionären Phrasen, der sich dann in der praktischen Arbeit eines Gescheiteren belehrt hatte — den Radikalen besonders verhaßt war."
Heine-Erinnerungen, ‚Politische Aufzeichnungen', Manuscript, Bd. 3, 4. August 1914 - 24. Oktober 1918, Kleine Erwerbungen 371-3, S. 26, Bundesarchiv Koblenz.

Gruppe, vor allem Lensch, entwickelte sich in der Folge ein äußerst gespanntes und polemisches Verhältnis.

Im Oktober 1917, nachdem im gleichen Jahr mit der Gründung der USPD die Spaltung der deutschen Sozialdemokratie endgültig geworden war, entließ die Parteiführung auch Karl Kautsky als Leiter des wissenschaftlichen Organs der Partei, der ‚Neuen Zeit'; zum neuen Redakteur ernannte sie Heinrich Cunow, der daraufhin bei der ‚Glocke' als ständiger Mitarbeiter ausschied. Sein Nachfolger dort wurde August Winnig. Die Ernennung Cunows belegt einmal den Mangel an geschulten Ideologen in der MSPD, zum anderen, daß die schon beschriebene Taktik Cunows, eher zurückhaltend zu agieren, durchaus erfolgreich war. Mitausschlaggebend dürfte jedoch auch die Tatsache gewesen sein, daß die ‚Neue Zeit' nur von einer verhältnismäßig geringen Zahl von Parteimitgliedern gelesen wurde, so daß die Parteiführung es sich leisten konnte, diese zu einem Organ der entschiedensten Rechten werden zu lassen.

Im gesamten Spektrum der SPD bewirkte die Existenz einer Gruppe wie die der Lensch, Cunow und Haenisch, die den neuen, äußersten rechten Flügel bildete, eine Verschiebung des Zentrums nach rechts: das ehemalige Parteizentrum um Kautsky und Haase gehört nun zum linken Flügel, während die ehemals Rechten nun mit Ebert und Scheidemann die neue Mitte bildeten. Der Ausschluß der Linken und die Gründung der USPD, eine Folge schon dieser Verschiebung, befestigte diese neue Gewichtung. Das neue Zentrum nun, die Parteimehrheit um Ebert und Scheidemann, wußte diese Situation zu nützen: so ließ sie einerseits die Lensch und Haenisch agitieren und aktiv werden für ihre Ansichten — denn je lauter und extremer die Parolen von ganz rechts wurden, desto gemäßigter mußte sie, die neue Mitte, nun erscheinen, andererseits distanzierte sie sich in bestimmten Situationen von dieser neuen Rechten, um so ihre eigene im Vergleich dazu gemäßigte Position herauszustreichen.

Diese letztere Taktik schlug die Parteimehrheit auf der im September 1916 abgehaltenen Reichskonferenz ein, auf der zum letzten Mal sämtliche Flügel der deutschen Sozialdemokratie vertreten waren. Die Parteimehrheit richtete die Front gegen die äußerste Rechte, beanspruchte konsequent die Mitte; die Rechte wurde zum Schweigen verurteilt oder schwieg freiwillig. Denn auch der rechte Flügel wußte, daß dieses Verhalten taktisch war, auch Lensch stimmte der gegen Annexionen sich aussprechenden Resolution der Mehrheit zu; nach der Konferenz vertraten die Lensch, Cunow und Haenisch ungeachtet aller Beschlüsse weiterhin ihre eigenen Ansichten, griffen sie sogar die Parteimehrheit wegen ihrer Haltung dort an. So ließ Konrad Haenisch am 7. Oktober in der ‚Glocke' einen Artikel zur Reichskonferenz erscheinen, dessen Autor nicht genannt wurde. Darin wurde erneut heftig beklagt, daß die Mehrheit noch stets nicht die besondere historische Bedeutung des 4. August erkannt habe, daß es die linke Minderheit gewesen sei, die ausgesprochen habe, daß die Entscheidung vom 4. August ein Bruch mit der bisherigen Politik gewesen sei. Diese Fehleinschätzung auf Seiten der Mehrheit sei auch der Grund dafür, daß stets noch nicht eine politische Neuorientierung in Gang gekommen sei; der Artikel endet mit einer Attacke auf Scheidemann und Ebert, nachdem zuvor die Mehrheit insgesamt mit dem Vorwurf der ‚politischen Kleingeisterei' bedacht worden war:

„Bei den Referaten der beiden Mehrheitsredner jedoch, Scheidemann und Ebert, wurde der Mangel historischen Blicks zur gefährlichen Blöße und beraubte die beiden Redner just ihrer wichtigsten und entscheidensten Argumente[42]."

Auf dem Würzburger Parteitag 1917, als die Linke aus der Partei ausgeschieden war, wurde von einzelnen Delegierten zwar an der politischen Position Haenischs und vor allem Lenschs zum Teil heftige Kritik geübt, doch blieb diese alles in allem von geringem Ausmaße, insbesondere wenn berücksichtigt wird, daß die ‚Linke' in der MSPD um Adolf Braun in der ‚Fränkischen Tagespost' vor Beginn des Parteitages mehrmals aufgefordert hatte, nach dem Ausschluß der Unabhängigen nun auch gegen die Rechte in der Partei vorzugehen. Der Parteivorstand selbst hatte auf jegliches Vorgehen gegen den rechten Flügel verzichtet und in seinem Schlußwort zur Debatte über den Vorstandsbericht hatte Ebert ausdrücklich das Recht der freien Meinungsäußerung für jedes Parteimitglied bestätigt; sofern diese nicht gegen das Parteistatut verstießen, könne der Vorstand nicht einschreiten.

Dieses sehr zurückhaltende Benehmen des Parteivorstandes fand nach Beendigung des Parteitages in der anschließenden Diskussion in den Parteigliederungen nicht selten heftige Kritik von Seiten der Mitglieder. Vielerorts war man an der Basis der Partei der Ansicht, daß gegen den rechten Flügel entschiedener vorzugehen sei[43].

---

[42] Die Reichskonferenz, in: ‚Die Glocke', Heft 28, 7. Oktober 1916, S. 1 ff., Zitat S. 4/5.

[43] So heißt es im Stimmungsbericht des Büros für Sozialpolitik vom 11. November 1917:
„In der Kreisversammlung des 20. sächsischen Wahlkreises hat der Berichterstatter vom Parteitag sich ziemlich scharf gegen Lensch und Heilmann gewendet und bedauert, daß der Parteivorstand diesen schon bedenklich ‚im bürgerlichen Lager stehenden Genossen' nicht ebenso entschieden entgegengetreten sei wie den Unabhängigen. Hierzu ist zu bemerken, daß es allgemein aufgefallen ist, wie wenig der Parteitag sich gegen die Rechte innerhalb der Partei gewendet hat. Es ist dies letzten

Die Politik der Lensch-Cunow-Haenisch-Gruppe zielte darauf ab, der von der Parteimehrheit betriebenen Politik des 4. August durch eine revidierte Parteiideologie eine neue theoretische Grundlage zu verleihen, auf welcher die Partei dann schneller und konsequenter nach rechts wandern würde; in allen anstehenden grundsätzlichen Problemen ebenso wie bei ad hoc zu lösenden Tagesfragen wurde die Parteiführung deshalb von rechts ermuntert und angetrieben, wurden Entscheidungen, die nach Meinung Lenschs und Haenischs noch den Geist von vor 1914 atmeten, den ‚Geist der Opposition um der Opposition willen und der Selbstausschaltung', wie ihn die Gruppe nannte, heftig kritisiert. So etwa im November 1917: nachdem die Kanzlerschaft Michaelis' unhaltbar geworden war und Graf Hertling neuer Reichskanzler wurde, hatte die MSPD eine Teilnahme an der Regierung noch abgelehnt, lediglich August Müller war als Unterstaatssekretär ins Kriegsernährungsamt entsandt worden. In einem Artikel vom 17. November tadelte Lensch diese taktische Zurückhaltung als politische Unklugheit, als eine Fortsetzung der Politik der Halbheiten. Wer, wie die SPD, den Parlamentarismus erstrebte, der dürfe sich nicht der Mitarbeit entziehen. Für Lensch war diese Inkonsequenz einmal mehr ein Beweis dafür, daß die Partei „theoretisch wie taktisch von der Hand in den Mund (lebe)"[44] und endlich mit der politischen Neuorientierung zu beginnen habe. Bei der nächsten Regierungskrise werde sie sich ihrer Verantwortung nicht mehr entziehen dürfen.

Die Kritik Lenschs zeigt recht deutlich, wie die Parteiführung von rechts auf einen Weg gedrängt wurde, den sie, da er in der Konsequenz ihrer eigenen Politik lag, nicht selten im weiteren tatsächlich beschritt.

Auch bei der Bewertung des Friedensvertrages von Brest-Litowsk ging Lensch weiter als die Mehrheit der Fraktion; in der Sitzung der Reichstagsfraktion argumentierte Lensch für die Zustimmung zum Vertragswerk, und als die Mehrheit für Enthaltung plädierte und auch im Reichstag in dieser Weise abstimmte, unterwarf er diese Haltung wiederum heftiger Kritik[45]. So wie Lensch mühten sich auch Haenisch und Cunow um die folgerichtige Weiterführung und Ausdehnung der Politik des 4. August; Cunow vor allem auf wirtschaftspolitischem Gebiet, wo er seinen in der Mehrheitspartei geschätzten Sachverstand dazu nützte, auch die Stellung der SPD zur Finanz- und Wirtschafts-

---

Endes ein Zeichen der Verschiebung des Schwerpunktes nach rechts, die der Austritt der Unabhängigen automatisch zur Folge haben mußte."

[44] Paul Lensch: Erwartung und Zweifel, in: ‚Die Glocke', Heft 33, 17. November 1917, S. 247.

[45] Paul Lensch: Friedensschlüsse und Kriegskredite, Heft 50, 16. März 1918, S. 839 ff.; und ders.: Friedenswerk und Diplomatenkunst, Heft 52, 30. März 1918, S. 897 ff.

politik zu revidieren, so etwa, indem er theoretisch zu begründen suchte, weshalb für die Sozialdemokratie die Abkehr vom Prinzip, indirekte Steuern abzulehnen, notwendig sei[46]. Die Differenzen der Gruppe zur Parteiführung, ihre Auseinandersetzungen werden im Folgenden am Beispiel einiger wesentlicher Probleme noch expliziert werden, im grundsätzlichen Zusammenhang des Verhältnisses der Lensch-Cunow-Haenisch-Gruppe zur Parteimehrheit genügen die angeführten Beispiele.

---

[46] Heinrich Cunow: Arbeiterinteressen und Steuerprinzipien, in: ‚Hamburger Echo', 9. Februar 1916, Nr. 33; ders.: Sozialdemokratische Steuerpolitik, 19. Februar 1916, Nr. 42; ders.: Steuerdogmatik und Steuermöglichkeiten, in: ‚Vorwärts', 24. Februar 1916, Nr. 54, Teil I, 25. Februar 1916, Nr. 55, Teil II.

Die Haltung zum Problem der Annexionen und des Kolonialismus

Aus ihrem Verständnis vom Weltkrieg als der Weltrevolution ergab sich für die Lensch, Cunow und Haenisch eine von Skrupeln freie Haltung in der Kriegszieldiskussion: welchen Grund sollte es geben, dem revolutionären, aufstrebenden Deutschland Annexionen und Kolonien prinzipiell zu verweigern? Auf der Grundlage dieses der Gruppe eigenen Verständnisses vom Weltkrieg bestand keinerlei ideologische Schranke gegenüber der Forderung nach territorialer Ausdehnung. So waren Lensch und Haenisch auch in dieser Frage wesentlich entschiedener und eindeutiger als die Führung der MSPD, die sich aus Rücksicht sowohl auf die linke Opposition wie auf die Stimmung der Parteimitglieder weit mehr zu taktischer Vorsicht und Zurückhaltung genötigt sah.

Das Selbstbestimmungsrecht

Die Forderung nach dem Selbstbestimmungsrecht der Völker, die in weiten Kreisen sowohl der Mehrheitssozialdemokratie wie auch der USPD im Zusammenhang mit der Kriegszieldiskussion einen großen Stellenwert innehatte, erschien der Gruppe vorrangig zu bekämpfen notwendig, da nach ihrer Meinung erst nach einer wirklich sozialistischen Einschätzung dieses Prinzips eine sinnvolle Debatte der Kriegsziele möglich sei. In einem Artikel vom Dezember 1915 mit der bezeichnenden Überschrift ‚Die Selbstbestimmungsflause'[1] setzte sich Paul Lensch grundsätzlich mit dem Begriff auseinander. Das Selbstbestimmungsrecht habe mit der marxistischen Theorie nichts gemein, im Gegenteil, Marx und Engels hätten stets den historischen Fortschritt als das Prinzip definiert, welches vor aller nationalistischer Kleinstaaterei Vorrang habe. Das Selbstbestimmungsrecht sei in Wirklichkeit ein Relikt kleinbürgerlichen Demokratismus'. Gerade auf dem Balkan, so Lensch, erweise sich an Hand des Durcheinanders der einzelnen Völker auch die praktische Unmöglichkeit dieses Prinzips. Für die Sozialdemokratie sei es deshalb notwendig, von diesem Begriff wieder zu lassen, da er mit dem wissenschaftlichen Sozialismus nichts

---

[1] Paul Lensch: Die Selbstbestimmungsflause, in: ‚Die Glocke', Heft 8, 15. Dezember 1915, S. 465 ff.

gemein habe; er sei bloße „kleinbürgerliche Phrase"[2], eine der „sentimentalen, demokratisch aufgeputzten Sabbeleien einer kleinbürgerlichen Welt"[3]. Und in der schon erwähnten Auseinandersetzung um Heilmanns ‚Breimolluskenfroschnatur'-Artikel im ‚Vorwärts' verteidigte Haenisch sein Annexionsprogramm gegen Friedrich Stampfers Verweis auf das nationale Selbstbestimmungsrecht mit der Bemerkung, dieses könne es im Kapitalismus gar nicht geben, die Möglichkeit der Selbstbestimmung sei dem Sozialismus vorbehalten[4].

Nachdem so mit dem Selbstbestimmungsrecht das entscheidende Annexionshindernis beiseite geräumt worden war und Lensch wie Haenisch das Recht der großen Wirtschaftsräume und der starken Staaten als historisch fortschrittlich und deshalb im Sinne des Sozialismus liegend definiert hatten, gab es in den Forderungen nach Annexionen kein Halten mehr. Johann Plenge hatte auch in dieser Frage die Einstellung der Gruppe am krassesten wiedergegeben:

„Ist nicht klarer Weise diese sogenannte Selbstbestimmung die bedeutungslose Augenblickszuckung eines enthirnten Organismus (...) Der folgerichtige Sozialismus kann den Völkern nur ein Recht auf Eingliederung in die Völkergenossenschaft zugestehen, wie es der realen Gesamtlage der geschichtlichen Kräfte entspricht[5]."

Wie dieser ‚folgerichtige Sozialismus' zu handhaben sei, das wies Lensch am Beispiel Elsaß-Lothringens auf: das Selbstbestimmungsrecht der Völker, angewandt auf Elsaß-Lothringen, könne nur so angewandt werden, daß das gesamte Deutsche Reich darüber abzustimmen habe, ob Elsaß-Lothringen bei Deutschland bleiben solle oder nicht[6].

Daß die Gruppe mit ihren laut vorgetragenen Annexionsprogrammen mit dem taktischen Verhalten der Parteiführung in Konflikt geriet, war zwangsläufig.

Annexionsforderungen

Nachdem Lensch und Haenisch die Ablehnung des Selbstbestimmungsrechtes begründet hatten, gingen sie in der Konsequenz dieser Begründung daran, die Unvereinbarkeit von Kampf für den Sozialismus und Forderung nach Annexionen zu bestreiten. Heinrich Cunow, der in

---

[2] Paul Lensch, S. 465.
[3] Paul Lensch, S. 472.
[4] Konrad Haenisch: Stampfer und die Kriegsziele, in: ‚Vorwärts', 9. September 1916, Nr. 248.
[5] Johann Plenge: Wie wir die Geschichte sehen, in: ‚Die Glocke', Heft 12, 22. Juni 1918, S. 377 f.
[6] Paul Lensch: Die Krisis der Entente-Sozialisten, Heft 19, 11. August 1917, S. 721 ff.

seiner Schrift ‚Partei-Zusammenbruch?' das Recht auf nationale Selbstbestimmung ebenfalls als kleinbürgerliche Ideologie verspottet hatte, war darin auch bereits den Weg der prinzipiellen Bejahung von Annexionen gegangen; Haenisch und Lensch nahmen die Argumentation auf[7], propagierten sie in zahlreichen Artikeln und gingen zu konkreten Forderungen weiter. Ausschlaggebend in der Diskussion der Kriegsziele sei für marxistische Sozialisten einzig die Frage, ob die erwünschten Ziele vereinbar mit dem historischen Fortschritt seien und ob sie im Interesse der Arbeiterklasse lägen. Lege man diesen Maßstab an, so seien territoriale Änderungen durchaus möglich, sogar wünschenswert, da angesichts der revolutionären Rolle Deutschlands im Weltkrieg die Interessen des Sozialismus mit denen Deutschlands zusammenfielen und identisch seien. Ein solches grundsätzliches Herangehen an das Problem der Annexionen sei die Methode von Marx und Engels gewesen, welche niemals sich generell gegen Annexionen gewandt hätten.

Auch hierbei beanspruchten Lensch, Cunow und Haenisch wiederum, den wirklichen Marxismus zu vertreten im Gegensatz zu den kleinbürgerlichen Verwässerungen des wissenschaftlichen Sozialismus durch „die süßen Schleimsuppen Kautskys und Bernsteins"[8].

Vor der Reichskonferenz der Sozialdemokratie, die am 21., 22. und 23. September 1916 stattfand, als die Parteiführung in Rücksicht auf die linke Opposition auch in der Kriegszieldebatte sehr zurückhaltend taktierte, ließ Haenisch in der ‚Glocke' jenen schon genannten ‚Breimolluskenfroschnatur'-Artikel[9] erscheinen, welcher sich gegen den Parteivorstand, für Annexionen aussprach. In der darauffolgenden Auseinandersetzung, die bis zum Beginn der Reichskonferenz andauerte, entwickelte Haenisch ein ganz konkretes Annexionsprogramm: nach Osten ein Hinausschieben der Grenze bis zur Narew-Linie sowie ein selbständiges, unter deutschem Einfluß stehendes Polen, nach Westen hin Grenzregulierungen gegen Frankreich und eine Lösung des belgischen Problems in dem Sinne, daß dies bei weitest möglicher Selbständigkeit niemals mehr Englands Einfallstor nach Deutschland werden könne.

---

[7] Konrad Haenisch: Annexionspolitik, in: ‚Hamburger Echo', 16. Juni 1915, Nr. 138.
Paul Lensch: Sozialismus und Annexionen in der Vergangenheit, in: ‚Die Glocke', Heft 9, 1. Januar 1916, S. 493 ff.
Auch in der Fraktionssitzung vom 30. November 1915 hatte sich Lensch in der Diskussion über die Zweckmäßigkeit einer Friedensinterpellation gegen den Grundsatz ‚keine Annexionen' gewandt.
Vgl. Dittmann-Erinnerungen, Maschinen-Script-Kotowski, S. 667, IISG Amsterdam.
[8] Paul Lensch, S. 496.
[9] Siehe Anmerkung 53, S. 64.

Der Parteivorstand, der wenige Wochen zuvor, am 11. August, der um sich greifenden Kriegsmüdigkeit entgegenkommend, eine Massenpetition an den Reichskanzler für einen Frieden ohne Eroberungen initiiert hatte, mußte sich von Heilmann und Haenisch um seiner Glaubwürdigkeit willen distanzieren. Haenischs Annexionsprogramm mußte von der Parteimehrheit ebenso als Affront gegen die Friedenspetition gewertet werden wie ein Artikel Lenschs, in welchem dieser den der Petition zugrundeliegenden Antrag der beiden Mehrheitssozialdemokraten Auer und Thöne, der auf der Parteiausschußsitzung vom 20. und 21. Juli 1916 angenommen worden war, heftig kritisierte und die ganze Friedensaktion als einen ‚Rutsch zur linken Opposition' bezeichnete[10]. Lensch und Haenisch waren nicht bereit, das taktische Manöver[11] der Parteiführung mitzumachen. Allerdings konnte sich jedoch auch die Haltung der Gruppe nicht von Rücksichtnahme auf die allgemeine politische Lage freimachen: als nach der russischen Februarrevolution und dem Friedensmanifest des Petersburger Sowjet vom 27. März 1917 auch die MSPD sich mehr und mehr die Formel vom ‚Frieden ohne Annexionen' zu eigen machte, war es den Lensch, Cunow und Haenisch ebenfalls nicht mehr möglich, diese Losung zu bekämpfen. Stattdessen jedoch interpretierten sie diese Formel derart — wobei der Parteivorstand diese Auslegung als eine mögliche durchaus unwidersprochen ließ —, daß sie ihres ursprünglichen Inhalts fast völlig verlustig ging. Lensch gab der Formel eine Wendung gegen Frankreich und vor allem gegen England, indem er erklärte, daß ein Friede ohne Annexionen der totalen Niederlage Englands gleichkomme, denn ein solcher bedeute, daß es dann alle annektierten Gebiete aufgeben müsse, also von Irland angefangen über Kanada, Indien, Arabien sämtliche Kolonien; und auch Frankreich müsse auf die geplante Annexion von Elsaß-Lothringen verzichten[12].

So gedeutet verlor die Formel jegliche friedensfördernde Wirkung, sondern machte es im Gegenteil möglich, bei Übernahme des Wort-

---

[10] Paul Lensch: Der Rutsch zur Opposition, in: ‚Die Glocke', Heft 21, 19. August 1916, S. 805 ff.

[11] Daß nicht die prinzipielle Ablehnung von Annexionen von Seiten der Parteiführung in dieser Petition zum Ausdruck kam, belegt u. a. folgender Eintrag in Davids Tagebuch:
„Treffe dann Scheidemann, dem ich meine Meinung über das eigenmächtige Vorgehen des Parteivorstandes in der Petitionssache sage. Er trägt immer leichtfertig auf zwei Schultern: ‚Wir müssen der Stimmung der Massen Rechnung tragen, um sie nicht zu verlieren.'"
Das Kriegstagebuch des Reichstagsabgeordneten Eduard David, S. 194, Eintrag vom 18. August 1916.

[12] Paul Lensch: Ein Satz aus der Stockholmer Denkschrift, in: ‚Pforzheimer Freie Presse', 7. Juli 1917, Nr. 156; ders.: Der Parteiausschuß, in: ‚Die Glocke', Heft 4, 28. April 1917, S. 131 ff.

lauts aus dem Petersburger Friedensmanifest weiterhin für die Kriegsverlängerung einzutreten und damit auch die Möglichkeit deutscher Annexionen im Falle eines Sieges offen zu halten. Lensch verstand es somit geschickt, der Friedensformel ihren Sinn zu nehmen und sie, neu interpretiert, in die Theorie der Gruppe vom Weltkrieg einzubauen[13].

Die Stellungnahme zum Kolonialproblem

Die Forderung nach deutschen Kolonien, die Rückgewinnung nicht nur der an England verlorenen, sondern die Schaffung eines größeren Kolonialreiches, gehörte zum Programm der Lensch, Cunow und Haenisch. Begründet wurde diese einmal prinzipiell sozialistisch, zum anderen aber mit wirtschaftspolitischen Erwägungen. In einer Schrift ‚Der Arbeiter und die deutschen Kolonien'[14], welche vom ‚Kolonial-Wirtschaftlichen Komitee' herausgegeben wurde und dort kostenlos zu beziehen war, ging Lensch davon aus, daß die Interessen des weißen Proletariats und die der farbigen Kolonialvölker übereinstimmten und auf derselben Linie der historischen Entwicklung, nämlich des Sozialismus lägen. Von dieser Erkenntnis aus sei es selbstverständlich, daß die Sozialdemokratie der Kolonialpolitik nicht ablehnend gegenüber stehen dürfe, sondern daß sie möglichst großen Einfluß gewinnen müsse. Die Entwicklung der Kolonien nämlich in wirtschaftlicher und kultureller Hinsicht könne von einzelnen Kapitalisten nicht geleistet werden, nur ein staatssozialistisches System sei dazu in der Lage. Die Wandlungen,

---

[13] Das Geschick Lenschs, die Friedensformel des Petersburger Sowjets in die Weltkriegs-Theorie der Gruppe einzubauen, wird in einem Aufsatz im ‚Tag' besonders deutlich; die Überschrift ‚Keine Annexionen!' zeigt die äußerliche Anpassung.
„Der Krieg ist, seiner geschichtlichen Bedeutung nach, ein Kampf um die Erschütterung der englischen Weltherrschaft und zugleich um die Beseitigung jeder Weltherrschaft überhaupt, und nur ein Schlagwort, das diesem doppelten historischen Sinn des Krieges gerecht wird, hat in sich Kraft und Bedeutung. Unter allen politischen Losungen aber gibt es keine, die den Inhalt des Krieges nach beiden Seiten hin so deutlich zum Ausdruck bringt wie die: Keine Annexionen! Deshalb ist nichts so falsch, als wenn man hinter diesem Schlagwort der Sozialdemokratie etwa unpolitischen Pazifismus und müden Verzicht erblicken wollte. In seinen vollen Konsequenzen ist der sogenannte ‚Scheidemannfriede' sehr viel kriegerischer, vor allem sehr viel englandfeindlicher und deshalb geschichtlich richtiger als der ‚Reventlowfriede', der bloß immer das bißchen flandrische Küste sieht. Jedenfalls wäre die Durchführung des Programms: Keine Annexionen! die furchtbarste Niederlage, die England je erlebt hätte, und gerade dadurch würde sie zu einem Triumph seines Gegenspielers."
‚Der Tag', 24. Juni 1917, Nr. 145.
[14] Paul Lensch: Der Arbeiter und die deutschen Kolonien, Berlin 1917.
Zusammen mit Haenischs: ‚Der deutsche Arbeiter und sein Vaterland' gehörte diese Broschüre von Lensch zur Liste der Bücher, die von den stellvertretenden Generalkommandos für den vaterländischen Unterricht im Heer zusammengestellt worden war.

die sich seit dem Kriegsausbruch in Deutschland wie in der deutschen Sozialdemokratie vollzogen hätten, böten die beste Voraussetzung für eine sozialistische Kolonialpolitik.

Kolonien benötige das deutsche Reich jedoch auch aus wirtschaftlichen Gründen. Gelänge es England, die deutschen Kolonien in seinem Besitz zu behalten, so besäße es gleichsam ein koloniales Monopol. Dies aber, so Lensch in der erwähnten Schrift, bedeute die wirtschaftliche Unterjochung Deutschlands.

„*Eine derartige Situation aber wäre die Vernichtung der wirtschaftlichen Entwicklungsfreiheit Deutschlands,* und schon vor der bloßen Möglichkeit gilt es, sich mit aller Kraft zu schützen. (...) Deutschlands Zukunft als Weltmacht kann aber nicht von der Gnade und dem guten Willen Englands abhängig bleiben. Hier hilft nur die *Schaffung eines eigenen, lebensfähigen Kolonialreiches*[15]."

Auch Heinrich Cunow plädierte aus wirtschaftspolitischen Erwägungen heraus für einen deutschen Besitz an Kolonien, da nur diese einen ungehinderten und billigen Bezug der zur industriellen Produktion notwendigen Rohstoffe garantierten. Auf seine diesbezüglichen Passagen in der dem Würzburger Parteitag vorgelegten Denkschrift ‚Die nächsten Aufgaben der Wirtschaftspolitik'[16] nahm Lensch in einem Diskussionsbeitrag auf dem Parteitag Bezug und interpretierte diese Forderung nach Kolonien als einen Inhalt des offiziellen sozialdemokratischen Kriegsziels, der Sicherung nämlich der wirtschaftlichen Entwicklungsfreiheit Deutschlands[17].

Während auf dem Parteitag 1917 Lenschs Schlußfolgerungen aus Cunows schriftlichem Referat ohne Widerspruch hingenommen wurden, hatte eine Rede Lenschs im Juni 1916 in der ‚Deutschen Kolonialgesellschaft' in der Partei eine heftige, überwiegend negative Reaktion hervorgerufen. Die Reichstagsfraktion hatte eine Erklärung abgegeben, daß Lensch nicht in ihrem Namen, sondern nur für seine Person gesprochen habe. Lensch wiederum reagierte in einem Artikel im ‚Hamburger Echo', in dem er der Partei vorwarf, die Militärzensur zu bekämpfen, für die eigenen Mitglieder aber selbst eine Zensur einzurichten; seine kolonialpolitischen Vorstellungen seien lediglich eine Konsequenz der Politik des 4. August, eine Konsequenz, die zu ziehen der Parteivorstand nur noch nicht den Mut gehabt habe[18].

---

[15] Paul Lensch, S. 5 (Hervorhebung im Original).
[16] Protokoll des Würzburger Parteitages ..., S. 145 ff.
[17] Protokoll des Würzburger Parteitages ..., S. 444 f.
[18] Vgl. hierzu: Bedenkliche Vorsicht, in: ‚Pforzheimer Freie Presse', 20. Juni 1916, Nr. 142; in diesem Artikel werden aus Lenschs Reaktion im ‚Hamburger Echo' die wesentlichen Passagen zitiert. Die ‚Pforzheimer Freie Presse'

Wiewohl Lensch, Haenisch und Cunow in erster Linie versuchten, die Parteimehrheit auf eine prinzipielle Zustimmung zu Annexionen und Kolonien zu verpflichten und diese für vereinbar zu erklären mit dem Sozialismus, so machten sie jedoch auch nicht vor konkreten Forderungen in dieser Beziehung halt. Auch in diesem Falle waren es in erster Linie Lensch und Haenisch neben anderen Autoren der ‚Glocke', welche die Kriegsziele der Gruppe öffentlich vertraten und propagierten, während sich Cunow eher zurückhielt. An seinem mit Lensch und Haenisch übereinstimmenden Standort gibt es jedoch keinen Zweifel[19].

Was Belgien betraf, so wurde von Lensch und Haenisch mit allerlei Umschreibungen von Sicherungen, die nötig seien, auf daß Belgien niemals mehr in Zukunft einen Stellenwert in einer gegen Deutschland gerichteten Strategie einnehmen dürfe, einer Regelung das Wort geredet, die eine weitgehende Abhängigkeit Belgiens beinhalte; dazu gehörte neben der direkten Annexion von Teilen der belgischen Küste vor allem die Eingliederung der belgischen in die deutsche Wirtschaft mit allen Implikationen.

Weiter sollten im Westen auch von Frankreich Gebiete abgetrennt und an das deutsche Reich angegliedert werden, wobei hierfür insbesondere militärische Argumente geltend gemacht wurden.

Im Osten sollten Deutschland die baltischen Provinzen direkt angegliedert werden, das ehemals russische Polen ein formal selbständiger, vom Deutschen Reich abhängiger Staat werden, auf dem Balkan ein ebenso abhängiges Großbulgarien entstehen.

Gesamtergebnis des Krieges sollte sein ein von einem durch beträchtliche Annexionen erweiterten Deutschland abhängiges Mitteleuropa und Südosteuropa, das durch Einschluß der Türkei auch auf Asien und die arabische Halbinsel sich erstrecken würde. Die Grenzen dieses vom ‚deutschen Zentralvolk' beherrschten Raumes wurden folgendermaßen

---

unterstützte Lenschs Haltung und rief ebenfalls zu einer theoretischen Neuorientierung auf:
„Die Mehrheit muß den Mut haben, *ehrlich gegen sich selbst* und *gegenüber den Massen* zu sein, dann ist sie *unbesiegbar.*" (Hervorhebung im Original.)

[19] Vgl. etwa Heinrich Ströbel in seiner Schrift: Die Kriegsschuld der Rechtssozialisten, Berlin 1919, S. 24:
„Noch steht mir lebhaft die Scene im Gedächtnis, wo mir Cunow am Redaktionstisch auf der Karte mit dem satten Behagen des Siegers auseinandersetzte, wie Belgien nicht nur Deutschland einverleibt, sondern wie dieser Erwerb auch noch durch ein Stück holländischen Gebietes (das Cunow gutmütig durch Austausch einhandeln wollte) abgerundet werden mußte. Und mit nachfühlendem Entzücken erzählte uns Cunow, selbst noch ein Stück hanseatischen Kaufmanns, wie man sich auf der Hamburger Börse jauchzend um den Hals gefallen sei, als das Telegramm von der ersten englischen Schlappe eingetroffen sei."

abgesteckt: Nordsee, Ostsee, Schwarzes Meer, Persischer Golf, Rotes Meer sowie durch die Linie Nizza, Korsika, Sardinien, Tunis[20]. Für die Reichskonferenz 1916 entwickelte Konrad Haenisch aus solchen Vorstellungen ein neues Motto, welches dieses Kriegszielprogramm auf einen recht pointierten Nenner brachte:

„An die Stelle des alten Schlachtrufes: ‚Von der Maas bis an die Memel' tritt heute der neue Schlachtruf: ‚Von Hamburg bis Bagdad'[21]!"

Die von Haenisch hier proklamierte ununterbrochene Landverbindung sollte es auch ermöglichen, England dort zu schlagen, wo es am verwundbarsten sei, im Nahen Osten, denn, so Lensch, „in Suez schlägt wirklich das Herz des Riesenreiches"[22]. Eine Niederlage Englands nämlich war notwendig, um die kolonialen Wünsche der Gruppe möglich zu machen: Persien und Afghanistan als von Deutschland abhängige Halbkolonien sowie ein großes von Ost nach West reichendes, Ägypten einschließendes mittelafrikanisches Kolonialreich. Die Erfüllung dieses Programms wurde interpretiert als historisch fortschrittlicher Akt, in dem Deutschlands sozialistische und revolutionäre Mission sich erfüllen würde.

Im wechselnden Verlauf des Krieges beharrten Lensch, Haenisch und Cunow nicht starr auf ihrem Maximalprogramm, sondern waren flexibel genug, in ihren Forderungen, wenn nötig, zurückzustecken, ohne von ihrer prinzipiellen Einstellung zur Frage der Annexionen und Kolonien abzugehen.

---

[20] So Hermann Kranold: Ost- und westliches Gelände, in: ‚Die Glocke', Heft 14, 7. Juli 1917, S. 534 ff. Zum Annexions- und Kolonialprogramm siehe auch: Konrad Haenisch: Vom belgischen Problem, Heft 14, 1. Juli 1916, S. 547 ff.
Paul Lensch: Polen und der Friede, Heft 34, 18. November 1916, S. 245 ff.; ders.: Die Antwort der Entente, Heft 41, 6. Januar 1917, S. 521 ff.; ders.: Der neue Geist, Heft 26, 29. September 1917, S. 1001 ff.; ders.: Der Kampf um den Frieden, Heft 5, 3. Mai 1918, S. 217 ff.
A. Rundé: Gedanken über Kolonialpolitik, Heft 18, 3. August 1918, S. 570 ff.
Heinrich Cunow: Keine Selbstausschaltung, in: ‚Hamburger Echo', 2. 2. 1916, Nr. 27.
[21] Konrad Haenisch: Die Reichskonferenz, Heft 25, 16. September 1916, S. 974.
[22] Paul Lensch: Der Kampf um den Frieden, S. 218.

Errichtung einer neuen Internationale oder ein Weiterleben der alten?

Das Versagen der Internationale bei Kriegsausbruch, das gänzliche Ausbleiben internationaler Aktivitäten gegen den Krieg ließ sowohl die Analyse der Vorkriegstätigkeit der 2. Internationale wie die Frage ihres Weiterbestehens nach dem Krieg zu einem Hauptthema der Auseinandersetzung in der internationalen wie auch in der deutschen Sozialdemokratie werden. Während die entschiedene Linke das Ende der alten Internationale konstatierte und auf den Konferenzen von Zimmerwald (September 1915) und Kienthal (April 1916) den Grundstein einer neuen, der 3. Internationale legte, erklärte die große Mehrheit der Partei, von der MSPD bis weit in die USPD hinein, diese lediglich für momentan aktionsunfähig und plädierte für ein Wiederaufleben nach dem Kriege. Ihren Hauptfürsprecher fand diese Haltung in Karl Kautsky, welcher sich bemühte, nachzuweisen, daß die allgemeine Enttäuschung über das Versagen der Internationale übertriebenen Erwartungen entsprang, und daß die zwischen den einzelnen sozialistischen Parteien entstandenen Differenzen im wesentlichen eine Folge von Mißverständnissen seien.

Lensch, Cunow und Haenisch bekämpften diesen Standpunkt der Mehrheit heftig; die von ihnen geforderte grundsätzliche Neuorientierung erfordere das schonungslose Aufdecken und Anerkennen der bestehenden Realitäten, und der Zusammenbruch der Internationale sei eine solche. Bereits in seinem Brief an Karl Radek, wenige Monate nach Kriegsausbruch, hatte Haenisch das Ende der alten Internationale festgestellt und für die Zeit nach dem Kriege den Aufbau einer neuen gefordert, welche nicht mehr mit internationalistischen Illusionen behaftet sein dürfe, sondern auf der Grundlage starker nationaler Staaten und Parteien errichtet werden müsse. Deutlich sprach er sich dabei gegen jegliche Vertuschung und Verschleierung des Debakels aus:

„Auch mir und gerade mir war die jetzt gewonnene Erkenntnis, daß die Internationale bisher im wesentlichen ein schöner Traum, aber keine machtvolle Wirklichkeit gewesen ist, schmerzlich, bitter schmerzlich, aber es kann meiner Meinung nach nichts Verkehrteres geben, als das an sich so rührende und menschlich-schöne Bemühen Kautskys, die auseinandergebrochenen Stücke künstlich wieder zusammenzuleimen, dem Leichnam ein Scheinleben einzuflößen und alles auf das berühmte ‚große Mißverständnis' zurückzuführen[1]."

Im September 1915, anläßlich der Konferenz von Zimmerwald, entwickelte Cunow, der diese Konferenz als den Versuch einer Wiederbelebung der 2. Internationale mißverstand, in einem Artikel in der ‚Pfälzischen Post'[2] ebenfalls die Ansicht, daß die 2. Internationale sich, wie einst die erste, überlebt habe. Eine nach dem Kriege neu zu schaffende müsse sich von der Vorangegangenen wesentlich unterscheiden, sie müsse eine „internationale Aktions- und Arbeitsgemeinschaft" sein, bestehend aus internationalen Gewerkschaftsverbänden und -kartellen, interparlamentarischen Kommissionen, internationalen Pressebüros usw., eine Zentralleitung hingegen sei nicht unbedingt vonnöten.

Paul Lensch widmete dem Problem in seiner Schrift ‚Die Sozialdemokratie, ihr Ende und ihr Glück' ein umfangreiches Kapitel mit der Überschrift: Der Zusammenbruch der Internationale. Darin legte er ausführlich deren Scheitern dar, wobei er vor allem im chauvinistischen Verhalten der französischen und englischen Sozialisten die Ursache des Zusammenbruchs sah. Nach der Untersuchung dieses und seiner Ursachen erklärte er die Weigerung der Mehrheit der Partei, das Ende der Internationale zu akzeptieren, aus ihrem mangelnden Verständnis von der historischen Bedeutung des 4. August. Die Versuche der Parteiführung, die Internationale wieder zum Leben zu erwecken, nannte er ‚weich' und ‚schwächlich'.

In seinen Überlegungen zu einer neuen Internationale, die nach dem Kriege zu errichten er ebenso wie Haenisch und Cunow für unabdingbar hielt, kam Lensch den Vorstellungen Cunows sehr nahe: auch ihm schien eine zentrale Leitung erläßlich, für sinnvoller hielt er eine Anzahl von internationalen Sekretariaten, Kommissionen und Ausschüssen, so im Presse- und Nachrichtenwesen, für Gewerkschaftsverbände, für sozialistische Parlamentarier zur gemeinsamen Kontrolle der internationalen Diplomatie, sowie ad hoc zu bildende Aktionskomitees bei gemeinsamem Vorgehen zu besonderen Anlässen. Eine solche neue Internationale sei die von Illusionen freie Basis für das notwendig gemeinsame Handeln der nationalen Parteien, welches nach dem Kriege erst wirklich möglich werde, da dann die englische Weltmachtstellung und damit die aus ihren Sonderprivilegien erwachsene anti-internationale Haltung der englischen Sozialisten gebrochen sei; die praktische und tatsächliche internationale Solidarität sei bis 1914 auf Grund der Sonderstellung des organisierten englischen Proletariats noch nicht

---

[1] Siehe S. 34, Anmerkung 15.
[2] Heinrich Cunow: Die neue Internationale, in: ‚Pfälzische Post', 5. November 1915, 2. Blatt zu Nr. 257.

vorhanden gewesen, lediglich theoretisch waren, so Lensch, die Interessen des Proletariats der großen kapitalistischen Staaten solidarisch. Der von Deutschland revolutionär geführte Krieg schaffe erst die Grundlage wirklicher internationaler sozialistischer Solidarität, die Grundlage für eine neue, auch praktisch erfolgreiche Internationale.

Lensch hatte damit am ausführlichsten und gründlichsten den Standpunkt der Gruppe zu dieser Frage dargelegt; in einer Besprechung von Lenschs Buch hatte Cunow nochmals ausdrücklich die Übereinstimmung hervorgehoben[3], und auch Haenisch hatte nach Erscheinen der Lenschschen Schrift erneut seine gleichlautende Ansicht zum Ausdruck gebracht[4]. Mit ihrer Analyse der Situation der Internationale standen Lensch, Cunow und Haenisch in erheblichem Widerspruch zur Parteimehrheit und zu großen Teilen der USPD um Kautsky sowie deren Politik; hingegen trafen sie sich in ihrer Einschätzung mit der radikalen Linken der späteren 3. Internationale. Gemeinsam war beiden Flügeln das illusionslose Feststellen und Anerkennen des Versagens und des Zusammenbruchs der Internationale, grundsätzlich verschieden waren allerdings die Folgerungen, die beide Seiten für eine zukünftige neue Internationale zogen. Die Parteiführung hielt es nicht für nötig oder opportun, gegen die Propagierung dieser Ansichten der Gruppe offiziell vorzugehen. Als jedoch Lensch im Januar 1917 in einem Artikel im ‚Vorwärts' die formal noch stets bestehende Internationale als Kriegsfaktor bezeichnete, da unter ihrem Namen die Entente-Sozialisten Kriegshetze betreiben, und als er deshalb erneut die deutsche Sozialdemokratie aufforderte, endlich von dem Glauben abzulassen, man könne nach dem Kriege in der Internationale weitermachen, wie man 1914 aufgehört habe[5], da reagierte Friedrich Stampfer, inzwischen leitender Redakteur des ‚Vorwärts' mit einer scharf persönlich gegen Lensch gewandten Polemik, auf die Lensch ebenso beleidigend antwortete. Diese Kontroverse ist über ihren eigentlichen Gegenstand hinaus von Bedeutung, weil in ihr die Differenz zwischen der MSPD-Führung, deren Sprecher Stampfer war, und der Lensch-Cunow-Haenisch-Gruppe am offensten zum Ausbruch kamen, weil in ihr der gegen die reformistische Parteimehrheit gerichtete ideologische Anspruch der Gruppe noch einmal klar artikuliert wurde. Der Ton der Auseinandersetzung war allerdings wesentlich durch die persönliche gegenseitige Abneigung der beiden Kontrahenten bestimmt. Stampfer entgegnete Lensch, seine Behauptungen über die Internationale und

---

[3] Heinrich Cunow: Vom Utopismus zur sozialistischen Realpolitik, in: ‚Hamburger Echo', 28. Juni 1916, Nr. 149, Teil 1; 29. Juni 1916, Nr. 150, Teil 2.
[4] Konrad Haenisch: Die Reichskonferenz, S. 973.
[5] Paul Lensch: Die Internationale als Kriegsfaktor, in: ‚Vorwärts', 6. Januar 1917, Nr. 5.

die Entente-Sozialisten seien unbewiesen, ebenso könne das Gegenteil gesagt werden; die Internationale sei nicht tot und sie sei auch kein Kriegsfaktor, ein solcher sei vielmehr der Lenschsche Sozialismus.

„Aber der Gegensatz der Auffassung zwischen Lensch und dem ‚Vorwärts' entspringt einem *Gegensatz der Methode* und wird aus ihm erst verständlich. (...) Auch in der Politik haben wir eine ältere Schule der reinen Diagnose, und ihr Original ist Genosse Lensch. Er fühlt der Weltgeschichte den Puls, untersucht ihren Urin und gibt dann sein Gutachten über sie ab. (...) Die Methode Lensch wird aber im höchsten Grade gefährlich, wenn sie pseudowissenschaftlich mit *falschen* Diagnosen operiert und knallenden Unsinn als feinstes Produkt gelehrter Untersuchungen ausgibt[6]."

Abschließend empfahl Stampfer, Lensch möge doch besser selbst einmal an die Front gehen.

Lensch antwortete mit dem Hinweis, daß Stampfer keines seiner Argumente entkräftet habe, und erneuerte seine Analyse und sein Urteil über die Internationale. Dann nahm er Stampfers medizinische Metaphorik auf und erwiderte:

„Zunächst: wie heilt Stampfer? Nun, vollkommen nach dem Rezept des Schäfers Thomas! Wie dieser für *alle* Krankheiten nur eine harmlose weiße Salbe hat und für ernste Fälle die Kunst des Besprechens übt, so verschreibt auch Stampfer für die Leiden der Internationale nur die eine harmlose weiße Salbe seiner Leitartikel im ‚Vorwärts'. (...) *Der Unterschied, der uns trennt, ist der Unterschied zwischen Revisionismus und Marxismus* oder, um das ihnen näher liegende Gleichnis zu brauchen, zwischen dem Schäfer Thomas und dem wissenschaftlich gebildeten Mediziner[7]."

Lensch endete seine Antwort ebenso böse wie Stampfer, indem er meinte, daß man in dieser Zeit der Ersatzstoffe für alles eben auch mit Ersatzstoff auf dem Redaktionsstuhl des ‚Vorwärts' vorlieb nehmen müsse, auch wenn man dabei oft einen „schleimigen Nachgeschmack" habe. Stampfer beendete die Kontroverse in der folgenden Nummer des ‚Vorwärts' mit der Bemerkung, daß es Wichtigeres zu tun gäbe.

---

[6] Friedrich Stampfer: Selbstbesinnung der Internationale, 7. Januar 1917, Nr. 6 (Hervorhebung im Original).

[7] Paul Lensch: Der Schäfer Thomas als Friedensstifter, 21. Januar 1917, Nr. 20, 1. Beilage (Hervorhebung im Original).

Die Auflösung der Gruppe und das Ende des Weltkrieges

Mit der Februarrevolution 1917 in Rußland und mehr noch mit der Oktoberrevolution veränderte sich auch die innenpolitische Situation für die deutsche Sozialdemokratie. Die revolutionären Wirkungen, welche die russischen Vorgänge auch in Deutschland zeitigten, zwangen die MSPD auf die wachsende Friedenssehnsucht ihrer Anhänger Rücksicht zu nehmen und in ihrer Politik Konsequenzen zu ziehen. Diese Konsequenzen wirkten sich auf die Lensch-Cunow-Haenisch-Gruppe als gesteigerter Druck gegen deren Standort und Politik aus. Die ‚Glocke' sah sich mehr und mehr schweren Angriffen gegen Artikel ausgesetzt, die sich allzu sehr von der Position der Parteimehrheit entfernten. Die Auseinandersetzungen zwischen Stampfer und Lensch, die Angriffe gegen Lensch und Haenisch auf dem Würzburger Parteitag im Oktober 1917 sind Indizien für die zunehmende innerparteiliche Auseinandersetzung. Am 5. Dezember schrieb Haenisch in einem Brief an Plenge:

„Parvus ... macht mir einen *Mordskrach*! Ich habe auch sonst in der Partei *die größten* Schwierigkeiten[1]."

Eine weitere Folge der beiden russischen Revolutionen war der Sinneswandel Parvus-Helphands. Bereits nach der Februarrevolution hatte Parvus versucht, der ‚Glocke' einen neuen politischen Kurs aufzuerlegen und ihre Position nach links zu verändern. Dieser Standortwechsel hatte verhindert werden können[2]. Nach dem Sieg der Bol-

---

[1] Brief Konrad Haenisch an Johann Plenge vom 5. Dezember 1917, Nachlaß-Plenge (Hervorhebung im Original).

[2] Vgl. dazu folgendes aus einem Brief Konrad Haenischs an Johann Plenge vom 15. Mai 1917, Nachlaß-Plenge (Hervorhebung im Original):
„Ein alter russischer Revolutionär, der während des Krieges durchaus auf der deutschen Seite gestanden und der deutschen Sache die wertvollsten Dienste geleistet hatte, ist durch die russische Revolution plötzlich wieder ganz nicht nur in seine alte russische, sondern auch in seine alte revolutionäre Gedankenwelt hineingeschleudert worden und glaubt nun allen Ernstes, daß dem Kriege durch eine proletarische Weltrevolution nach russischem Muster ein Ende gemacht werden könne. Deshalb auch hier: Massenstreiks und aller Zubehör! Den deutschen Freunden dieses Russen gelang es nur mit Mühe, zu verhindern, daß ein in seinen Händen befindliches Organ in diesem Sinne wirkt. Es *ist* ihnen aber gelungen und — zu *Ihrer Beruhigung* — *jede Gefahr ist beseitigt*!! (...) Diese Andeutungen, die aber *unter allen Umständen absolut diskret* behandelt werden müssen, mögen genügen."

schewiki nun drängte er erneut auf eine Änderung der Richtung der ‚Glocke'; dazu kam, daß er überhaupt an den politischen Vorgängen in Deutschland, insbesondere den Auseinandersetzungen innerhalb der deutschen Sozialdemokratie weitgehend sein Interesse verlor und seine gesamte Tätigkeit mehr und mehr nach Rußland richtete. Im Januar 1918 fürchtete Haenisch gar, Parvus werde der ‚Glocke' in Bälde ein Ende bereiten[3], und am 9. Februar schrieb er an Plenge, Parvus wolle die ‚Glocke' zum ersten April eingehen lassen:

„Parvus ist es gründlich leid, ein Organ der ‚äussersten Rechten' des Sozialismus herauszugeben, ein Organ für ‚weltfremde Professoren' und ‚politisch heimatlose Ideologen'[4]."

Im selben Briefe klagte Haenisch weiter darüber, daß die ganze Situation sich auch deshalb zu zugespitzt habe, weil Lensch ihn völlig im Stich gelassen habe. Die hier erstmals artikulierte Entfremdung zwischen den beiden Hauptakteuren der Gruppe, entwickelte sich in der Krise um die ‚Glocke' weiter und steigerte sich, bis sie schließlich eine politische Zusammenarbeit fast völlig unmöglich machte. Dabei scheinen persönliche Eigenschaften keine geringe Rolle gespielt zu haben; politische Differenzen zumindest wurden von Haenisch in keinem Falle genannt.

Die Auseinandersetzung zwischen Parvus und der Redaktion um das Ob und Wie einer Weiterexistenz der ‚Glocke' verschärften sich nun zusehends; Haenisch, der sich Gedanken über seine weitere berufliche Existenz machte, erwog bereits die Herausgabe einer eigenen neuen Zeitschrift, und ließ durch Plenge schon diskrete Sondierungen nach einem Verleger durchführen. Die Unsicherheit über das Weiterbestehen der ‚Glocke' veranlaßten Lensch und Jansson, ebenfalls ständiger Mitarbeiter der Zeitschrift, am 20. April Haenisch für den Mai ihre weitere Mitarbeit zu kündigen; obwohl Haenisch mit dieser gegen Parvus' ständiges Lavieren gerichteten Drohung politisch völlig übereinstimmte, fühlte er sich von Lensch durch die Art dieses Vorgehens, zu dessen Beratung er nicht hinzugezogen worden war, übergangen.

Obwohl Parvus nach einem Brief Haenischs, in dem dieser ihm die Kündigung von Lensch und Jansson mitgeteilt hatte und die politischen

---

Obwohl Haenisch also keine Namen nennt, können nur Parvus und die ‚Glocke', die ja sein Eigentum war, gemeint sein.

Dieser und auch die weiteren jenes Ereignis betreffenden Briefe, die bisher in der Forschung nicht berücksichtigt wurden, sowie die Erforschung jenes genannten Vorfalls überhaupt, könnten geeignet sein, die Biographie von Alexander Helphand-Parvus wesentlich zu ergänzen.

[3] Siehe Brief Konrad Haenischs an Johann Plenge vom 31. Januar 1918, Nachlaß Plenge.

[4] Brief Konrad Haenischs an Johann Plenge vom 9. Februar 1918, Nachlaß Plenge.

Die Auflösung der Gruppe und das Ende des Weltkrieges 157

Differenzen um die ‚Glocke' als im wesentlichen bedingt durch Parvus' Abwesenheit von Deutschland und eine von daher rührende falsche Sicht der deutschen Verhältnisse bezeichnet hatte, einlenkte und das vorläufige Weiterbestehen der ‚Glocke' mit ihrer bisherigen politischen Richtung zusicherte, nahm die Auseinandersetzung zwischen Lensch und Haenisch kein Ende. Mitte April kam es zwischen Lensch, der mit Jansson seine Kündigung zurückgenommen hatte, und Haenisch zu einem Streit, da Lensch sich über Haenischs Redaktionsführung beschwerte: dem Abdruck eines Plenge-Artikels verweigerte er die Zustimmung, die Wiedergabe einer Landtagsrede Haenischs in der ‚Glocke' kritisierte er als persönliche Reklame und beschuldigte Haenisch des Plagiats seiner Ideen. In der Korrespondenz mit Plenge, der vermitteln wollte, finden sich von Haenisch einige recht drastische Urteile über Lensch, welche sowohl über dessen Person, vor allem aber über das wachsende Schwinden einer gemeinsamen Vertrauensbasis Auskunft geben:

„Der Schlüssel zu dem Verhalten von L. ist einfach der fressende Neid auf die Leistungen aller Anderen: ich bin der Lensch, Dein Gott, Du sollst nicht andere Götter haben neben mir...⁵."

„Sie beurteilen L. *völlig falsch*, wenn Sie glauben, daß die offene und kameradschaftlich-rückhaltlose Art, in der Ihr Brief gehalten ist, auf ihn *irgendwie* wirken würde. Er verzeiht alles, nur keine Verletzung seines masslosen Selbstbewusstseins. *Diese* Psyche sieht — dahinter bin ich immer mehr gekommen — ganz anders aus, als Sie es sich träumen lassen⁶!"

Während so die Voraussetzungen politischer Aktivität immer geringer wurden, konzentrierte sich Parvus auch geschäftlich zunehmend mehr auf Rußland und schränkte seine deutsche Unternehmungen in gleichem Maße ein; im Juni 1918 kürzte er den Mitarbeiter-Etat der ‚Glocke' von 24 000 Mark auf 15 000 Mark. Nachdem 1917 bereits die ‚Artikel-Korrespondenz' eingestellt worden war⁷, wurde nun mit den Einschränkungen bei der ‚Glocke' und der Unsicherheit ihrer Weiterexistenz überhaupt die Propaganda- und Agitationsbasis der Gruppe beträchtlich eingeschränkt. Sowohl also was den internen Zusammenhalt, die Grundlage der gemeinsamen politischen Aktivität betraf wie auch von den objektiven Bedingungen her, nahm ihre Wirksamkeit in den letzten Monaten des Krieges zunehmend ab. Hinzu kam die weit-

---

[5] Brief Konrad Haenischs an Johann Plenge vom 24. Juni 1918, Nachlaß Plenge.
[6] Brief Konrad Haenischs an Johann Plenge vom 2. Juli 1918, Nachlaß Plenge (Hervorhebung im Original).
[7] Vgl. S. 58, Anmerkung 30.

gehende Wirkungslosigkeit ihrer Bemühungen, die MSPD zu einer Neuorientierung im Sinne der von ihnen aufgestellten Theorien zu bewegen. Die Folge all dessen war eine langsame, aber doch stetig steigende Resignation.

Ohne daß dies je ausgesprochen worden war, hatten doch Lensch, Cunow und Haenisch alle mit dem Sieg Deutschlands oder zumindest doch mit einem etwa unentschiedenen Kriegsende gerechnet. Die von ihnen vertretene Neuorientierung der Sozialdemokratie, die sozialistischen Mission, welche sie Deutschland in Europa und den Kolonien zusprachen, setzten zu ihrer Erfüllung einen Sieg Deutschlands geradezu voraus; eine Niederlage Deutschlands war ihnen eine Niederlage des Sozialismus, ein historischer Rückschlag. Die sich im Sommer 1918 abzeichnende deutsche Niederlage und erst recht ihre faktische Realität mit all ihren Folgen nahm der Gruppe die Grundlage ihrer politischen Existenz, machte ein Weiterführen ihrer bisherigen politischen Arbeit unmöglich. So wie der Ausbruch des Weltkrieges Anlaß und Grund für die Formierung zur Gruppe gewesen war, so bedeutete das Ende des Krieges auch ihre Auflösung.

In seinem Nachruf auf Lensch beschrieb August Winnig die Stimmung in jener Zeit, als das Bewußtsein der Niederlage unabweisbar wurde:

„Im Sommer 1918, als das Unglück mit dem Rückzug von der Marne begann, kamen wir zum letzten Male in der Redaktionskonferenz der ‚Glocke' zusammen. Da sagte ich zu den Teilnehmern, wenn Deutschland den Krieg verliere, dann hätten auch wir unseren Kampf für die nationalpolitische Aktivierung der Arbeiterschaft verloren. ‚Dann lassen wir uns eben in Fetzen reißen', antwortete Lensch[8]."

Lensch ahnte die Folgen einer Kriegsniederlage und wußte, daß eine revolutionäre Erhebung der Arbeiter auch die Abrechnung mit den von ihm, Haenisch und Cunow vertretenen Anschauungen sein würde.

Lensch blieb seiner politischen Position treu; als nach Ausbruch der Revolution, am 10. November die Oberste Heeresleitung (OHL) darum ersuchte, Vertreter der neuen Regierung der Volksbeauftragten ins Hauptquartier zu entsenden, war Paul Lensch neben Carl Giebel, Daniel Stücklen und Hermann Krätzig einer von diesen Beauftragten, deren Zahl sich bald auf zwei, nämlich Giebel und Lensch verminderte[9]. Am 19. November beschloß die Regierung, daß offiziell nur Giebel als Vertreter der Volksbeauftragten bei der OHL fungieren solle; auf

---

[8] August Winnig: Paul Lensch zum Gedächtnis, in: ‚Deutsche Allgemeine Zeitung', Reichsausgabe, 23. November 1926, Nr. 544/45.

[9] Siehe hierzu: ‚Die Regierung der Volksbeauftragten 1918/19', Quellen zur Geschichte des Parlamentarismus und der politischen Parteien, Erste Reihe, Bd. 6, I, eingeleitet von Erich Matthias, bearb. von Susanne Miller unter Mitwirkung von Heinrich Potthoff, S. LXVI, S. 108, S. 176.

Wunsch von General Groener, der am 30. Oktober die Nachfolge Ludendorffs angetreten hatte, wurde Lensch von der Regierung im Großen Hauptquartier belassen, um „Anordnungen aus dem Wege zu räumen, die von örtlichen, nicht amtlichen Organen, angeordnet werden"[10]. Obwohl nicht klar zu erkennen ist, welche Funktion Lensch von Groener zugewiesen wurde, geht doch hervor, wie groß das Vertrauen war, das er sich durch seine politische Tätigkeit während des Krieges bei den führenden Militärs erworben hatte. Ein Beleg dafür ist auch eine Denkschrift der Kapp-Putschisten, in welchem diese Lensch als Unterstaatssekretär für das preußische Arbeiter-Wohlfahrtsministerium vorsahen, welches August Winnig leiten sollte. Die ‚nationalsozialistische' Position Lenschs und Winnigs war von den Urhebern des Putsches in ihre Planung miteinbezogen worden[11].

Nach dem Ende der Revolution zog sich Lensch zunächst von der aktiven Politik zurück; obwohl er die Konsequenzen noch nicht zog, so hatte er es doch aufgegeben, innerhalb der SPD für eine Änderung von deren Theorie zu kämpfen. In seinem 1919 erschienenen Buch ‚Am Ausgang der deutschen Sozialdemokratie', dessen Titel bereits seine Resignation anzeigte, legte er nochmals die Gründe nieder, die er als für das Versagen der SPD entscheidende sah: was er schon während des Krieges kritisiert hatte, die fehlende theoretische Neuorientierung schien ihm auch für die Zeit nach dem Krieg ausschlaggebend für das Fehlverhalten der Partei. Aus der zeitlichen Distanz heraus erklärte er sein und der anderen Bemühen, während des Krieges eine grundsätzliche Erneuerung der Partei zu initiieren, für gescheitert[12].

Konrad Haenisch verschaffte als Kultusminister Lensch eine Professur an der Berliner Universität, doch auf Dauer vermochte Lensch der aktiven Politik nicht fern zu bleiben. Die SPD allerdings war ihm

---

[10] Deutsches Zentralarchiv Potsdam, Reichskanzlei, Nr. 2485, Bl. 28, zitiert nach: Werner Richter, S. 278.

[11] „Von den Mehrheitssozialisten sind aufzufordern: Noske für das Reichswehrministerium, Heine für das preußische Justizministerium, Winnig für das preußische Arbeiter-Wohlfahrtsministerium, Dr. Lensch als Unterstaatssekretär in diesem Ministerium — aber erst, wenn die militärische Aktion zur Durchführung gelangt ist." Deutsches Zentralarchiv Potsdam, Abt. Merseburg, Rep. 92, Nachlaß Kapp, Bl. 241; zitiert nach: Erwin Könnemann, Zwei Denkschriften der Kapp-Putschisten über ihr Verhältnis zur Sozialdemokratie, in: Beiträge zur Geschichte der deutschen Arbeiterbewegung, Heft 3, 1967, S. 490.

[12] So urteilte er nun aus einer Distanz von fast zwei Jahren über den Würzburger Parteitag folgendermaßen:
„Auch im Herbst 1917, auf dem Parteitage von Würzburg war keine Spur von der geschichtlichen Bedeutung dieses Tages in der Debatte zu spüren. Alles klein, subaltern, von untergeordneten Parteisorgen erfüllt: ein Pfingsten wohl, sie sprachen in tausend Zungen, aber ein Pfingsten ohne Erfüllung." Am Ausgang der deutschen Sozialdemokratie, Berlin 1919, S. 17.

nicht mehr die Partei, in der er arbeiten konnte, in seinen Anschauungen hatte er sich zu weit von ihr entfernt; in der Konsequenz des Weges, den er 1914 eingeschlagen hatte, war er nun bei Hugo Stinnes angelangt. Zunächst als außenpolitischer Mitarbeiter, vom Juni 1922 bis zum November 1925, dann als Chefredakteur, schrieb er für die ‚Deutsche Allgemeine Zeitung', das Organ der Schwerindustrie. Nachdem schon im November 1921 in der SPD wegen dieser seiner journalistischen Tätigkeit sein Ausschluß beantragt worden war[13], trat er bald darauf aus der Partei aus. Die Sozialdemokratie wurde nun immer mehr Gegenstand seiner Angriffe. Höhepunkt seiner Tätigkeit in der ‚DAZ' war die Zeit des Ruhrkampfs, danach nahm ihm eine anhaltende schwere Krankheit zunehmend mehr Kraft. Lensch starb am 18. November 1926[14].

Heinrich Cunow wahrte auch während der Revolution und in der Weimarer Republik seine Zurückhaltung in der Parteipolitik. Zwar war er als Abgeordneter in die Verfassungsgebende Nationalversammlung (1919/20) gewählt und gehörte auch dem ersten Preußischen Landtag (1921 - 24) an, doch blieb die wissenschaftliche Arbeit sein Hauptbetätigungsfeld. Neben Hilferding, Kautsky und Huè gehörte Cunow zu den Vertretern der Sozialdemokratie in der im November 1918 gegründeten Sozialisierungskommission[15]. In den Jahren 1921 erschien sein politisches Hauptwerk, eine zweibändige Darlegung der marxistischen Geschichts-, Gesellschafts- und Staatstheorie[16]. Cunow war 1919, wohl ebenfalls auf Veranlassung Haenischs, a. o. Professor an der Universität Berlin geworden, daneben blieb er der Leiter der ‚Neuen Zeit' bis zu deren Auflösung 1923. An der Abfassung des Heidelberger Programms der mit dem rechten Flügel der USPD wiedervereinigten SPD 1925 war er beteiligt. Nach der Machtergreifung durch die Nationalsozialisten wurden seine Bücher verbrannt, das Ruhegehalt wurde ihm gestrichen. Cunow starb am 20. August 1938.

Während Lensch, der sich von der Gruppe am meisten exponiert hatte, nach dem Krieg die Partei bald verließ, gelang Haenisch, wie auch

---

[13] Siehe: Gustav Noske: Erlebtes aus Aufstieg und Niedergang einer Demokratie, Offenbach 1947, S. 201.

[14] Siehe hierzu die Erklärung der Redaktion zum Tode Lenschs, in: ‚Deutsche Allgemeine Zeitung', 19. November 1926, Nr. 540.
Ferner: August Winnig: Paul Lensch zum Gedächtnis, a.a.O., 23. November 1926, Nr. 544/45.
Georg Beyer: Paul Lensch, Erinnerung an einen Journalisten, in: Mitteilungen des Vereins Arbeiterpresse, Berlin/Leipzig/Halle, 1. Dezember 1926, Nr. 260.

[15] Siehe: ‚Die Regierung der Volksbeauftragten 1918/19', S. 104.

[16] Heinrich Cunow: Die Marxsche Geschichts-, Gesellschafts- und Staatstheorie. Grundzüge der Marxschen Soziologie, 2. Bd., Berlin 1920/21.

Die Auflösung der Gruppe und das Ende des Weltkrieges

Cunow, der Schritt von der rechten Außenseiterposition zurück zur Parteimehrheit. Wie sehr ihn, den der Kriegsausbruch in starke innere Kämpfe verstrickt hatte, auch die Niederlage psychisch mitnahm, wird sichtbar in der Aussage des Direktors der Bibliothek des Preußischen Herrenhauses, Friedrich Thimme, die dieser im Münchner Dolchstoßprozeß abgab:

> „Ich komme nun zu dem Tage, an dem, wenn ich mich so ausdrücken darf, die Heeresleitung jäh zusammenbrach. Die Mitteilung über diese Geschehnisse, die Erklärungen des Obersten Freiherrn von dem Bussche habe ich empfangen —- es wird am 30. September 1918 gewesen sein — von dem sozialdemokratischen Abgeordneten Konrad Haenisch (sic!). Und ich muß sagen, in meinem ganzen Leben habe ich nicht jemand gesehen, der von so tiefer schmerzlicher Bewegung durchdrungen war, wie Konrad Haenisch. Die Tränen, wie er mir das gesagt hat, sind ihm heruntergelaufen. Ich habe nachher mit vielen Leuten gesprochen, keinen aber gesehen, der durch diese Tatsache so schwer getroffen war wie Konrad Haenisch[17]."

Im November 1918 wurde Haenisch von seiner Partei als Minister in das Preußische Ministerium für Wissenschaft, Kunst und Volksbildung entsandt, welches er bis zum Austritt der USPD aus der Regierung gemeinsam mit dem Unabhängigen Adolf Hoffmann leitete. Für dieses Ressort hatte sich Haenisch der SPD durch seine kulturpolitische Tätigkeit als preußischer Abgeordneter empfohlen. In seiner Eigenschaft als Minister unterstützte er die Aufstellung studentischer Freikorps zur Niederschlagung des Spartakusbundes bzw. der KPD.

Als Otto Braun im April 1921 die parlamentarische Basis seiner Regierung mit der Einbeziehung der Deutschen Volkspartei erweitern mußte, verlor Haenisch sein Ministeramt. 1923 machte ihn der preußische Innenminister Carl Severing zum Regierungspräsidenten von Wiesbaden. Dieses Amt übte er bis zu seinem Tode aus. Ebensolange war er Abgeordneter für Potsdam im Preußischen Landtag. Haenisch starb am 28. April 1925.

---

[17] ‚Aus der Zeugenaussage von Bibliotheksdirektor Dr. Friedrich Thimme', abgedruckt in: Hans Herzfeld: Die deutsche Sozialdemokratie und die Auflösung der nationalen Einheitsfront im Weltkriege, Leipzig 1928, S. 317 f.

Die historische Bedeutung der Lensch-Cunow-Haenisch-Gruppe

Der Versuch einer Einschätzung der Wirksamkeit und des politischen Stellenwertes der Lensch, Cunow und Haenisch kann hier nur geleistet werden als Deduktion aus der Darstellung ihres Wirkens, der Entstehung als Gruppe, ihrer Stellung innerhalb der Sozialdemokratie. Der Widerhall ihrer politischen Aktivität innerhalb der Sozialdemokratischen Partei ist in der vorliegenden Arbeit in dem Maße aufgezeigt worden, als er in der Presse der Partei, in der Diskussion auf den oberen Ebenen der Partei, den Parteitagen, Parteiausschußsitzungen, Fraktionssitzungen deutlich wurde. Ohne eine Diskrepanz zwischen der Basis der Partei und dieser Ebene der Parteiführung und Parteipresse konstruieren zu wollen, ist doch festzuhalten, daß ein Aufzeigen des Widerhalls auf jenen Ebenen keinen sicheren Schluß auf die Resonanz des Wirkens der Gruppe in der Basis der Mitglieder zuläßt. Eine solche zu eruieren, würde es nötig machen, eine Kategorie von Quellen zu untersuchen, welche über die politische Einstellung der Basis, ihren Wandel und ihr Beharren Auskunft geben und die Prozesse von Meinungsbildung, Vermittlung und Rückkoppelung sichtbar machen. Da solches, in der historischen Forschung noch eher seltenes Arbeiten, in diesem Falle den Rahmen der vorliegenden Arbeit weit überschreiten würde, wird die folgende Einschätzung der historischen Bedeutung der Lensch, Cunow und Haenisch sich — der Einschränkung bewußt — auf der Ebene vollziehen, auf der die gesamte Untersuchung stattfand.

In seiner Broschüre über die ‚Kriegsschuld der Rechtssozialisten' wertete Heinrich Ströbel, USPD, die Funktion der vom linken Flügel zur Partei-Rechten übergewechselten Lensch, Cunow und Haenisch folgendermaßen:

„denn das wollen wir natürlich gar nicht bestreiten, daß der Revisionismus in Bernstein seinen kenntnisreichsten Kopf (...) und in Eisner seinen besten Journalisten an die Opposition verlor; während umgekehrt die Cunow, Lensch und Hänisch (sic!) der Mehrheit neun Zehntel ihres theoretischen Rüstzeugs lieferten. Welche Geistesarmut hätte erst aus den Spalten der Mehrheitspresse gegähnt, wenn nicht die drei Renegaten des Radikalismus sie im Apostateneifer mit den glühenden Bekenntnissen ihres neu entdeckten Sozialimperialismus angefüllt hätten[18]."

---
[18] Heinrich Ströbel, S. 21.

Was Heinrich Ströbel hier polemisch feststellte, war in der Tat eine der bedeutendsten Aufgaben, welche die Gruppe erfüllte. Nach dem offenen Bruch mit der sozialdemokratischen Tradition und Praxis am 4. August 1914 und der Spaltung innerhalb der Partei waren die Überläufer vom linken Flügel das Alibi für die Behauptung der Mehrheit, die durch den Krieg bedingte Spaltung habe nichts zu tun mit der schon vor 1914 existierenden Spaltung in Radikale, Parteizentrum, Reformisten; diese Behauptung wurde von Lensch, Cunow und Haenisch selbst immer wieder mit ihrer eigenen Position innerhalb der Parteiauseinandersetzung zu belegen versucht. Das entscheidende Moment war hierbei, daß von den drei Genannten der Anspruch nicht aufgegeben wurde, weiterhin den marxistischen Standpunkt zu vertreten. Die gesamte von ihnen entwickelte Theorie war ja gekennzeichnet von dem Bemühen, diese marxistisch zu legitimieren. Indem die Gruppe so durch ihr Auftreten zum Beweis dafür wurde, daß die Spaltung in der Partei nicht das Ergebnis der bereits lange schon vorhandenen internen Gegensätze war, verhinderte sie somit, daß die tatsächlichen objektiven Ursachen der Auseinandersetzung und Trennung in der Partei erkannt wurden, trug sie andererseits dazu bei, die Illusion aufrecht zu erhalten, die Frage der Bewilligung der Kriegskredite sei allein der Grund des Streites. Diese Illusion erschwerte es der revolutionären Linken, die Mitglieder und Anhänger der Partei über die tatsächlichen grundlegenden Differenzen aufzuklären, erschwerte ihnen den Aufbau einer eigenen Organisation, da die Masse der sozialdemokratischen Mitglieder, den Krieg für die Ursache der Auseinandersetzung haltend, auf ein Ende der Spaltung bei Kriegsende hofften.

Die mehrheitssozialdemokratische Partei- und Gewerkschaftsführung wußte die mit marxistischem Anspruch und marxistischer Terminologie vorgetragenen Anschauungen der Lensch, Cunow und Haenisch zu schätzen und zu nützen. An der Theorie vom Kriegssozialismus wird deutlich sichtbar die Funktion der Gruppe als Ideologielieferant für die politische Praxis der MSPD. Darüber hinaus konnte die Parteiführung an der Reaktion auf die Theorien dieser auf dem äußersten rechten Flügel stehenden Gruppe ablesen, wie weit sie selbst gehen konnte, ohne Gefahr zu laufen, die Verbindung mit ihren Anhängern zu verlieren. Je nach taktischer Notwendigkeit konnte sie solche Anschauungen von ganz rechts übernehmen oder diese zurückweisen und sich davon distanzieren. Die Konstituierung dieser äußersten Rechten und die Abspaltung der Linken hatten das Zentrum in der Partei verschoben, der ehemals rechte Flügel hatte die politische Mitte in Beschlag genommen und konnte diesen Standort gegenüber den Parteimitgliedern und nach der linken Seite hin mit dem Hinweise auf die neue Rechte, am entschiedensten repräsentiert durch Lensch, Cunow und Haenisch verteidigen. Während die radikale Linke um die Spartakusgruppe diese extreme Rechte als außerhalb der Sozialdemokratie stehend bezeichnete — so ihre Sprecherin Käte Dunker auf der Reichskonferenz — anerkannte die USPD die neue Mitte um Scheidemann, Ebert, David als solche, indem sie die Lensch, Cunow, Haenisch als rechten Flügel kritisierte.

Die Differenzen und Auseinandersetzungen zwischen Parteiführung und Parteimehrheit auf der einen und Lensch, Cunow, Haenisch auf der anderen Seite waren bei aller zeitweiligen Schärfe nicht prinzipieller Natur. Beide befürworteten und unterstützten die Wandlung der SPD zu einer reformistischen, den bürgerlichen Staat bejahenden Partei, beide unterstützten nachdrücklich die Kriegspolitik des kaiserlichen Deutschland, und die Gegensätze zwischen ihnen waren keineswegs antagonistische.

Auch in den herrschenden Klassen Deutschlands gab es zwei große Fraktionen mit unterschiedlicher politischer Ausrichtung und unterschiedlicher Setzung der Kriegsziele, die doch beide grundsätzlich dasselbe Interesse an der Bewahrung der bestehenden gesellschaftlichen Verhältnisse hatten; was die Kriegspolitik betraf, so ist zu konstatieren, daß eine dieser Fraktionierung sehr ähnliche sich auch in der MSPD wiederfand.

Während der eine Flügel, dessen Wortführer Paul Rohrbach war, einer Verständigung mit England bei Verzicht auf Belgien das Wort redete und insgesamt sich eher gegen direkte Annexionen aussprach, plädierte der andere Flügel für eine Verständigung mit Rußland und die Niederkämpfung Englands bei verschärftem U-Bootkrieg und der Annexion Belgiens. Sprecher dieses Flügels waren Graf Ernst zu Reventlow und Otto Hoetzsch. Der Linie der ersten Gruppe um Rohrbach, unterstützt vor allem aus den Finanz- und Reedereikreisen, folgten die Freisinnigen, der linke Flügel der Nationalliberalen, die Mehrheit des Zentrums und Reichskanzler Bethmann-Hollweg. Dieser Linie ist die politische Haltung der Führung der sozialdemokratischen Parteimehrheit zuzuordnen. Die zweite Richtung, propagiert insbesondere von Otto Hoetzsch, getragen von Schwerindustrie und Landwirtschaft, wurde politisch gestützt durch die Konservative Partei, die Freikonservative und den rechten Flügel der Nationalliberalen. Ihre Position vertrat auch die Lensch-Cunow-Haenisch-Gruppe, die Differenzen zwischen ihr und der sozialdemokratischen Mehrheitsführung entsprachen weitgehend den Differenzen zwischen den beiden genannten Fraktionen der herrschenden Klassen. Otto Hoetzsch, der Ideologe der zweiten Fraktion war sich der Affinität zu den Anschauungen Lenschs, Cunows und Haenischs durchaus bewußt. In seiner regelmäßigen Kolumne ‚Der

Krieg und die große Politik', aus der die weitgehende kriegspolitische Übereinstimmung deutlich hervorging, schrieb er im April 1915:

„Wir wollen uns, wie auch die Dinge militärisch laufen, *den historisch-politischen Weltgegensatz zwischen Deutschland und England unter keinen Umständen verdunkeln lassen.* Und wir weisen darauf hin, daß heute auch die Mehrheit der Sozialdemokratie sich dieser Anschauung öffnet. ‚Wenn der Krieg diesen seit anderthalb Menschenaltern sich langsam vorbereitenden Umwälzungsprozeß (den Niedergang der englischen Weltherrschaft) beschleunigt und zu Ende führt, so wären Blut und Opfer dieses Krieges nicht ganz umsonst gebracht', heißt es in der Schrift von *Lensch,* der als Herausgeber der Leipziger Volkszeitung doch eine sehr radikale Tonart der Sozialdemokratie vertritt[19]."

Das Kriegsende erwies, daß die SPD auf Lensch, Cunow und Haenisch weder verzichten wollte noch konnte; die Gegensätze während des Weltkriegs waren durch das Kriegsende zum Teil aufgehoben, zum Teil so gewichtig nicht, als daß die Partei von einer Mitarbeit der Drei in wichtigen Funktionen abgesehen hätte. Und auch Lensch, Cunow und Haenisch verweigerten sich solcher Tätigkeit nicht. Während jedoch Haenisch und Cunow sich ohne Schwierigkeiten wieder in die politische Richtung der Partei eingliederten, vermochte Lensch dies nicht mehr.

So sehr bei der Entstehung der Gruppe die individuelle Vorgeschichte der Protagonisten, ihre Herkunft und ihre subjektiven Dispositionen ausschlaggebend waren, bei Haenisch am eklatantesten greifbar, so sehr ist die Wandlung der drei von Vertretern des radikalen marxistischen Flügels zu Propagandisten der äußersten Rechten auch Ergebnis objektiver Bedingungen. Die nicht zu bestreitende Verbindung etwa der Imperialismustheorie der Gruppe zu den Äußerungen Lenschs in der Imperialismusdebatte 1911/12 belegt auch, daß die Partei auf den Krieg als Ergebnis des Imperialismus, auf die Probleme, die dieser der Arbeiterbewegung stellte, theoretisch nur mangelhaft vorbereitet war. Der ‚Umfall' der Lensch, Haenisch und Cunow war eben auch eine Folge der vor dem Krieg unterlassenen Klärung innerhalb der SPD.

Dem Anprall des durch den Krieg geschürten Nationalismus mit all seinen Emotionen und Irrationalismen konnten, wie zahlreiche andere,

---

[19] Hoetzsch irrte natürlich, wenn er von Lensch als dem Herausgeber der ‚Leipziger Volkszeitung' spricht; Lensch hatte die Redaktion 1913 abgegeben (siehe Seite 21).
Otto Hoetzsch: Der Krieg und die große Politik, in: ‚Neue Preußische Zeitung (Kreuz-Zeitung), Morgenausgabe, 7. April 1915, Nr. 174 (Hervorhebung im Original). Hoetzsch zitierte hier aus Lenschs Schrift: Die deutsche Sozialdemokratie und der Weltkrieg.

Lensch, Cunow und Haenisch nicht widerstehen; sie bemühten sich, ihren marxistischen Sozialismus damit zu verbinden, Ergebnis dieses Versuchs war ihr ‚National-sozialismus mit marxistischem Anspruch'.

Schlußüberlegungen zum Forschungsstand

1. Der Beginn des ersten Weltkrieges bedeutete für die Geschichte der deutschen Sozialdemokratie einen tiefen Einschnitt. An den inneren Widersprüchen, die in der Stellung zum Kriege sich fest machten, zerbrach die Partei. Die bis heute fortdauernde Spaltung fand vor allem auf dem linken Flügel statt. Zum Gegenstand der historischen Forschung wurde so weitgehend allein die Entwicklung des linken Flügels der Sozialdemokratie, die Entstehung der USPD, des Spartakusbundes bzw. der späteren KPD sowie die Wirksamkeit der verschiedenen linksradikalen Gruppen. Die verbleibende MSPD wurde in der Geschichtsschreibung demgegenüber als einheitliches Ganzes angesehen, Differenzierungen höchstens zwischen ihren politischen Führern, etwa Ebert, Scheidemann, David, Legien, festgestellt.

Die vorliegende Studie hat aufgezeigt, daß auch die MSPD keineswegs eine homogene Einheit war, sondern ein Spektrum höchst unterschiedlicher, tiefgehender politischer Positionen aufwies.

2. Die Erforschung der Gruppe von Linken wie Lensch, Cunow und Haenisch, die bei Beginn des Krieges einen politischen Wandel nach rechts machten, fehlte in der Geschichtsschreibung der Arbeiterbewegung bislang; auch das bloße Wissen um die Existenz einer solchen hatte noch kaum Niederschlag gefunden (siehe 5). Die vorliegende Untersuchung der Entstehung und Entwicklung dieser Gruppe, ihrer Ideologie und ihrer Stellung innerhalb der SPD ist eine Studie zu der längst notwendigen differenzierten historischen Forschung auch zum rechten Flügel der SPD.

3. Die Darstellung der Gruppe um Paul Lensch, Heinrich Cunow und Konrad Haenisch, ihrer Theorie und Praxis weist nach, daß zwischen dieser Gruppe und der Parteiführung Unterschiede bestanden, die mindestens ebenso grundsätzlich waren wie die zwischen der Parteiführung und großen Teilen der abgespaltenen USPD. Während ein großer Teil der USPD nach dem Kriege wieder zur SPD zurückfand, verließ Paul Lensch zur selben Zeit die SPD.

4. Die Entscheidung der SPD, am 4. August 1914 für die Kriegskredite zu stimmen, war nach ihrer noch wenige Tage zuvor bezeugten Antikriegshaltung ein unerwartetes Ereignis. Dies gilt ebenso für die Haltung der meisten sozialdemokratischen Parteien der anderen krieg-

führenden Staaten. Die Auseinandersetzung um die Frage, wie es dazu kommen konnte, bewegt noch stets die internationale Geschichtsschreibung der Arbeiterbewegung.

Die Herausarbeitung dieses ‚Umfalls' bei Paul Lensch, Heinrich Cunow und Konrad Haenisch in der vorliegenden Arbeit bringt gerade deshalb, weil die drei Genannten in ihrem Wandel von ganz links nach ganz rechts einen Ausnahmefall darstellen, allgemein gültige Erkenntnisse, welche beitragen, das Phänomen des 4. August weiter aufzuhellen; einmal in der detaillierten Darlegung der subjektiv-individuellen Disposition der Akteure, zum anderen anhand der Ideologie der Lensch, Cunow und Haenisch im Nachweis, daß die Theorie der Vorkriegs-SPD beträchtliche Unklarheiten aufwies betreffs eines imperialistischen Krieges, Unklarheiten, die bei Ausbruch des Krieges Folgen nach sich zogen, wie etwa die der Zustimmung zum Krieg mit marxistischer Begründung.

5. Entgegen der vor allem in sozialdemokratisch-apologetischer Geschichtsschreibung dargestellten Rolle der Sozialdemokratie im ersten Weltkrieg hat die vorliegende Studie aufgezeigt, daß die SPD einen rechten Flügel besaß, dessen Vorstellungen in der Frage der Kriegsziele der Annexionen und Kolonien von denen der rechten bürgerlichen Parteien nicht weit entfernt waren. Die Stellungnahme der Lensch, Cunow und Haenisch zu diesen Problemen und die Haltung, welche die Parteiführung dazu bezog, ergeben ein differenziertes und schärferes Bild der Position der SPD.

6. Biographien von Führern der deutschen Arbeiterbewegung liegen bislang weitgehend nur über Politiker der ersten Garde vor. Die vorliegende Untersuchung über die Lensch-Cunow-Haenisch-Gruppe leistet auch einen nicht unbedeutenden Beitrag zu Biographien dieser drei Personen, von denen solche noch nicht existieren. Sie trägt somit bei zu einer Erforschung der Geschichte der Sozialdemokratie nicht nur in der Spitze dieser, sondern auch in der mittleren Schicht ihrer Repräsentanten.

7. Die Geschichte der Arbeiterbewegung, insbesondere zwischen den beiden Weltkriegen, kennt zahlreiche Fälle von Gruppen und Einzelpersonen, die sich in dem weiten Spektrum zwischen Nationalkommunismus (etwa Ernst Niekisch) und linkem Nationalsozialismus (etwa Otto Strasser) bewegen. Die Genese solcher Erscheinungen, ihre ideologische Herkunft, ihre Affinität zu den großen linken Parteien ist bisher noch weitgehend unerforscht.

Die Entstehung und Entwicklung der Gruppe um Paul Lensch, Heinrich Cunow und Konrad Haenisch in der Kriegssituation der Jahre 1914 - 1918, das Bemühen einer Vereinigung von sozialistischer

Theorie mit nationalistischem Fühlen, einer Versöhnung des Prinzips des Klassenkampfes mit dem Wunsche nach Volkseinheit, welches Ergebnisse zeitigte, wie sie in der Studie dargestellt wurden (so die in der Forschung noch unbeachtete Theorie vom Kriegssozialismus), bedeutet einen Beitrag zur noch weitgehend ausstehenden Erforschung der Geschichte linker ‚nationalsozialistischer' Theorien.

Literaturverzeichnis

Ungedruckte Quellen

Berichte des Bureaus für Sozialpolitik betreff: Stimmung innerhalb der SPD, Bayrisches Hauptstaatsarchiv, Abt. IV, ehem. Bayrisches Kriegsarchiv.

Erinnerungen Wilhelm Dittmann, Maschinen-Script Kotowski, IISG, Amsterdam.

Erinnerungen Wolfgang Heine, Bundesarchiv Koblenz.

German Socialist — Kleine Korrespondenz, IISG, Amsterdam.

Nachlaß — Eduard Bernstein, Eduard Bernstein Archiv, IISG, Amsterdam.

Nachlaß — Wilhelm Dittmann, Archiv der Sozialen Demokratie, Bonn, Friedrich-Ebert-Stiftung (FES).

Nachlaß — Carl Giebel, Archiv der Sozialen Demokratie, Bonn, FES.

Nachlaß — Alexander Helphand (Parvus), Preußisches Geheimes Staatsarchiv, Berlin-Dahlem.

Nachlaß — Alfred Henke, Archiv der Sozialen Demokratie, Bonn, FES.

Nachlaß — Karl Kautsky, Karl Kautsky Archiv, Internationales Institut für Sozialgeschichte (IISG), Amsterdam.

Nachlaß — Paul Levi, Archiv der Sozialen Demokratie, Bonn, FES.

Nachlaß — Johann Plenge, Universitätsbibliothek Bielefeld.

Nachlaß — Albert Südekum, Bundesarchiv Koblenz.

Nachlaß — Friedrich Thimme, Bundesarchiv Koblenz.

Nachlaß — Rudolf Wissell, Historische Kommission Berlin (West).

Zensurakten des Bayr. Kriegsministeriums.

‚Bayrisches Hauptstaatsarchiv, Abt. IV, ehem. Bayrisches Kriegsarchiv.

Ferner briefliche Auswertung des Politischen Archivs des Auswärtigen Amtes, Bonn, sowie des Nachlasses — Wilhelm Jansson, Arbetarrörelsens Arkiv, Stockholm.

Gedruckte Quellen und Quellenveröffentlichungen

Archiv für die Geschichte des Sozialismus und der Arbeiterbewegung. Hrsg. Carl Grünberg, Leipzig 1910 - 1930, Neudruck Graz 1965.

Berger, Richard: Fraktionsspaltung und Parteikrisis in der deutschen Sozialdemokratie, Mönchen-Gladbach 1916.

Berger, Richard: Die Sozialdemokratie im dritten Kriegsjahre, o. O., o. J.

Bericht des Reichstagsabgeordneten Arthur Stadthagen über die gemeinsame Sitzung der Reichstagsfraktion, des Parteivorstandes und des Parteiausschusses, o. O. und o. J.

Cunow, Heinrich: Die Türkei und Ägypten (Reihe: Mächte des Weltkrieges, 2), Berlin 1914.

— Partei-Zusammenbruch? Ein offenes Wort zum inneren Parteienstreit, Berlin 1915.

— Praktische Steuerpolitik oder Steuerdogmatik? Neun Artikel über Steuer und Monopolfragen, Berlin 1916.

— (mit Otto Huè und Schippel, Max): Monopolfrage und Arbeiterklasse, Berlin 1917.

— Die Marxsche Geschichts-Gesellschafts- und Staatstheorie. Grundzüge der Marxschen Soziologie, 2. Bd., Berlin 1920/21.

Das Kriegstagebuch des Reichstagsabgeordneten Eduard David 1914 - 1918. Quellen zur Geschichte des Parlamentarismus und der politischen Parteien. Erste Reihe, Band 4, in Verbindung mit Erich Matthias, bearb. von Susanne Miller, Düsseldorf 1966.

Das Programm der Sozialdemokratie. Vorschläge für seine Erneuerung, Berlin 1920.

David, Eduard: Wer trägt die Schuld am Kriege? Rede, gehalten vor dem holländisch-skandinavischen Friedenskomitee in Stockholm am 6. Juni 1917. Hrsg. vom Vorstand der SPD, Berlin 1917.

Die Kriegszielpolitik der Partei im Lichte der wirtschaftlichen Tatsachen, Berlin, o. J.

Die Reichstagsfraktion der deutschen Sozialdemokratie 1898 - 1918. Zweiter Teil. Quellen zur Geschichte des Parlamentarismus und der politischen Parteien. Erste Reihe, Band 3, bearb. von Erich Matthias und Eberhard Pikart, Düsseldorf 1966.

Die Regierung des Prinzen Max von Baden. Quellen zur Geschichte des Parlamentarismus und der politischen Parteien. Erste Reihe, Bd. 2, bearb. von Erich Matthias und Rudolf Morsey, Düsseldorf 1962.

Die Regierung der Volksbeauftragten 1918/19. Quellen zur Geschichte des Parlamentarismus und der politischen Parteien. Erste Reihe, Bd. 6, I, eingeleitet von Erich Matthias, bearb. von Susanne Miller unter Mitwirkung von Heinrich Potthoff, Düsseldorf 1969.

Dokumente und Materialien zur Geschichte der deutschen Arbeiterbewegung, Reihe II, Bd. 1, 2, 3. Hrsg. vom Institut für Marxismus-Leninismus beim ZK der SED, Berlin 1958.

Fendrich, Anton: Der Krieg und die Sozialdemokratie, Stuttgart—Berlin 1915.

Eildermann, Wilhelm: Jugend im ersten Weltkrieg. Tagebücher, Briefe, Erinnerungen, Berlin 1972.

Gaab, Max: Deutschlands weltgeschichtliche Mission und die deutschen Sozialdemokraten, Berlin 1918.

Haenisch, Konrad: Schiller und die Arbeiter, Dresden 1912.

Haenisch, Konrad: Krieg und Sozialdemokratie (Drei Aufsätze aus dem ‚Hamburger Echo', Nr. 280, 286, 303), Hamburg 1915.
— Die Hetze auf die Arbeiterjugend. Aus den Reden des Landtagsabgeordneten Konrad Haenisch in den Sitzungen des preußischen Abgeordnetenhauses am 11. und 12. Mai 1914, Berlin 1914.
— Deutsche Sozialdemokraten — Sozialdemokratische Deutsche. Rede, geh. am 3. März 1915 im Preußischen Abgeordnetenhause, Chemnitz 1915.
— Der deutsche Arbeiter und sein Vaterland, Berlin-Karlshorst 1915.
— Wo steht der Hauptfeind?, Berlin-Karlshorst 1915.
— Vom Internationalismus der Arbeiterbewegung, in: ‚Neuer Merkur', Januarheft 1915, S. 452 - 469, München 1916.
— Die deutsche Sozialdemokratie in und nach dem Weltkriege, Berlin 1916; 4. Aufl. Berlin 1919.
— Zur Lage der Partei (Abdruck aus dem ‚Hamburger Echo', Nr. 304 und 305, Jg. 1915), Hamburg 1916.
— Sozialdemokratische Kulturpolitik. Rede im preußischen Abgeordnetenhaus, geh. am 5. 6. 1918, Berlin 1918.
— Die Ursachen der deutschen Revolution, Berlin 1920.
— Parvus. Ein Blatt der Erinnerung, Berlin 1925.
— Im neuen Deutschland, Berlin o. J.

Heine, Wolfgang (und Hildenbrand, Karl): Zwei Reden; 1. die Kriegssitzungen des deutschen Reichstages; 2. die politische Zukunft Deutschlands und die Sozialdemokratie, Stuttgart 1915.

Heinemann, Hugo: Die sozialistischen Errungenschaften der Kriegszeit, Chemnitz o. J.

Helphand, Alexander (Parvus): Die soziale Bilanz des Krieges, Berlin 1917.
— Meine Antwort an Kerenski und Co., Berlin 1917.
— Im Kampf um die Wahrheit, Berlin 1918.

Jansson, Wilhelm (Hrsg.): Arbeiterinteressen und Kriegsergebnis. Ein gewerkschaftliches Kriegsbuch, Berlin 1915.

Kämpfer, Johann: Kriegssozialismus in Theorie und Praxis, Bern 1915.

Lange, Paul: Die Neuorientierung der Gewerkschaften, Leipzig 1917.
— Die Politik der Gewerkschaftsführer von 1914 - 1919, Berlin 1919.

Lenin, W. J.: Die Sophismen der Sozialchauvinisten, Werke Bd. 21, Berlin.

Lensch, Paul: Das englische Weltreich (Reihe: Mächte des Weltkrieges, 5), Berlin 1915.
— Die deutsche Sozialdemokratie und der Weltkrieg, Berlin 1915.
— Die Sozialdemokratie, ihre Ende und ihr Glück, Berlin 1916.
— Die deutsche Sozialdemokratie in ihrer großen Krisis, Hamburg 1916.
— Die Arbeiter und die deutschen Kolonien, Berlin 1917.
— Drei Jahre Weltrevolution, Berlin 1917.
— Am Ausgang der deutschen Sozialdemokratie, Berlin 1919.
— Der sozialistische Gedanke, Leipzig 1920.

Lensch, Paul: Was wird aus der deutschen Arbeiterbewegung? Partei oder Gewerkschaften?, Berlin 1920.

Liebknecht, Karl: Klassenkampf gegen den Krieg, o. O. und o. J.

Liefmann, Robert: Bringt uns der Krieg dem Sozialismus näher?, Stuttgart—Berlin 1915.

Plenge, Johann: Der Krieg und die Volkswirtschaft, Münster 1915.

— Drei Jahre Weltrevolution, in: Schmollers Jahrbuch für Gesetzgebung, Verwaltung und Volkswirtschaft im Deutschen Reiche, 42. Jg., S. 1125 - 1145, München—Leipzig 1918.

Protokoll über die Verhandlungen des Parteitages der SPD, abgehalten in Chemnitz, 15. - 21. September 1912, Berlin 1912.

Protokoll der Reichskonferenz der Sozialdemokratie Deutschlands vom 21., 22. und 23. September 1916. Hrsg. vom Parteivorstand der SPD, o. O. und o. J.

Protokoll über die Verhandlungen des Parteitages der Sozialdemokratischen Partei Deutschlands, abgehalten in Würzburg vom 14. - 20. 10. 1917, Berlin 1917.

Protokolle der Sitzungen des Parteiausschusses der SPD vom 27. September 1914, vom 12. und 13. Januar 1915, vom 7. März 1915, vom 7. und 8. April 1915, vom 30. Juni und 1. Juli 1915, vom 14., 15. und 16. August 1915, vom 28. und 29. Oktober 1915, vom 7. und 8. Januar 1916, vom 20. und 21. Juli 1916, vom 18. August 1916, vom 18. Januar 1917, vom 18. und 19. April 1917.

Protokoll der 151. Sitzung des Preuß. Abgeordnetenhauses vom 5. Juni 1918, Berlin o. J.

Renner, Karl: Marxismus, Krieg und Internationale, Wien 1917.

Rother, Erich: Die Sozialdemokratie am Scheidewege, Berlin 1915.

Schippel, Max: Was lehrt unsere Wirtschaftslage den Arbeiter?, o. O. und o. J.

Sozialdemokratie und Landesverteidigung. Hrsg. vom Bezirksvorstand der Provinz Brandenburg, Berlin 1915.

Spartakusbriefe; hrsg. vom Institut für Marxismus-Leninismus beim ZK der SED, Berlin 1958.

Thimme, Friedrich und *Legien*, Carl: Die Arbeiterschaft im neuen Deutschland, Berlin 1915.

Thimme, Friedrich (Hrsg.): Vom inneren Frieden des deutschen Volkes, Leipzig 1916.

Umbreit, Paul: Die deutschen Gewerkschaften im Weltkriege, Berlin 1917.

Wendel, Hermann: Weltkrieg und Sozialdemokratie. Eine Rede an die Freiberger Wähler, geh. am 5. 5. 1915, Dresden o. J.

Winnig, August: Der englische Wirtschaftskrieg und das werktätige Volk Deutschlands.

— Der Burgfrieden und die Arbeiterschaft, Berlin-Karlshorst 1915.

— Paul Lensch zum Gedächtnis, in: „Deutsche Allgemeine Zeitung", Reichsausgabe Nr. 544, 45, 23. 11. 1926.

Zimmermann, Waldemar (Hrsg.): Der Krieg und die deutsche Arbeiterschaft. Bekenntnisse und Betrachtungen aus der organisierten Arbeiterwelt.

Zur Abwehr. Für die Parteiorganisation, gegen die Parteizerstörer in Teltow-Storkow-Charlottenburg, Berlin 1916.

Zur Taktik der Sozialdemokratie, o. O. und o. J.

Zeitungen und Zeitschriften

Die Glocke 1915 - 1919.

Die Neue Zeit 1911, 1912, 1914 - 1918.

Sozialistische Monatshefte 1914 - 1918.

Vorwärts 1914 - 1919.

Diverse Nummern der Jahre 1914 - 1918 aus folgenden Zeitungen und Zeitschriften:

Arbeiterpolitik, Bremen.

Arbeiter-Zeitung, Dortmund.

Berner Tagwacht.

Correspondenzblatt der Generalkommission der Gewerkschaften.

Der Grundstein, Wochenblatt des deutschen Bauarbeiterverbandes.

Der Sozialdemokrat.

Die Aktion.

Internationale Korrespondenz.

Königsberger Volkszeitung.

Leipziger Volkszeitung.

Lübecker Volksbote.

Metallarbeiter-Zeitung.

Mitteilungsblatt des Verbandes der sozialdemokratischen Wahlvereine Berlins und Umgegend.

Hamburger Echo.

Münchener Post.

Neue Preußische Zeitung (Kreuz-Zeitung).

Pfälzische Post.

Pforzheimer Freie Presse.

Sächsisches Volksblatt, Zwickau.

Schleswig-Holsteinische Volkszeitung.

Schwäbische Tagwacht.

Seeblatt, Tag- und Anzeigeblatt der Stadtgemeinde Friedrichshafen.

Sozialdemokratische Artikelkorrespondenz.

Sozialdemokratische Feldpost.

Sozialdemokratische Partei-Correspondenz.
Volksblatt für Harburg, Wilhelmsburg und Umgegend.
Volksfreund, Karlsruhe.
Volksstimme, Frankfurt.
Volksstimme, Mannheim.
Volkswacht, Bielefeld.

Memoiren, Erinnerungen, Autobiographien

Adelung, Bernhard: Sein und Werden, Offenbach a. M. 1952.

Bernstein, Eduard: Sozialdemokratische Lehrjahre, Berlin 1928.

v. Bethmann-Hollweg, Theobald: Betrachtungen zum Weltkriege, 2. Bd., Berlin 1919 und 1921.

Blos, Wilhelm: Denkwürdigkeiten eines Sozialdemokraten, Bd. 1 und 2, München 1914, 1919.

Löbe, Paul: Der Weg war lang, Berlin 1954.

Noske, Gustav: Erlebtes aus Aufstieg und Niedergang einer Demokratie, Offenbach 1947.

— Von Kiel bis Kapp, Berlin 1920.

Oberst Bauer: Der große Krieg in Feld und Heimat, Tübingen 1921.

Scheidemann, Philipp: Der Zusammenbruch, Berlin 1921.

— Memoiren eines Sozialdemokraten, Dresden 1928.

Severing, Carl: Mein Lebensweg, Bd. 1 und 2, Köln 1950.

Stampfer, Friedrich: Die vierzehn Jahre der ersten deutschen Republik, 3. Auflage, Hamburg 1947.

— Erfahrungen und Erkenntnisse. Aufzeichnungen aus meinem Leben, Köln 1957.

v. Wrisberg, Ernst: Erinnerungen an die Kriegsjahre im Kgl. Preussischen Kriegsministerium, Leipzig 1921 - 22.

Winnig, August: Der weite Weg, 3. Auflage, Hamburg 1932.

Literatur

Ascher, Abraham: "Radical" Imperialists within German Social-Democracy 1912 - 1918, in: Political Science Quarterly, 76, 1961.

Bartel, Walter: Die Linken in der deutschen Sozialdemokratie im Kampf gegen Militarismus und Krieg, Berlin 1958.

Beyer, Georg: Paul Lensch, in: Mitteilungen des Vereins Arbeiterpresse, Nr. 260, 1. 12. 1926, Halle—Leipzig—Berlin 1926.

Deutschland im ersten Weltkrieg, 3 Bände, hrsg. von der Deutschen Akademie der Wissenschaften zu Berlin. Zentralinstitut f. Geschichtl. Arbeitsgruppe Erster Weltkrieg, Leitung Fritz Klein, Berlin 1968, 1969.

Chronik der Geschichte der deutschen Arbeiterbewegung. Hrsg. vom Institut für Marxismus-Leninismus beim ZK der SED, Teil 1, Berlin 1965.

Die bürgerlichen Parteien in Deutschland, 1830 - 1945, Handbuch Bd. I und II, hrsg. von einem Redaktionskollektiv unter der Leitung von Dieter Fricke, Leipzig 1968 bzw. 1970.

Dombrowski, Erich: Das alte und das neue System. Die politischen Köpfe Deutschlands, Berlin 1919.

Fischer, Fritz: Griff nach der Weltmacht. Die Kriegspolitik des kaiserlichen Deutschland 1914- -1918, 3. Auflage, Düsseldorf 1964.

— Krieg der Illusionen, Düsseldorf 1969.

Fricke, Dieter: Zur Organisation und Tätigkeit der deutschen Arbeiterbewegung (1890 - 1914), Leipzig 1962.

Frölich, Paul: 10 Jahre Krieg und Bürgerkrieg. I. der Krieg, Berlin 1924.

Fülberth, Georg: Zur Genese des Revisionismus, in: Das Argument Nr. 63, Heft 1/2, März 1971, S. 1 - 22.

Geschichte der deutschen Arbeiterbewegung, hrsg. vom Institut für Marxismus-Leninismus beim ZK der SED, Berlin 1966.

Geschichte der deutschen Arbeiterbewegung. Biographisches Lexikon, hrsg. vom Institut für Marxismus-Leninismus beim ZK der SED, Berlin 1970.

Geschichte der deutschen Arbeiterjugendbewegung 1904 - 1945, Autorenkollektiv unter Leitung von Rudolf Falkenberg, Dortmund 1973.

Gutsche, Willibald: Südekum und die anderen. Ergänzende Materialien zur Rolle rechter Führer der deutschen Sozialdemokratie im 1. Weltkrieg, in: Zeitschrift für Geschichte, S. 1173 - 1188, Nr. 9, 1970.

Haupt, Georges: Programm und Wirklichkeit. Die internationale Sozialdemokratie vor 1914, Neuwied—Berlin 1970.

Hegel, G. W. F.: Wissenschaft der Logik, Werke 5, Theorie Werkausgabe, Frankfurt/M. 1969.

— Phänomenologie des Geistes, Werke 3, a.a.O.

Herzfeld, Hans: Die deutsche Sozialdemokratie und die Auflösung der nationalen Einheitsfront im Weltkriege, Leipzig 1921.

— Paul Lensch. Eine Entwicklung vom Marxisten zum nationalen Sozialisten, in: Archiv für Politik und Geschichte, Heft 10, S. 263 - 306, Berlin 1927.

Hundert Jahre deutsche Sozialdemokratie 1863 - 1963, Hrsg. Georg Eckert, Hannover 1963.

Kautsky, Karl: Wie der Weltkrieg entstand, Berlin 1919.

Kloth, Emil: Dittmanns Enthüllungsschwindel nach Eingeständnissen seiner Genossen, Berlin 1926.

Könnemann, Erwin: Zwei Denkschriften der Kapp-Putschisten über ihr Verhältnis zur Sozialdemokratie, in: Beiträge zur Geschichte der deutschen Arbeiterbewegung, Heft 3, 1967, S. 490 ff.

Koszyk, Kurt: Zwischen Kaiserreich und Diktatur. Die sozialdemokratische Presse von 1914 - 1933, Heidelberg 1958.

Krüschet, Gunter: Ein Brief Konrad Haenischs an Karl Radek. Zur Politik des 4. August, in: Internationale Wissenschaftliche Korrespondenz zur Geschichte der deutschen Arbeiterbewegung, Heft 14, Berlin (West) 1971.

Kuczynski, Jürgen: Geschichte der Lage der Arbeiter unter dem Kapitalismus, Bd. 4.

Lenin, W. J.: Der Imperialismus als höchstes Stadium des Kapitalismus, 12. Auflage, Berlin 1970.

Levi, Paul: Zwischen Spartakus und Sozialdemokratie. Auswahl aus seinen Schriften, Frankfurt/M. 1969.

Lösche, Peter: Der Bolschewismus im Urteil der deutschen Sozialdemokratie. Veröffentlichungen der Historischen Kommission zu Berlin, Bd. 29, Berlin 1967.

Lukács, Georg: Geschichte und Klassenkampf, Neuwied—Berlin 1968.

Maehl, William: The triumpf of nationalism in the German socialist party on the eve of first world war, in: The Journal of Modern History, vol. 24, No. 1, S. 15 - 41, March 1952.

Mayer, Paul: Die ‚Geschichte des sozialdemokratischen Parteiarchivs, in: Archiv für Sozialgeschichte, VI/VII Band, 1966/1967, S. 5 - 199.

— Vom Vereinsorgan zur modernen Zeitung. Jubiläumsausgabe zum 80-jährigen Bestehen des Vorwärts, 10. 10. 1956.

Miller, Susanne: Zum dritten August 1914, in: Archiv für Sozialgeschichte IV, S. 515 ff, Hannover 1964.

Müller, Richard: Vom Kaiserreich zur Republik, Bd. I und II, Berlin 1924.

Osterroth, Franz: Biographisches Lexikon des Sozialismus, Hannover 1960.

Pachnicke, Hermann: Führende Männer im alten und im neuen Reich, Berlin 1930.

Prager, Eugen: Geschichte der USPD, Berlin 1921.

Richter, Werner: Gewerkschaften, Monopolkapital und Staat im ersten Weltkrieg und in der Novemberrevolution, Berlin 1959.

Rosenberg, Arthur: Die Entstehung der deutschen Republik 1871 - 1918, Berlin 1928.

Scharlan, Winfried und *Zeman*, Zbynek: Freibeuter der Revolution, Köln 1964.

Schorske, Carl E.: German Social Democracy 1905 - 1917, Harvard 1955.

Ströbel, Heinrich: Die Kriegsschuld der Rechtssozialisten, Berlin 1919.

Varain, Heinz Josef: Freie Gewerkschaften, Sozialdemokratie und Staat, Düsseldorf 1956.

Printed by Libri Plureos GmbH
in Hamburg, Germany